中国国家铁路集团有限公司科技研究开发项目
（2017G007–H、K2018G014）子课题

U0782354

高铁四电接口工程施工关键技术

席居法　赵志涛　张　馨◎著

天津出版传媒集团

天津科学技术出版社

图书在版编目（ＣＩＰ）数据

高铁四电接口工程施工关键技术 / 席居法，赵志涛，

张馨著 . -- 天津：天津科学技术出版社，2024.1

ISBN 978-7-5742-1730-0

Ⅰ.①高… Ⅱ.①席… ②赵… ③张… Ⅲ.①高速铁

路—电力工程—工程施工 Ⅳ.① U238

中国版本图书馆 CIP 数据核字 (2024) 第 035434 号

高铁四电接口工程施工关键技术
GAOTIESIDIAN JIEKOUGONGCHENG SHIGONG GUANJIANJISHU

责任编辑：傅雪莹

出　　　版：天津出版传媒集团
　　　　　　天津科学技术出版社

地　　　址：天津市西康路 35 号

邮　　　编：300051

电　　　话：（022）23332369

网　　　址：www.tjkjcbs.com.cn

发　　　行：新华书店经销

印　　　刷：三河市华东印刷有限公司

开本 787 × 1092　1/16　印张 18.25　字数 363 000
2024 年 1 月第 1 版第 1 次印刷
定价：68.00 元

序言：高铁四电集成系统应溶入"精细大安全观"

  高速铁路是当今世界一项重大技术成就，体现一个国家的综合科技和工业水平。2019 年 12 月 30 日，京张高铁开通运营，世界上首次实现时速 350 km 自动驾驶功能，首次采用我国自主研发的北斗卫星导航系统保驾护航。"智能京张""百年京张"，标志中国高速铁路实现从零到有，再到世界最先进水平的跨越突破，见证了中国综合国力的飞跃发展。

  2022 年底，中国高速铁路突破 4.2 万 km，稳居世界第一位，"四纵四横"高铁网提前建成，"八纵八横"高铁网加密成型，从林海雪原到江南水乡，从大漠戈壁到东海之滨，成功建设了世界上规模最大、现代化水平最高的高速铁路网。中国高铁是一个从引进、消化、吸收再创新到自主智造的成功范例。大力推进智能建造、智能装备、智能运营技术，初步构建了智能铁路成套技术体系、数据体系和标准体系。积极推进数字技术与铁路业务融合发展，战略决策、运输生产、经营开发、资源管理、建设管理、综合协同六大业务领域应用系统基本建成，实现对铁路主要业务场景的全覆盖，一体化的信息集成平台助力铁路信息化迈入云计算和大数据时代，铁路数据通信实现双栈部署，12306 功能持续优化、95306 系统改版升级，双网融合加速推进。

  《新时代交通强国铁路先行规划纲要》提出，到 2035 年，我国要率先建成智能高铁、加快实现智慧铁路，届时高速铁路将突破 7 万 km。智能化、信息化铁路建设，对高速铁路的电力牵引系统、电力供电系统、通信系统、信号系统，简称四电系统的可靠运行提出了更高的要求。高速铁路四电系统与动车组、土建工程和外部系统的相互影响和衔接极为紧密。高速铁路四电系统集多学科、多领域先进技术于一体，是一个相互独立又密切相关与外部系统有着复杂联系的巨型系统。

  如何将四电这个巨型系统之间，与其他系统之间，合理可靠地集约在一起，克服短板，实现整体最优，满足高速铁路飞速发展的需要？当然要通过"四电"接口来实现。

众所周知，高铁"四电"通过芯片在机械、电气和智能方面等越是集成程度越高，虽然更方便高铁自动运营、自动操作和自动保护，如果一旦出现安全事故，就是大事故或者特大事故。

例如，1998年6月3日德国发生的埃舍德站（Eschede）世界最惨高速列车脱轨事故，导致101人死亡，88人受伤，直接原因是车辆轮箍因金属疲劳导致轮箍的突然断裂。2005年4月25日从日本大阪府宝塚市驶往同志社大学车站JR城际列车在经过尼崎市时，发生脱轨抛飞事故，2节车厢直接飞入附近一栋公寓楼，造成107人死亡，549人受伤，是日本历史上最为惨重的列车事故之一，直接原因是列车驶往弯道时应减速到70 km/h，但司机失职仍按117 km/h前行，沿线又未安装监控超速自动刹车系统，最终导致脱轨抛飞。2011年7月23日，由北京南站开往福州站的D301列车与杭州开往福州南站的D3115列车发生追尾事故，造成40人死亡，172人受伤，直接经济损失19371.65万元。甬温线特大铁路交通事故是一起因列控中心设备存在严重缺陷、上道使用审查把关不严、雷击导致设备故障后应急处置不力等因素造成的责任事故。

因此，中国高铁要树立"精细大安全"观念，进一步强化高铁技术设备研发、审查、许可和高铁建设、运营维护、预警应急、培训管理等诸多环节大安全内质量系统，促进高铁安全健康本质发展。只有这样，中国高铁才能不断进步，提高安全性和可靠性，扩大中国高铁的国际知名度，开拓国际市场，打造中国高铁世界品牌，推出系列标准，实施"走出去"大战略，深入高质量、高效益展开国际合作，具有深远的长期战略意义。

本书介绍了世界发达国家具有代表性的高速铁路技术体系，重点介绍了中国高速铁路的发展历程，提出了将隧道、桥梁、路基路堑、无砟轨道、站房等土建工程与"四电"系统之间、"四电"系统内部之间的接口进行统筹管理，形成集成化、标准化的接口的设计和施工规范，是一个很好的思路。本书系统归纳，梳理了土建工程、站后通信、信号、牵引供电、电力、信息、雷电等灾害监测及相关设备房屋等专业间的工程接口，并详细介绍了这些接口的内容、设计标准、界面分工、施工流程、施工工艺、施工注意事项和检查验收方式等相关问题。本书丰富了高速铁路"四电"接口工程标准化管理的内涵，为建设管理、设计、施工、监理以及运营管理等人员具有较高的指导作用，尤其是对相关操作人员的培训具有针对性参考意义。

我国高速铁路在日新月异的进步和发展，希望广大读者在工程建设实践中不断改进、优化、完善、创新相关"四电"接口的系统集成、标准形成，并随着技术的进步不断改进，为我国和世界其他各国的高速铁路建设和安全运营贡献自己的力量。

中国工程院院士：杜彦良

2023 年 3 月 25 日

目　录

第1章　高铁建设概论 ………………………………………… 1

1.1 日本高铁技术体系 ………………………………………… 2

1.2 德国高铁技术体系 ………………………………………… 8

1.3 法国高铁技术体系 ………………………………………… 11

1.4 中国高铁技术体系 ………………………………………… 15

第2章　四电系统集成 ………………………………………… 26

2.1 四电系统集成 ……………………………………………… 26

2.2 四电系统接口管理 ………………………………………… 30

2.3 四电接口管理系统 ………………………………………… 34

第3章　四电接口工程 ………………………………………… 39

3.1 四电接口工程术语 ………………………………………… 39

3.2 四电接口工程管理范围 …………………………………… 40

3.3 四电接口工程现状 ………………………………………… 41

3.4 四电接口工程施工理念 …………………………………… 41

第4章　路基工程四电接口 …………………………………… 43

4.1 接口内容 …………………………………………………… 43

4.2 接口施工流程 ……………………………………………… 43

4.3 接口施工工艺 ……………………………………………… 44

第5章　桥梁工程四电接口 …………………………………… 58

5.1 桥梁四电接口内容 ………………………………………… 58

5.2 桥梁四电接口施工工艺 …………………………………… 58

第 6 章　隧道工程四电接口 ···················· 79

6.1 隧道四电接口内容 ····················· 79
6.2 隧道四电接口施工工艺 ················· 79

第 7 章　轨道工程四电接口 ··················· 106

7.1 轨道工程四电接口内容 ················· 106
7.2 轨道工程四电接口施工工艺 ············· 106
7.3 轨道工程四电接口检查验收 ············· 109

第 8 章　通信工程接口 ······················ 113

8.1 通信与接触网专业接口 ················· 113
8.2 通信与电力、牵引变电专业接口 ········· 114
8.3 通信与机械、车辆专业接口 ············· 115
8.4 通信对房建（结构）专业的接口要求 ····· 115
8.5 电缆槽及区间通站道路（TX-7） ········· 117
8.6 通信机房接地、屏蔽要求（TX-8） ······· 118
8.7 通信对暖通专业的接口要求 ············· 119
8.8 通信对信息专业的接口要求 ············· 120
8.9 通信为各专业提供通道接口分工界面及施工流程 ·· 120

第 9 章　信号工程接口 ······················ 126

9.1 信号与通信专业接口 ··················· 126
9.1.15 道岔融雪控制终端组网通道（XH/TX-15） ·· 137
9.2 信号与电力专业接口 ··················· 138
9.3 信号与牵引供电专业接口 ··············· 139
9.4 信号与房建（结构）专业接口 ··········· 140
9.5 信号对暖通专业的接口要求 ············· 147
9.6 信号与机械、车辆专业接口 ············· 148

第 10 章　电力工程接口 ····················· 149

10.1 电力与通信接口 ····················· 149
10.2 电力与变电接口 ····················· 153
10.3 电力与供电段接口 ··················· 153
10.4 电力对房建（结构）专业的接口要求 ···· 154

10.5 电力对暖通专业的接口要求 ·················· 158

10.6 电力对地方供电公司接口要求 ·················· 158

10.7 FAS（BAS）对通信、信息、房建、暖通和给排水专业接口要求 ··· 160

第 11 章　牵引供电工程接口 ··················162

11.1 牵引供电、牵引变电与相关专业接口 ·················· 162

11.2 接触网与相关专业接口 ·················· 180

11.3 供电段专业与其他专业接口 ·················· 188

第 12 章　信息工程接口 ··················191

12.1 信息专业与建筑专业接口 ·················· 191

12.2 信息专业对房建（结构）专业的接口要求 ·················· 193

12.3 信息专业对电力专业的接口要求 ·················· 195

12.4 信息专业对暖通专业的接口要求 ·················· 197

12.5 信息专业与通信专业接口 ·················· 198

第 13 章　灾害监测工程接口 ··················200

13.1 灾害监测与通信专业接口 ·················· 200

13.2 灾害监测与信号专业接口 ·················· 202

13.3 灾害监测与电力专业接口 ·················· 205

13.4 灾害监测与牵引变电专业接口 ·················· 205

13.5 灾害监测对房建（结构）专业的接口要求 ·················· 207

第 14 章　防雷与接地工程 ··················208

14.1 综合站房及电子信息机房的防雷与接地 ·················· 208

14.2 电力及牵引供电与房建及站前工程接口 ·················· 227

第 15 章　四电接口工程检查验收 ··················234

15.2 接地装置、接地极电阻检测及土壤电阻率检测 ·················· 244

15.3 土壤电阻率布线和测量 ·················· 245

15.4 导体电阻测试 ·················· 247

15.5 站前工程接地设备、设施检查测试方法及流程 ·················· 249

15.6 通信试验与检测 ·················· 258

15.7 信号试验与检测 ·················· 262

15.8 电力供电及牵引供电试验与检测 ·················· 267

主要参考文献………………………………………………………277

后记：书成未尽写尾声………………………………………………280

第1章　高铁建设概论

1964 年，世界第一条高速铁路——东海道新干线在日本建成并进行商业性运营。新干线刚一问世，就让世人迫不及待地兴奋领略了高铁的高速、安全、节能、环保和运能大的独特魅力。1978 年世纪伟人邓小平出访了美国和日本，10 月 26 日乘着新干线从东京到京都（约 370 公里，比北京到石家庄的距离稍远），他回答记者的提问时，感慨地说："就像推着我们跑一样，我们现在很需要跑！"这启发邓小平完成了对中国与发达资本主义国家关系的准确和智慧定位，初步形成了通过实施改革开放促进中国经济与世界共同发展、合作共赢的伟大战略构想。于是，从 20 世纪 70 年代开始，高铁的建设热潮先在欧洲各国掀起。至 2021 年底，日本新干线运营里程约 3422 km，最高运营时速 320 km/h，正在积极组织试验 360 km/h 高速列车及相关配套技术，最高试验速度 443 km/h；法国于 1981 年开通第一条高铁，至 2021 年底，法国高铁总里程约 3802 km，最高运营速度 320 km/h，并创下了世界轨道交通系统的最高试验速度 574.8 km/h；德国于 1991 年 6 月开通第一条高铁，至 2021 年底，德国高铁总里程约 4639 km，最高运营速度 280 km/h，最高试验速度 406.9 km/h；我国高铁运营里程由 2011 年的 0.7 万 km 增长到 2021 年底的 4 万 km，京沪高铁运营速度 350 km/h，为世界高铁运营最高速度，高铁通达 93% 的 50 万人口以上城市，路网规模和现代化水平显著提升，从"四纵四横"完美收官到"八纵八横"趋于完善，中国持续扩大铁路基础设施网络，以日益丰满的交通大动脉建设支撑经济社会升级发展。目前全世界拥有或正在建设高铁的国家和地区已达到 29 个，已有十余个国家制定了发展建设高铁的规划，规划总里程达 3.28 万 km。截至 2021 年底，全球有 15 个国家建成高铁线路，运营里程 7.03 万 km，其中中国运营里程 4.09 万 km，占世界高铁运营里程的 58.18%，铁路电气化率、复线率分别居世界第一和第二位。

高速铁路是世界铁路的一项重大技术成就，集中反映了一个国家铁路线路结构、列车牵引动力、高速运行控制、高速运输组织和经营管理等多方面的技术进步和配套，同时体现了一个国家的科技发展和工业制造水平。

"高速"是一个相对的概念，是随着技术的进步和制造业的发展而不断改变的。1970 年 5 月，日本政府第 71 号法令规定"列车在主要区间以 200 km/h 以上速度运行"为高铁。1985 年 5 月，联合国欧经会规定达到"客运专线 300 km/h，客货混线 250 km/h"为高铁。国际铁路联盟（UIC）规定"新线 250 km/h 以上，既有线改造 200 km/h 以上的铁路"为高铁。

世界铁路速度等级一般划分如下：

速度 $v <$ 120 km/h，一般称为普速（或常速）；

速度 120 km/h $\leqslant v \leqslant$ 160 km/h，称为中速；

速度 160 km/h $< v \leqslant$ 200 km/h，称为准高速（或快速）；

速度 200 km/h $< v \leqslant$ 400 km/h，称为高速；

速度 $v >$ 400 km/h，称为超高速。

1.1 日本高铁技术体系

新干线是日本的高速铁路系统，也是全世界第一个投入商业运营的高速铁路系统，采用 1 435mm 标准轨距，全线为纯客运服务。新干线是以同时适合快速及大量运输设计，因而其建造与运营技术均有别于传统铁路，例如全面采用动力分散式列车、轨道采用立体交叉、列车自动控制系统等，可以最短 3 分钟的班距运行。除了迷你新干线之外，列车运行最高车速可达到每小时 240 ～ 320 km。速度测试时，曾创下每小时 443 km 的最高纪录（1996 年，"300X"实验列车）。作为日本铁路技术居于世界顶尖的重要象征，新干线的技术也向海外输出，如中国大陆高铁部分技术及台湾高铁都是采用新干线的理论依据作为系统基础，而采用新干线系统的英国、意大利、印度、泰国、美国德克萨斯州等地的高速铁路亦在兴建或规划中。

1.1.1 日本高速铁路现状

从日本（也是全世界）第一条高速铁路——东海道新干线于 1964 年建成算起，日本的高速铁路已经走过了 60 年的历史。

日本高速铁路的建设可以划分为三个阶段：

第一阶段（1964 ～ 1975 年），在人口稠密的地区修建高速铁路，如东海道新干线和山阳新干线等。

第二阶段（1983 ～ 1985 年），以开发沿线地区经济为目的，在人口较少的地区修建东北和上越新干线。高速铁路的功能从简单的缓解运输紧张发展到拉动国民经济的阶段，并初步形成新干线网。

第三阶段（1990 年到现在），高速铁路建设以满足舒适、快捷、安全、节能、环保和低噪声要求为目的，在均衡开发国土和可持续发展方面发挥积极作用。这个阶段，不仅要求提高既有线和新干线的速度，还要通过建设隧道和大桥，用铁路网把四岛连接起来，形成由既有线和新干线组成的高速铁路网。

截至 2020 年日本新干线共有 9 条线路，其中包含 2 条线路较短的迷你新干线，联结日本大多数的重要都市。最初由日本国有铁道（简称"国铁"，现为"日本铁道集团"研发与运营，国铁分割民营化后由日本铁路公司接手，并分别由该公司名下的 JR 北海道、JR 东日本、JR 东海、JR 西日本、JR 九州等 5 家成员公司提供服务。

日本的既有线都是窄轨铁路，而新干线是准轨铁路。为了实现新干线与既有线之间的直通运行，日本对一些既有线进行改造，改为准轨铁路或增加一条第三轨。这些铁路允许运行的速度不高，仅 130 ~ 140 km/h，不属于高速铁路范畴。但是在日本称为迷你 (mini) 新干线，例如秋田和山形新干线。

1.1.2 日本高速铁路沿革

1956 年，日本国铁公司成立了东海道线增强调查会，研究解决铁路运输紧张的问题。

1957 年，日本运输省设立了由专家学者组成的"日本国有铁路干线调查会"。日本铁道研究所在一次讲演会上提出了"东京到大阪只要三个小时"的构想，在日本国内引起极大反响，日本国铁决定采用增线方案，由于新的铁路线取代了原有的"本线"，为了区别，被策划者命名为"新干线"。

1964 年，新干线开始通车营运，第一条路线是联结东京、名古屋和大阪之间的东海道新干线。而后，山阳新干线、东北新干线、山形新干线、秋田新干线、上越新干线、长野新干线也陆续建成。

1970 年，山阳新干线开始动工。

1980 年，首列新干线 200 系电力动车组投入试车阶段，速度达到 210 km/h。

1982 年，东北新干线和上越新干线先后通车。

1985 年，首列混编双层车厢的新干线 100 系电力动车组列车投入运行。

1986 年，一列有十二节车厢的 200 系跑出了 271 km/h 的时速。

1989 年，200 系新干线达到 276.2 km/h 的时速纪录。

1991 年，新干线 300 系电力动车组达到 325.7 km/h 的最高时速，而新干线 400 系电力动车组时速达到了 336 km/h。

1992 年 3 月 14 日，首列新干线 300 系电力动车组在东海道新干线正式投入运营，同年 7 月 1 日，新干线 400 系电力动车组投入山形新干线试运行。

1992 年，试验型 Win350 型列车达到 350 km/h 的时速。

1996 年，新干线 E2 系电力动车组车型开始试验。

1997 年，新干线 E3 系电力动车组投入试验，同年，新干线 500 系电力动车组开始在山阳新干线的一段投入运行，最高时速 300 公里。

1999 年，新干线 700 系电力动车组部分投入运行，同年，作为开山祖师的 0 系退出东海道新干线运营。

2000 年 3 月，新干线 700 系电力动车组正式投入运营。

2003 年，MLX01 磁悬浮列车达到了 581 km/h 的最高时速。

2003 年，九州新干线开始正式营业，同年，100 系退出东海道新干线运营。

2007 年 7 月 1 日，新干线 N700 系电力动车组车型投入东海道新干线运营，同时，300 系与 500 系车型逐步下放和退役。

2008 年 12 月 14 日，0 系车型正式退役。

2012 年 3 月 16 日，100 系和 300 系车型正式退役。

2013 年 3 月 26 日，200 系车型退役。

2015 年 4 月 21 日，L0 型磁悬浮列车创造出 603 km/h 的最高速度。

2016 年 3 月 26 日，北海道新干线开通运营。

2017 年 3 月 4 日，JR 时刻表春季改正后，东海道新干线的 700 系列车全面撤出定期班次。

2016 年 3 月 26 日，北海道新干线开通，至此，日本的新干线网几乎覆盖从最北端的北海道至南部九州岛的整个日本列岛。

2020 年 7 月 1 日，东海道新干线的最新车型 N700S 正式投入运营。

2021 年 11 月 17 日，日本中部新潟市，东日本铁路公司对新干线列车进行了自动驾驶试验。这是新干线列车的首次自动驾驶试验。

2022 年 9 月 23 日，西九州新干线通车。

1.1.3 日本现运营的高速铁路

日本高铁成就辉煌，从 1964 年第一条高铁——东海道新干线正式通车运营以来，日本高速铁路没有发生一起由于高铁的行车而造成的重大人身伤亡事故。新干线成为支持日本经济起飞的重要基础设施，被誉为"经济起飞的脊梁骨"。尤其是东海道新干线，通车运营以后，从航空运输业吸引了大量客流，甚至东京与大阪之间的飞机航班不得不缩减。该线运输成本只有飞机的 1/5，正式投入运营仅 7 年，就收回全部投资。2000 年，东海道新干线的旅客发送量达 1.28 亿人次，营业收入达 9140 亿日元（86.21 亿美元），获得了巨大的社会和经济效益。东海道新干线可以算是世界上运营最成功的一条高铁。目前日本运行有 10 条新干线铁路，其中 2 条迷你新干线，见表 1-1。

表 1-1　日本运营新干线线路表

新干线线路					
线　　路	开通时间	起点站	终点站	线路长度 /km	营运机构
东海道新干线	1964.10.01	东京站 TOKYO	新大阪站 SHIN-OSAKA	515.4	东海旅客铁道
山阳新干线	1972.03.15	新大阪站 SHIN-OSAKA	博多站 HAKATA	553.7	西日本旅客铁道
东北新干线	1982.06.23	东京站	新青森站 SHIN-AOMORI	674.9	东日本旅客铁道
上越新干线	1982.11.15	东京站	新潟站 NIIKATA	269.5	东日本旅客铁道
北陆新干线	1997.10.01	东京站	金泽站 KANZAWA	220.6	东日本旅客铁道 西日本旅客铁道
九州新干线（鹿儿岛线）	2004.03.13	博多站	鹿儿岛中央站 KAGOSHIMA CHUO	256.8	九州旅客铁道
北海道新干线	2016.03.26	新青森站	新函馆北斗站 SHIN-HAKODATE HOKUTO	148.9	北海道旅客铁道
西九州新干线	2022.09.23	武雄温泉站	长崎站	66	九州旅客铁道

迷你新干线线路					
线　路	开通时间	起点站	终点站	线路长度/km	营运机构
秋田新干线	1997.03.22	盛冈站 MORIOKA	秋田站 AKITA	127.3 km	东日本旅客铁道
山形新干线	1992.07.01	福岛站 FUKUSHIMA	新庄站 NIISHO	148.6 km	

1.1.4 日本兴建及规划的高铁

1.1.4.1 兴建中的新干线

北海道新干线：新函馆北斗站—札幌站间，长 211.5 km（约 2030 年通车）。

北陆新干线（其他路段）：金泽站—新大阪站间，长约 254 km（金泽—敦贺段约 2022 年通车）。

中央新干线（磁悬浮列车）：分两段建设，东京站—名古屋站（286 km，约 2027 年通车）名古屋站—新大阪站（约 2037 年通车）

西九州新干线：新鸟栖站—长崎站间，长 129.9 km（武雄温泉—长崎段已通车）。

1.1.4.2 规划中的新干线

四国新干线：新大阪站—松山市，长约 480 km。

四国横断新干线：冈山站—高知市。

中国横断新干线：冈山站—松江市。

九州横断新干线：大分市—熊本市。

山阴新干线：新大阪站—下关市。

羽越新干线：富山市—新青森站，长约 560 km（与北陆、上越新干线共用）。

奥羽新干线：山形市—秋田市，长约 270 km。

北陆、中京新干线：敦贺市—名古屋市，长约 50 km。

北海道新干线北延段：札幌市—旭川市。

1.1.5 日本高速铁路特点

新干线采用动力分散的运行方式，而不是用机车（火车头）牵引。所谓动力分散，就是每节车厢的车轮都安装了驱动装置——电动机，将列车的动力分散到各节车厢。传统的机车牵引方式须依靠机车提供牵引力，是以较少的驱动轮对带动整列列车行走，为了有效利用牵引功率和防止机车主动轮空转，就须要大量增加在机车上的重量，从而加大了对轨面的压力，增加建设和维修成本。新干线采用动力分散方式，以每节车厢的车轴作为驱动，不需要沉重的机车，由此车厢的轴重便大大减轻，不仅易于加减速和在大坡度线路上的平稳行驶，也降低了噪音和振动，大大提高了旅行舒适性。同时，由于降低了对轨面的压力，既降低了建设成本，又提高了经济效益。随着半导体技术的迅速发展和应用，新干线列车的制动系统由原来的空气制动改为电—空联合制动与再生制动，使用再生制动的列车在制动时会将电机的接线反接，这时电动机就变成了发电机，将列车制动时的巨大动能转化为电能，发出的电能通过转换以后可回馈牵引电网进行重新利用，从而节省能源。同时，列车的电气控制系统由 GTO 控制（逆变器控制）转向了更先进的 VVVF 控制（交流电变频控制），进一步提高运行效率，节省了耗电。

　　新干线设有多重安全系统。新干线不仅在东京和大阪分别设置了对各条线路上行驶的列车进行监视和远距离控制的中央控制系统，每条线路还安装了被称为"ATC"的列车速度自动控制系统。所谓"ATC"装置，就是将前方列车的位置、分辙器和路轨状况等信号转换成特定频率的电流，通过一段段铁轨组成的封闭回路传给车载信号器，列车据此而自动地调整行驶速度或停止运行，这种"车内信号"虽通过驾驶台上的显示盘同步显示出来，但并不需要驾驶人员操作。列车进站时，"车内信号"提示的速度是每小时 30 公里以下，即列车在可随时停止的状态下运行。这时，驾驶人员必须按下"确认"钮，否则"ATC"将"判断"驾驶人员在打瞌睡或出现了其他异常而自动停止，这样就不能准确地停到规定的位置。如果列车超越规定的停止位置，也不会与前方列车相撞。这是因为，当后方列车接触到设在距前方列车 1500m 处的"绝对停止信号"时，就会自动紧急刹车。由此可见，新干线是可以实行无人驾驶的，之所以要配置驾驶员，是为了使进站的列车能根据站内情况，准时停到规定的位置，防止因紧急刹车而给乘客带来不舒适感。

　　日本由于地震频发，1992 年引进紧急地震检测和警报系统，使高速列车在发生大地震时能够自动制动。

　　日本开发新干线的首要目标是增强客运能力，其次才是提高速度。东海道新干线开始运行，每天的客运量是 6 万人次，10 年后增加到每天 30 万人次，全国8 条新干线每天客运达 75 万人次。乘客增加的数量，依靠电话预约和手工售票，是无法满足的。日本早在开发新干线的同时就研制出了综合自动售票系统，经过多年的不断改进，每天可处理 160 万张车票，基本无差错。

1.2 德国高铁技术体系

ICE 城际快线是德国的高速铁路系统。ICE 的运行速度很快，乘坐亦十分舒适。ICE 通达德国境内多数大城市，包括德国的汉堡、柏林、法兰克福、斯图加特等城市，速度可达到 320 km/h，是高品质的体现。部分列车还通达瑞士（苏黎世、因特拉肯、巴塞尔）、奥地利（维也纳）、比利时（列日、布鲁塞尔）、法国（巴黎）、荷兰（阿姆斯特丹）和丹麦（哥本哈根）。在德国乘坐火车也很方便，每隔几分钟就有一班，火车站没有很大的站台，乘客来往却十分方便，不必等候。

德国铁路工业比较发达，技术先进。早在 20 世纪 60 年代，就开始研究先进的交—直—交电传动方式，70 年代研究成功，并试制成采用交—直—交电传动的电力机车和内燃机车。德国铁路和德国联邦政府都很重视轮轨动力学方面的理论研究，从 20 世纪 70 年代起就开始从事这方面的研究和试验，为后来开发高速列车奠定了基础。

1.2.1 德国高速铁路沿革

德国铁路也有高速行车的传统。早在 1903 年，德国铁路一辆电动车就曾经在试验中达到 210 km/h 的速度。到 20 世纪 60 年代，德国旅客列车的最高速度普遍达到 160 km/h，有些甚至达到 200 km/h。

德国高速铁路技术储备不亚于法国，1988 年他们电力牵引的行车试验速度突破 400 km/h 大关。德国的实用性高速铁路直到 20 世纪 90 年代初才开始修建，原因是政府及公众的错误性认识：德国客运量最集中的地区在城市，高速公路已经发达完善，再修建高速铁路显然达不到吸引客流的目的。因此，虽然高铁的优越性无论从东方的日本还是从近邻的法国已经被证明，他们对发展高铁的争论还是持续了十几年。德国的高铁，一条是 1991 年 6 月建成通车的曼海姆—斯图加特线；一条是 1992 年建成的汉诺威—维尔茨堡线。高铁上开行的 ICE 城际高速列车，速度 250 km/h。1993 年后，ICE 高速列车进入伯林，把德国首都纳入 ICE 高速运输系统。ICE 也穿过德国与瑞士的边界，实现了苏黎世—法兰克福等线路的国际直通运输，并正修建柏林—汉诺威、科隆—法兰克福等多条高铁。

德国铁路公司计划从 2030 年起投入使用新列车，取代原有 ICE3 列车。按计划，新列车为拥有大约 950 个座位的单层列车，最大长度 400m，最高时速超过 300 km/h。新列车将提高乘客舒适度，还将在能源效率等方面设立新标准。

1.2.2　德国运营中的高速铁路

1971 年，德国开工建设第一条高铁新线—汉诺威—维尔茨堡高速线（327 km），之后又开始修建第二条高速新线—曼海姆—斯图加特高速线（99 km）。这两条高速新线于 1991 年同时通车运营。1998 年，264 km 的柏林—汉诺威和 180 km 长的科隆—莱因 / 美因（法兰克福）高速线建成通车。2021 年底德国高铁总长已达到 3038 km。

与日本和法国的高铁不同，德国高铁是按客货车混跑的原则设计的。德国高铁新线的几何参数如下：

最小曲线半径：7000（5100）m；

最大坡度：12.5‰（科隆—法兰克福 / 美因线为 40‰）；

线间距：4.50 ～ 4.70m；

设计速度：280 ～ 300 km/h。

除了近 900 km 设计速度 280 ～ 300 km/h 的高速新线，德国还有约 700 km 最高允许速度达到 200 km/h 的经过改造的既有线。因此，德国的高铁包括新线和速度达到 200 km/h 的既有线，总长 1570 km 左右。这里须要指出的是，与法国一样，ICE 高速列车不但在高速新线上行驶，也在经改造的和未经改造的既有线上行驶（速度达到或未达到 200 km/h），这些行驶 ICE 高速列车的线路都可以称作 ICE 线路，总长达 3200 km。

表 1-2　德国运营中的高速铁路

线　路	长度 （km）	开始运营 时间	最高速度 （km/h）	开行列车
汉诺威—维尔茨堡	327	1991	280	ICE1,ICE2
曼海姆—斯图加特	99	1991	280	ICE1
柏林—汉诺威	264	1998	280	ICE1,ICE2
科隆—莱因 / 美因 （法兰克福）	180	2002	300	ICE3

1.2.3 德国建设中的高速铁路

截止 2005 年，德国开通的高速铁路线共有 600 多 km（见表 1-3）。同期，德国铁路远景规划包括三条高速新线，长度约 200 km。

表 1-3 德国建设中的高速铁路

线　　路	长度（km）	开通时间
纽伦堡－因戈尔施塔特	90	2004
卡尔斯鲁厄－奥芬堡	70	2005
莱比锡－里希特费尔	190	2005
汉堡－柏林（改造线）	286	2005

1.2.4 德国高速铁路特点

ICE 城际快线的特点是便捷，运行速度快，乘坐舒适。

1.2.4.1 ICE 车上设施

头等座位：宽敞优质的皮革或木材座椅，优质的服务，某些站点提供休息室。

二等座位：可调高低的舒适座椅，音频设备、扶手和私人用桌。

所有德国高速列车均提供标准低噪音空调。

新一代德国高速列车的走廊甚至在列车两端配备了一个宽敞的全景走廊让旅客欣赏风景。

1.2.4.2 ICE 车上服务

每部列车的餐车分为两个部分：普通餐厅和自助式小酒馆。

所有德国高速列车均配备了最先进舒适的设施，如在座位上的电视屏幕、音响系统、插座或不受干扰接收手机信号的电信区，并且还有手机信号加强器。

提供适用于列车的公共电话亭和行李架。

除了第一节和最后一节车厢，德国高速列车全程禁烟。

登车手续：

乘坐 ICE 列车之前无须办理登车手续或海关手续。

国际路线在车上检查车票和护照。

持有 ICE 车票的旅客可进入 ICE 专用站台。

1.3 法国高铁技术体系

　　TGV 高铁是法国高速铁路系统。法国在历史上对高速行车一直是情有独钟，并且还占有相当明显的优势。据统计，从 1891 年到 1990 年的一百年间，世界铁路共创造了 17 次铁路行车最高纪录，其中有 9 次是由法国铁路创造和保持的。1955 年，法国利用普通的电力机车牵引一节客车和一节试验车所创造的 331 km/h 当时世界纪录，直到 20 世纪 70 年代才由其 TGV–01 试验型电动车组以 380 km/h 的速度打破。法国铁路于 1990 年 5 月用 TGV 大西洋电动车组所创造的 515.3 km/h 的世界纪录一直保持至今，无人能望其项背。

　　法国 TGV 大西洋高速列车的 300 km/h 运营速度也长期保持了世界最高运营速度的纪录。在国际市场上，法国 TGV 系列列车也是最成功的，西班牙、韩国等都引进了 TGV 技术。

1.3.1 法国高速铁路沿革

　　20 世纪 60 年代，法国巴黎—里昂既有铁路线的客货运量已经饱和，急需修建一条新线。自 1967 年起，法国国营铁路公司开始着手研究高铁的有关概念及其定义。1971 年，法国政府批准修建 TGV 东南线（巴黎至里昂，全长 417 km，其中新建高铁线 389 km），1976 年 10 月正式开工，1983 年 9 月全线建成通车。TGV 高速列车最高运行速度 270 km/h，巴黎至里昂间旅行时间由原来的 3 小时 50 分缩短到 2 小时，客运量迅速增长，预期的经济效益良好。TGV 东南线的成功运营，证明高铁是一种具有竞争力的现代交通工具。1989 年和 1990 年，法国又建成巴黎至勒芒、巴黎至图尔的大西洋线，列车最高时速达到 300 km/h。北线也称北欧线，由巴黎经里尔，穿过英吉利海峡隧道通往伦敦，并与欧洲北部比利时的布鲁塞尔、德国的科隆、荷兰的阿姆斯特丹相连，是一条重要的国际通道。由于在修建高铁之初，就确定 TGV 高速列车可在高速铁路与普通铁路上运行的技术政策和组织模式，所以法国高铁虽然只有 3802 km，但 TGV 高速列车的通行范围已近万公里，覆盖大半个法国国土。

1.3.2 法国运营中的高速铁路

　　法国 TGV 高速铁路网主要包括东南线、大西洋线、北方线、东南延伸线（或称罗纳河—阿尔卑斯线）、巴黎地区联络线、地中海线和东部线等 7 个组成部分。

1.3.2.1 东南高速铁路

巴黎和里昂是法国两大城市，人口众多，自 20 世纪 60 年代起，联结巴黎—第戎—里昂的铁路运量就已达到饱和状态，当时曾考虑加修复线等多种方案，经详细的技术经济分析后，最终选择了新建一条高速客运专线的方案。

该线包括联络线在内全长 417 km，南段 275 km 于 1981 年 9 月投入运营，北段 115 km 于 1983 年 9 月投入运营并全线开通。东南线上运行的 TGV—PSE 型动车组允许最高速度为 270 km/h，超过了当时日本东海道新干线最高速度 220 km/h，旅行速度为 213 km/h。

东南线 TGV 高速铁路系统自投入运营之日起，就以其安全、快速、便捷、舒适的特性吸引了广大旅客，成为一种极具竞争力的公共交通工具。高速列车的开行使巴黎和里昂间的旅行时间只需 2 h，比过去缩短了一半，客运量大幅度增长，自 1981 年启运以来到 1997 年，东南线高速列车运送的旅客达到 2.81 亿人次。高速新线与既有铁路网的兼容性能使高速线上行驶的高速动车组到达既有线后以既有线允许的速度行驶，从而大大扩展通达区域，从巴黎出发开往马赛（Marseille）、蒙彼利埃（Mont—Pellier）或日内瓦（Geneve）的列车保留了在高速线上节省时间的优点。

巴黎—里昂高速线是由法国国营铁路公司独自筹资兴建的，作为法国自1928 年以来第一条新建的铁路，在技术和商业方面的巨大成功，让法国铁路这一传统产业摆脱了萧条，重新走向辉煌，同时在很大程度上推动了全世界铁路行业的新发展，而法国高铁则在其出色的经营中，将投资回报率提升至 15%。

1.3.2.2 大西洋高速铁路

东南线的成功大大激发了法国修建高速新线的积极性，从东南线部分投入运行的 1981 年起加紧对修建大西洋线 TGV 的研究。1984 年，大西洋线被宣布为公用事业。1989 年 9 月，大西洋的西部支线巴黎到勒芒（Lemans）开通。1990年 10 月，开往图尔（Tours）的西南部支线也投入了使用。该线全长 282 km，全部投入运营后，从巴黎向西开往雷恩（Rennes）、南特（Nantes）方向，向西南开往波尔多（Bordeaux）、图卢兹（Toulouse）方向的高速列车通达行程达到2440 km，通达城市为 56 个。大西洋线 TGV–A 型高速动车组允许的最高速度达到 300 km/h，从巴黎到勒芒的旅行速度为 220 km/h，从巴黎到图尔的旅行速度为236 km/h。该线采用的高速动车组被称为第二代 TGV，与在东南线使用的第一代TGV 相比，在技术方面，由于在牵引、制动和受流等关键技术上都有重大进展，因此高速列车性能和旅客舒适程度都有了明显的提高。行车速度从 10 年前的 270 km/h 提高到 300 km/h ~ 515.3 km/h 的世界纪录就是 1990 年在大西洋线 TGV 西南支线上创造出来的。同时，由于在机车车辆保养、能源消耗等问题上注意节约，以及采用车载微机系统，第二代 TGV 的运营费用比第一代 TGV 降低了近 20%。

与东南线一样，大西洋线自投入运营以后，客运量呈持续增长势头，1991 年超过 1600 万人次，至 1997 年，大西洋线运送的旅客已达到 1.61 亿人次；与此同时，巴黎—南特、巴黎—波尔多的航空运量和高速公路运量却有不同程度的下降。从经营效果来看，大西洋线 TGV 在完全开通后第一年就有盈余，1991 年纯收益 7.94 亿法郎，获得了与东南线类似的效果。截至 2000 年，大西洋线运营收入的盈余全部清偿线路建设与车辆购置的费用。

1.3.2.3 北部高速铁路

北方线是联结巴黎—伦敦—布鲁塞尔—阿姆斯特丹—科隆—法兰克福的北部欧洲高铁的法国部分，这是法国第一条国际性的高铁，涉及法、英、比、荷等 5 个国家。1987 年，法国政府批准法国国营铁路公司提出的修建北方线 TGV 的计划。1989 年 9 月，北方线 TGV 被宣布为公用事业，英吉利海峡隧道同时开始兴建。该线全长 333 km，从巴黎以北的喀内斯（Gonesse）到里尔（Lille）；在里尔分为两条支线，一条向西穿越英吉利海峡隧道到达英国，另一条通向比利时边界。从巴黎以北到阿拉斯（Arras）的 145 km 高速新线于 1993 年 5 月投入运营，采用 TGV-R 型路网高速动车组，列车最高速度为 300 km/h。1993 年 9 月，北方线 TGV 全线开通，从巴黎到里尔仅需 1 小时即可到达。1994 年 11 月，从巴黎到伦敦的运营正式开始，为了满足海底隧道的要求并与英国铁路接轨，采用了新研制的欧洲之星 TGV—TMST 型高速动车组，该型动车组在高速线上的最高行车速度为 300 km/h，在海底隧道则以 160 km/h 的速度运行。北部欧洲高速路网从里尔到布鲁塞尔（Bruxelles）的高铁已于 1996 年通车。

北方线自开通以来也显示出良好的应用前景，欧洲之星高速动车组在运营后的第一年，即 1995 年客运量就达到 300 万人次，1997 年，北方线 TGV 客运量已达到 2050 万人次。高速列车通达范围达到 660 km，通达城市为 16 个。在经济方面法国高铁的收益率为 12%，地方行政区则达到 19%。

1.3.2.4 罗讷—阿尔卑斯高速铁路

罗纳河 - 阿尔卑斯高速线位于东南线的延长线上，从里昂到瓦朗斯

（Valance）全长 148 km，新线从东环绕里昂并通过里昂—萨多拉机场高速车站，全线于 1994 年开通。至此，从巴黎到马赛的运行时间只需 4 小时 10 分，自巴黎通达法国东南部及邻国的城市多达 75 个，高速新线的通达范围可达到 3215 km。

1.3.2.5 东部互联高速铁路

这条高速新线全长 128 公里，从东部环绕巴黎，将北方线和东南线、大西洋线联结起来，途经法国最大的戴高乐国际机场高速车站和欧洲迪士尼乐园高速车站，使空运、地铁和著名景点与高速线联结起来。该线向西通过既有线和联络线使北方线和大西洋线联成一体。该线南北部分已于 1994 年开通，与西部相联部分已于 1996 年开通。

1.3.2.6 地中海高速铁路

地中海线自瓦朗斯向南延伸，在阿维尼翁设三角线，东南分支到达马赛，西南分支至尼姆以西的蒙彼利埃，全长约 295 km，最高运行速度为 350 km/h。地中海线自 1995 年开始动工修建，2001 年上半年线路已全部开通。由巴黎至马赛 800 km 行程只需旅行 3 h，采用 TGV–2N 型第三代双层高速动车组，法国北起里尔、南至马赛的南北高速主干道亦已形成。

1.3.2.7 东部高速铁路

为了加强巴黎地区及法国北部、西部及西南地区于法国东北部之间的联系，还有法国与德国、瑞士及卢森堡等国之间的联系，欧洲东部线首段 300 km 铁路线与 2007 年 3 月 15 日建成并于 6 月 10 日投入商用。人们从巴黎出发，45 分钟到兰斯，1 小时 30 分到梅斯或者南锡，2 小时 20 分到达斯特拉斯堡。

1.3.3 法国高速铁路特点

法国阿尔斯通公司与法国铁路合作正在研制、开发一种新的第 4 代高速列车，这将是第一列采用铰接式转向架的动力分散式高速列车。AGV 放弃了 TGV 系列高速列车传统的交流同步传动技术，而采用符合发展潮流的交流异步传动技术，变流器则采用比 GTO 更先进的 IGBT 半导体变流器。

法国铁路运营中的高速列车都是采用动力集中方式的，与动力分散形式相比，这种方式的列车的最大轴重较大，客车的结构相对比较简单，技术上也相对比较容易制造。法国高速列车的一个特点是全部采用铰接式转向架，即相邻的两节车辆共用一个转向架，两节车厢在转向架上连接。这种连接方式的优点是列车的整体性较好。曾经有一列高速列车在运行中脱轨，但是没有发生颠覆事故，这与绞接式车体连接方式有很大关系。另外，铰接连接方式的列车转向架数量较少，因而列车总重较轻。但是因为轴数也少，所以平均轴重较大。采取铰接方式，列车解编比较麻烦。

法国高速列车的另外一个特点是，除第一代 TGV–P 高速列车采用传统的直流牵引电动机外，其他高速列车都采用交流无换向器同步电动机作为牵引电动机。与直流电动机相比，这种电动机功率大，重量轻。与交流异步电动机相比，它的控制电路相对比较简单。

在高速列车的国际市场上，法国的高速列车是最成功的。西班牙、韩国高铁的高速列车都是引进法国 TGV 高速列车的技术。澳大利亚曾经计划建设的高铁原定也要引进法国 TGV 技术。据分析，主要原因是法国的 TGV 大西洋高速列车早在 1989 年就达到 515.3 km/h 这个惊人的世界铁路速度记录，并在世界上最早实现了 300 km/h 的运营速度。而其竞争对手，日本的高速铁路虽然诞生最早，但是高速列车中唯一运营速度能够达到 300 km/h 的是 500 系，1996 年才正式投入运营。另外一个竞争对手，德国 ICE 高速列车直到 1991 年才投入运营，并且其最高设计速度为 280 km/h，实际运营速度仅 250 km/h。因此，法国 TGV 系列高速列车抢得了先机。另外，TGV 高速列车开始批量生产比较早，成本也较低。

1.4 中国高铁技术体系

1.4.1 高铁需求

中国铁路从 1997 年 7 月 1 日到 2007 年 4 月 18 日先后成功实施了六次大提速，全路客车平均旅行速度由 48 km/h 提高到 120 ~ 250 km/h。但是中国铁路依旧任重而道远，在节假日期间，尤其是传统春节返乡和大中学生放假，乘客滞留大城市火车站的现象依旧存在，能否买到一张自己想要的火车票，按计划去旅行、休假或者探亲，仍然是大多数旅客心头挥之不去的忧虑和挂念。这些，都昭示着中国铁路运输能力的仍然不足。当前，京沪、京哈、京广等干线的提速和运输能力基本发挥到极限，许多区段能力利用率已达到 100%。然而，伴随中国经济持续快速发展，铁路旅客、货物运输需求还在继续增长。2007 年，全国铁路旅客和货物运输需求分别为 15 亿人次和 25 亿吨。2020 年，旅客和货物运输需求将分别达到 40 亿人次和 40 亿吨，年平均增长速度分别为 7% 和 4%。现实表明，如果中国铁路不继续快速发展，特别是中西部地区，那么社会发展受铁路

"瓶颈"制约将越来越严重。

在智能化、网络化时代的今天，人们的生活节奏日渐加快。尽管中国在2007年动车组的登场大大压缩了大城市之间的通行时间，然而，例如从上海至重庆仍需要10小时41分，这个数字对于乘客来说还是太长了。从交通运输手段来看，铁路要想与民航展开竞争，速度还须要进一步提高。

中国铁路，运能不足，竞争力须要进一步加强。同时中国面临的环境保护、水土保持和节能减排问题，这一系列的现实均揭示出一个明显的事实：虽然近年来高速铁路在中国出现飞跃式发展，但中国部分地区仍旧迫切需要高铁－客运专线。

从世界运输业发展趋势来看，高铁是铁路运输业的发展方向。中国从1995年就开始讨论研究高速铁路（客运专线）的建设，到2004年决定实施，其间呼声一直很高。高铁具有速度高、能力大、能耗低、占地少、污染小和安全稳定的优势，在世界能源处于紧张状态的情况下，发展高铁众望所归。

1.4.2 技术体系形成过程

日本、法国和德国都有其成熟的高铁技术体系，但这些技术体系对我们而言却只能借鉴不能照搬，毕竟，中国的国情和路情独特，因此现实要求中国必须有自己的高铁技术体系。

事实上，日、法、德三国的技术体系也是根据各自的国情、路情并吸收国外成功经验而确立的。以高速列车技术为例，日本新干线列车比法、德两国的高速列车车体更加宽大，那是因为日本的国情与法、德不同，日本客流量大，而欧洲客流量小。日本的高速列车从最早的0系到现在最新的N700S系，无一例外都是动力分散方式；而法国和德国的绝大多数高速列车却是动力集中方式。可以说，日本在20世纪50年代决定研发高速列车的时候，几乎未加任何考虑就选择了在当时看来有些"离经叛道"的动力分散方式。

日本做这样的选择，主要是由日本的路情决定的：日本的地质松软，更加适宜轴重较小的动力分散方式列车运行。同样，法国和德国在研发高速列车之初，也是没有丝毫犹豫就选择了动力集中方式，原因就在于法国和德国的地质相对坚硬，可以满足动力集中的高速列车运行。而且，动力集中方式一直是法、德两国擅长的领域，基于技术现状，当时法、德都做出了最适合其国情的选择。

在吸收国外成功经验方面，日本早期12辆编组的0系列车有6台受电弓，法国人在新干线开通之初就指出新干线列车有受电弓太多、受流质量差的缺点，日本后来借鉴了欧洲高速列车受电弓少的优点，发展为 16 辆编组的新干线列车只用 2 台受电弓。

法、德也同样汲收了日本很多成功的经验，最好的例子就是法、德两国在充分吸收日本动力分散方式高速列车技术的基础上，也各自研发了动力分散方式高速列车。

中国的高铁技术体系是在利用几十年积累的技术资源的基础上，结合中国的国情与路情，充分发挥后发优势，积极借鉴和吸收国外先进技术而逐步形成的。

中国的高铁技术，离不开前人的努力，离不开前人奠定的基础。

新中国成立初期，全国铁路营业里程仅有 2.1 万公里，由于战争的破坏，真正能够通车使用的只有 1 万多公里；很多车站连信号机都没有，70% 的线路居然没有闭塞设备，没有保证列车行车安全的最基本的设备；每天虽然有成千上万台蒸汽机车在线路上奔跑，但那些机车清一色都是国外制造的；落后的设备，杂乱的技术规格，新中国铁路就是在这样薄弱的基础上开始奋然前行的。

从 1949 年至 1978 年，即改革开放前的差不多 30 年时间里，是新中国铁路的恢复和路网基本形成的时期。到 1978 年底，铁路营业里程增至 4.3 万公里左右，路网基本形成。

这一时期，中国铁路也实现了多项技术从无到有的突破，为以后的技术发展奠定了基础。例如，1961 年 8 月 15 日，我国第一条电气化铁道在新建的宝成线宝鸡至凤州段正式通车，结束了我国无电气化铁路的历史。我国电气化铁路从起步之初，就采用世界上最先进的工频单相 25 kV 交流供电方式——这项技术对高铁而言是不可或缺的，为我国电气化铁路以及现在的高铁建设奠定了坚实的基础。

1952 年 12 月，青岛四方机车厂试制成功了我国第一台机车，解放型蒸汽机车，它的诞生结束了中国没有国产机车的历史。

1978 年 12 月 18 日至 22 日，中国共产党第十一届三中全会召开，中国从此走进改革开放的新时代。也就是从那时起，中国铁路进入了改革和大发展的时期。在铁路建设投资方面，改革开放前近 30 年中，中国铁路建设投资为 607.73 亿元；而 1979—1998 年，铁路建设投资就达到 3084.41 亿元，年均增长 150 亿元，是改革开放前 30 年铁路建设投资的 5 倍；2003—2007 年间，中国铁路完成建设投资 5220 亿元，比 1998—2002 年间增加了 2348 亿元；从 2003 年至今，高铁飞速发展，仅 2021 年就完成铁路投资 6616 亿元。这一时期，中国铁路网也在迅速扩大和完善。到 2021 年底，全国铁路营业总里程突破 15 万公里，其中高铁

4 万公里，位居世界第一位。在电气化铁路建设方面的成绩同样令人惊叹：1949 年以前，中国的电气化铁路是一片空白，1950 年至 1978 年建成了 1032.9 km，1979 年至 2021 年修建了近 15 万公里，建设速度之快世所罕见。至 2021 年底，电气化铁路运营里程突破 15 万公里，位居世界第一。在铁路速度方面，从 1997 年至 2007 年，中国铁路先后进行了六次大提速，目前，既有线列车速度已达到 350 km/h 的国际先进水平。

中国铁路的建设投资规模不断增大、列车网络不断完善、铁路速度不断提高的过程，也是技术水平不断提升和为中国的高铁建设不断积蓄技术力量的过程。所谓"窥一斑而知全豹"，这里，我们通过中国第六次大提速在技术方面开展的工作和取得的进步就可略知一二。

围绕第六次大提速，铁道部组织全国的科技力量，完成了 200 km/h 等级动车组列控系统技术、机车车辆试验、200 km/h 等级接触网试验、轨道几何不平顺管理值和养护技术等 50 多个项目的科研攻关。要在全路大面积开行 200 km/h 动车组，就离不开前期的试验，铁道部共组织进行了 4 次 200 km/h 等级提速综合试验：2004 年 9 月完成胶新线 120 km/h 货物列车提速综合试验；2005 年 4 月完成京秦线 200 km/h 等级列车交会综合试验；2005 年 5～6 月完成遂渝线 200 km/h 等级提速综合试验；2006 年 6～8 月完成胶济线 200 km/h 等级提速综合试验。2011 年开通的京沪高铁运营速度 350 km/h，为世界高铁运营最高速度。2010 年 12 月 3 日，新一代"和谐号"动车组 CRH380AL 在京沪高铁枣庄至蚌埠间的试验段创造了时速 486.1 km/h 运营列车试验速度新纪录。

中国高铁装备技术水平不断攀升，铁路装备实现升级换代，复兴号系列产品涵盖不同速度等级、适应各种运营环境，智能型动车组在世界上首次实现时速 350 km/h 自动驾驶。中国铁路总体技术水平迈入世界先进行列，高速、高原、高寒、重载铁路技术在世界处于领先地位，形成了具有自主知识产权的高铁建设和装备制造技术体系。

近十年，国际合作开创新局面。服务"一带一路"建设，中老铁路、亚吉铁路、蒙内铁路相继开通运营，雅万高铁标志性项目有序推进。铁路技术装备出口全球 100 多个国家和地区，实现了全产业链"走出去"。发布了 150 余项中国铁路技术标准外文版。中欧班列通达欧洲 23 个国家的 185 个城市，成为"一带一路"建设的重要成果和突出亮点。中国高铁正凭借实力在世界赢得广泛赞誉，我们期待高铁这张"中国名片"能够加快"走出去"步伐，为实现中华民族伟大复兴的中国梦做出更大贡献。

1.4.3 高铁技术体系简述

中国高铁是一个庞大而复杂的系统。不难想到，中国高铁技术体系也必定复杂，单从系统技术的角度讲，这个技术体系就包括：工务工程、牵引供电、通信信号、动车组、运营调度、客运服务、综合维修和安全评估等技术。

1.4.3.1 高速动车组

动车组漂亮的流线形车体、令人赏心悦目的乘车环境、200 km/h 以上的运行速度，都令人赞叹不已。中国时速 200 km/h 以上的动车组按照国务院提出的"引进先进技术，联合设计生产，打造中国品牌"的总体要求，通过"引进→消化→吸收→再创新"的方式，逐步确立中国高速动车组技术。

如今，世界上的高速动车组可说是车型众多，特点各异。例如，单是日本，投入运行的新干线车型就达 13 种之多。从小范围讲，新干线的 13 种车型各有各的特点：有的偏重乘客乘坐舒适度，有的重视性价比，有的又侧重于提高曲线通过速度。从大范围讲，以法、德为代表的欧洲高速动车组与日本新干线列车也是形神皆异。经过认真的技术交流和反复的比选，按照"先进、成熟、经济、适用、可靠"的基本方针，中国最终选择了当今世界上最先进和成熟的四种动力分散动车组作为原型车，这四种车型分别是：

CRH1 的原型车——Regina。Regina 是由世界著名的庞巴迪公司从 1998 年开始为瑞典国家铁路和地方铁路开发的高速动车组，技术成熟，列车上 90% 的材料都可以再生而循环利用，时速可达 220 km/h，是理想的中短途客运和城际交通用车。

CRH2 的原型车——E2-100。日本川崎重工株式会社于 2002 年推出的 E2-100 新干线列车，代表着日本最先进的动车组技术，设计时速为 315 km/h，最高运行速度为 275 km/h。

CRH3 的原型车——Velaro-E。Velaro-E 是西门子公司于 2001 年在德国 ICE3 动车组的基础上开发的一种能充分体现西门子公司技术水平的产品，这种车型的最高运营时速达 350 km/h. Velaro-E 是 2008 年 7 月在京津线上亮相的 CRH3 的原型车。

CRH5 的原型车——SM3。在我国东北严寒气候中飞奔的动车组 CRH5 的原型车是阿尔斯通公司制造的 SM3。SM3 属于 Pendolino 动车组系列，在欧洲广泛使用，技术成熟，速度可达 250 km/h，适合高寒地区。

这四种车型最引人注目的共同点就是动力分散。

　　我国通过 2004 年和 2005 年两次采购，成功地引进了上述四种世界一流的动车组技术。我国在全面系统地引进动车组设计和制造技术的前提下，重点引进了动车组总成、车体、转向架、牵引变压器、牵引变流器、牵引电机、牵引控制系统、列车网络控制系统、制动系统等九大关键技术。除了九大关键技术外，铁道部与中方企业协商又确定了十项配套技术引进项目，具体包括：空调系统、集便装置、车门、车窗、座椅、风挡、钩缓装置、受流装置、辅助供电系统和车内装饰材料等。

　　引进技术的最终目的是要实现具有世界先进水平的高速动车组的国产化。显然，要想实现国产化，打造中国品牌，我国要做的第一件事情是：消化吸收国外先进技术。为此，我国长客厂、四方厂、唐山厂、株洲所、铁道科学研究院、四方车辆研究所、西南交通大学、北京交通大学等国内骨干制造企业以及科研院所都加入到消化吸收再创新的行列中。

　　在引进国外动车组技术的同时，我国还根据国情和路情，对四种原型车在轮轨界面、弓网关系、旅客界面等方面都做了相应调整。例如，中国的钢轨头部形状和欧洲及日本是不一样的，如果不对引进的动车组车轮踏面形状作相应的修正，使轮轨间配合达到最佳状态，就会增大轮轨间的磨耗和降低乘坐舒适度。我国有些线路上要跑双层集装箱货运列车，接触网的高度为 6.33 m，这个高度与日本新干线的 5.1 m 是完全不一样的。因此，要求我国的动车组受电弓能满足我国的具体路情。旅客界面方面，考虑到文化上的差异，也做了相应的调整。

　　目前，我国动车组制造行业已基本掌握动车组系统集成、铝合金、不锈钢车体、转向架、牵引变流器、牵引控制系统、牵引变压器、牵引电机、列车网络控制系统和制动系统等九大关键技术。大功率电力机车的总成、车体、转向架、主变压器、网络控制、主变流器、驱动装置、牵引电机、制动系统等核心技术及大量的配套技术，都已用于我国企业的生产中。

1.4.3.2. 高铁牵引供电技术体系

　　高铁牵引供电系统是在现代高速运输理念和当今最新供电设备基础上建立起来的具有"统一技术平台、统一技术标准、统一管理模式"的能量供给系统。它必须能满足高铁"高速度、高密度、长干线、跨线路"的运输要求，为电气化列车提供安全、稳定、可靠、不间断的电能。

　　世界铁路客运专线发达的国家，都建立了涵盖牵引及电力供电系统技术标准在内的高速客运专线建设技术平台。目前典型的客运专线技术平台有德国 ICE、法国 TGV、日本新干线等，它们代表了世界高铁技术发展的前沿水平。

中国高铁将依托京津、武广客运专线等项目的实施，通过全面系统地引进国外先进、成熟、经济、适用、可靠的牵引供电技术，构建具有自主知识产权的、设计速度 200 ～ 250 km/h 及 300 ～ 350 km/h 的高铁牵引供电系统技术平台。

该平台应具有以下特点：

①满足高速和跨线运行的弓网关系的特殊要求。

②满足双弓取流及动车组自动过分相的技术要求。

③满足可靠稳定的供电要求。

④长大干线综合一体化远程监控的技术要求。

⑤满足免维护、少维修、抵御自然环境侵害的要求。

1.4.3.3 高铁通信体系

高铁通信系统主要以传输及接入、电话交换、数据网、GSM-R 专用移动通信等设备为基础，建立调度、会议电视、救援指挥、动力环境监控和同步时钟分配等通信系统，将有线和无线通信有机结合，实现话音、数据、图像、列控的多种功能。

铁路通信主要完成的任务是：保证指挥列车运行的各种调度指挥命令信息的传输；为旅客提供各种服务的通信；为设备维修及运营管理提供通信条件。

中国铁路建成了以光纤通信为主体，积极采用数字微波和卫星通信的传输手段，光纤到车站、光纤到基层已成为现实。铁路通信全面进入了数字传输时代，建成了承载客货运营管理、运行监控和运输服务各种数据业务的铁路数据传输网，努力实现原始数据一次输入，并按需分给各自动化系统共享数据资源。在此基础上，建成铁路综合业务数字网（ISDN），为开展话音、数据和图像多媒体通信提供强有力的通信平台。无线通信已经渗透到铁路现场各个部门，以话音和数据同时传输为特征的列车无线通信已成为主流。

从 1998 年开始，欧洲铁路开始建设面向未来的新一代铁路移动无线通信系统 GSM-R。该系统除了能实现话音和数据同传，最重要的发展是系统已成为能承载综合业务并为列车运行控制系统实现地、车双向安全信息和指令传输的移动通信平台。

中国铁路已确立全面采用 GSM-R 的战略，并且已将 GSM-R 系统应用于大秦线、青藏线和胶济线等线路上。2008 年建成全路和主要干线及重点枢纽地区的 GSM-R 网络，2015 年建成覆盖全路的 GSM-R 网。

1.4.3.4 高铁列车运行控制技术

现代信息类技术的迅速发展，使列车运行控制技术与现代铁路各专业及技术之间的关系和作用变得密不可分。铁路信号、通信技术的相互融合，车辆、线路、牵引、制动以及行车调度指挥等专业技术的整合，冲破了功能单一、控制分散、通信、信号相对独立的传统技术理念，不仅为行车安全提供了根本保障，而且为行车自动化控制、运营效率的提高及管理自动化等，提供完善的功能，并向着运输综合自动化的方向发展。

在列车运行控制技术方面，铁路信号的车站、区间控制一体化，计算机、通信、控制技术与信号技术集成为一个高自动化水平的列车运行自动控制系统。列控系统技术作为现代化铁路的重要标志之一，正向数字化、智能化、网络化和一体化的方向发展。

列车运行控制系统是中国铁路提速线路和高铁保证列车行车安全、提高列车运行效率的重要技术装备，以有效的技术手段对列车运行速度、运行间隔进行实时监控和超速防护；同时减轻司机劳动强度，改善工作条件，提高乘客舒适度。

通过深入研究和科学论证，立足于中国技术和装备，借鉴国际相关标准和经验，中国铁道部门提出了符合中国技术政策和铁路运输需要的中国列车运行控制系统 CTCS（Chinese Train Control System）技术体系和总体规划。

根据铁路线路条件、列车特性、运行速度等运输需求，CTCS 共分为 5 个等级。其中 200 ～ 250 km/h 的既有提速线路、客运专线宜采用 CTCS-2 级列控系统；250 km/h 以上的客运专线和新线宜采用 CTCS-3 级或 CTCS-4 级列控系统。

中国高铁正处于高速发展时期，高铁列控技术也必须与时俱进，紧跟时代发展。CTCS-2 级列控系统按照统一的标准、通过设备的研发、关键技术引进、系统集成，形成了具有中国特色和自主知识产权的列控系统，并在中国铁路第六次提速中大放异彩。CTCS-3 级与 CTCS-4 级列控系统都是基于无线通信（GSM-R）的方式完成大数据量、高实时性、车地双向通信，采用准移动闭塞或移动闭塞制式的列控系统，是具有世界先进水平的基于通信的列控系统（CBTC）。该模式系统相比以往列控系统具有很大的优势，是中国高铁列控技术发展的主要方向。

1.4.3.5 高铁运营调度

在铁路运输生产过程中，运营调度如同战场上的指挥官，运筹帷幄，决胜千里。它是链接所有作业环节的桥梁，是下达生产指令的枢纽，机车、车辆的调配，运行线的安排与调整，旅客、货物的运输计划编制与下达等一系列的指挥工作都依靠它来完成。

高效的指挥辅以先进的信息化装备，就如虎添翼。对铁路调度工作而言，铁路信息化工作同样必不可少，将大量重复性的简单工作交给计算机去做，构建一个能够自动实现客货营销、计划编制、行车组织、防灾监控、综合维修等功能的运营调度信息系统，是中国高铁运营调度系统的核心。

1949 年成立至今，中国铁路运营调度始终在变化发展，理论研究不断创新，技术手段不断革新，调度模式也在不断适应路情的发展，建设中国高铁运营调度系统的技术积累正逐步成熟。根据中国高铁运营调度模式特点，设计开发中国高铁运营调度信息系统，成为紧迫而重要的基础性工作。

与既有线相比，中国高铁具有"高安全、高速度、高密度、高正点率、高计划性、高服务、综合维修"的特点；与国外高铁相比，中国高铁具有"衔接方向多、动车组数量多、开行方案复杂"等特点。这就使得中国高铁运营调度系统建设不能完全照搬国外系统，必须借鉴国外先进成果，结合中国国情和路情，设计研发具有自主知识产权的运营调度系统。

中国高铁的运营特点与运输组织模式是研究运营调度模式及其系统的基础。在分析运营特点与运输组织模式的基础上，借鉴日、法、德等国家高铁运营调度系统的理论成果与实践模式，走引进、消化、吸收、再创新之路，从而确定中国高铁的运营调度模式。运营调度系统的设计，也从内部的机构、调度台设置到系统的功能设置再到其外部与其他系统的衔接——进行描述，展示了一幅中国运营调度系统的宏伟画卷。

1.4.3.6　高铁客服系统

适应铁路客运专线高速度、高密度、大客流的特点，为旅客提供便捷、高效、舒适的服务，是客运专线客运服务系统（PDSS）建设的重要目的。

客服是在现代高铁管理思想、服务理念和当今最新信息技术基础上，在铁道部门、区域中心及车站按照统一的服务标准、统一的经营策略、统一的管理机制、统一的技术架构建立起的信息高度共享、资源高效利用、运行安全可靠的综合完整的服务系统。

客运服务系统将所有服务理念融入一套综合系统中，体现以人为本的理念，在旅客出行前、购票、进站、候车、乘车、换乘、出站等各环节上提供全方位的信息服务。客运服务系统主要包括票务系统、旅客服务系统、市场营销策划系统、安全保障平台等子系统。

1.4.3.7 高铁综合维修

综合维修是高铁安全的保障,如同璀璨夺目的明珠需要经常擦拭,高铁的线路、设备和机车车辆同样也需要经常检查、保养和维修。

高铁的运营与技术设备的综合维修相互制约又相互依存。频繁维修且一次维修中断行车时间过长,将打乱正常运输秩序;而强调运输繁忙,维修时间安排较短,将造成一些固定和移动设备因失修而带病"上岗",危及行车安全。高铁的运营需要正确处理综合维修与运输的关系。

高铁综合维修体系是一个复杂的系统,覆盖面广、涉及因素众多。横向来看,包括两部分:固定设备的综合维修和移动设备的运用维修;纵向来看,主要包括维修理念、管理体制和组织结构、维修制度、生产力布局、检修设备等。

日、法、德三国高铁非常重视对固定和移动设备的养护维修,各国都根据自身的运营条件,在高铁综合维修方面进行了大量的探索和实践,并通过不断改进和完善,建立了相对成熟的综合维修体系。

中国铁路通过多年来既有线的运营和国内二十多年的研究,在充分吸取国外先进技术和国内普速线路既有经验的基础上,兼收并蓄,博采众家之长;同时,以现有运力资源为基石,锐意创新,在关键技术创新和设备自主研制方面走出了一条原始创新、自主创新和引进吸收再创新之路,做到了"博观而约取,厚积而薄发"。中国高铁以"更快、更稳、更安全"为目标,建立了具有中国特色、适应国情和路情、满足运营要求的高铁综合维修体系。

以先进的检修和检测装备为基石,以高度信息化的管理系统为支撑,以全面有效的检修人员培训为前提,在我国既有机车车辆养护维修体系基础上,引进国外先进的检修理念、检修标准和检修方式,是中国高铁综合维修体系一直以来的发展之路和发展方向。

1.4.3.8 高铁安全评估体系

高铁作为我国铁路运输的一种新形式,安全对其来说更显重要。安全是人们的第一需求,也是中国高铁建设的第一要义。

但是,列车运行速度的大幅度提高增加了铁路运输安全的潜在风险。从世界范围来看,高铁技术发达国家均采用一整套的安全评估与保障体系,有力地保障了高铁系统的安全运行。

作为高铁后发国家,我国高铁建立在技术层面和社会影响层面的安全评估体系具有十分深刻的意义,可以说这个体系是应运而生、势在必行。

回顾过去，中国高铁安全评估体系的建立选择了一条合乎中国国情和路情的发展之路。这集中体现在树立科学的安全理念、重视基础技术标准和方法的研究、出色的管理基础和体制、评估分析方法的多样性和可操作性等几个方面。

高速铁路的安全评估和安全保障工作的成果要靠文化去保证。具体说，就是要建立安全长效机制，建设和培养中国高铁的安全文化，为中国高铁未来的发展确定方向和模式。

1.4.4 中国高铁电气化系统发展

从 1956 年至今，中国电气化铁路从无到有、由弱变强，运营里程突破 10 万公里，电气化铁路里程和高铁里程稳居世界第一，发展十分迅猛，形成了世界上规模最大的电气化铁路网和最发达的高铁网。但随之而来的相关事故，会对人民的生命、财产安全造成重大损失。

随着高科技装备的不断列装和更新换代，"通信、信号、电力、电气化"四电工程的新旧系统之间接口和庞大的各系统之间接口的兼容配套问题显得尤为突出，采用集成法，建立一整套四电工程集成管理系统显得尤为迫切和重要。

第 2 章　四电系统集成

系统集成作为一种新兴的服务方式，是近年来国际信息服务业中发展势头最猛、工作效率最高的一个行业。系统集成理论研究的是在人的参与下系统内各元素的收集、调控与改造方法，强调对组成系统的核心元素进行重组和重构，提升核心子系统的性能，实现整个集成系统性能的突变和功效的跃升，是一个又快又好的"寻优"过程。系统集成的本质就是最优化的综合统筹设计，即所有部件和成分合在一起后不但能智慧地工作，而且系统是低成本、高效率、性能匀称、可扩充和可维护的总系统。

2.1 四电系统集成

四电系统集成是指系统集成商为高铁四电系统的建设提供的完整、系统的解决方案和全方位的服务，这种系统集成包括人员集成、组织机构集成、设备集成、安装集成、系统软件集成、应用软件集成和管理方法集成等多方面的工作，也就是为四电系统提供完整的系统集成平台。从而将各个分离的资源、功能和信息等集成到相互关联的、统一和协调的系统之中，使资源达到充分共享，实现集中、高效、便利的管理。

四电系统集成是一个全方位的服务过程，包括从设计策划→总体设计→采购、供货→检验→安装→交付→试验→调试→单体试验→集成试验→技术服务等流程。

四电系统采用多层次的集成工作界面：第一层为各子系统集成，如通信系统；第二层为牵引供电、电力供电、通信、信号四电集成；第三层为本线系统集成；第四层为围绕本线建设的系统集成。

2.1.1 四电系统集成范围

四电系统集成的范围包括通信系统、信号系统、牵引供电系统和电力供电系统四大部分，见表2-1。

表 2-1 四电系统集成范围表

序号	1	2	3
内　容	系统集成	通信、信号、牵引供电、电力供电（设计、供货、安装施工、试验、运营维护等）	工程地质、给排水、房屋建筑、既有设施、外部电源、桥梁隧道、路基涵洞、运营调度、站内设施、线路轨道、救援服务、动车维修等

2.1.2 四电系统集成内容

四电系统集成的工作内容包括：系统总体设计，接口技术，项目管理技术，安全性、可靠性、可用性 RAMS 评估技术，电磁兼容 EMC 评估技术，综合试验技术，环境条件技术，维护培训技术，用户及建设经验等九个方面。整个系统集成技术和方法将运用于高速铁路建设从设计、供货、安装、试验、培训、技术服务到运营维护的全过程。

2.1.3 四电系统集成具体工作

2.1.3.1 通信系统集成

通信系统包括传输及接入系统、数据网、GSM-R 专用移动通信系统、调度通信系统、电视电话会议系统、应急通信系统、同步及时钟分配系统、电源系统、综合视频监控系统、动力及环境监控系统、通信线路、车站与段所综合布线等 12 个子系统。

从工作流程上划分，要用系统集成的思想和技术完成工程设计、设备供货、施工安装、调试、集成试验、运行试验、验收、技术服务、维护支持等九方面的工作。

通信系统集成的主要内容是对通信系统内部的各个子系统进行集成，明确各个子系统之间的接口，提供满足合同规定的先进、成熟的通信系统设备、备品备件、专用工具、仪器仪表、技术支持和维护、图纸和技术资料，以及设计、施工、竣工和修补缺陷所需要的所有临时性或永久性的人员、货物、材料、消耗品及其他物品和服务，确保通信系统的可靠性、先进性、成熟性和完整性。

作为保障安全、舒适、稳定、高效运营的重要基础设施，通信系统集成也涵盖通信系统与牵引供电系统、信号系统、地线系统、运营维护调度系统、旅客服务系统、防灾安全监控系统、动车组之间的接口方案；并且考虑与既有铁路通信网、相邻线路（含联络线）通信系统之间的接口方案；同时从系统集成的角度，通信系统集成充分考虑了与土建工程等相关专业的接口配合，以满足正常运行和维护的要求。

通信系统承担车站、变电所、车辆等各设备及中央网络间的通信。通信系统的网络大致可分为两种：第一种为直接与列车运行相关的 CTC 专用数据网络，第二种为作为运营支援功能活用的综合网络。而总体系统主要是以直接与列车运行相关的通信线路的集成为中心来实施的。

CTC 网络主要用于传输列车在缓信息、运行图信息等运行管理信息。综合网络主要传输沿线设备、信号系统的监视信息以及传递发往列车的调度命令信息。

地面与列车之间的双方向通信采用 GSM-R 方式。将 GSM-R 基局连接在综合网络上，在列车上搭载 GSM-R 通信设备来进行声频及调度命令的通信。

系统集成商将完成本系统的集成、工程设计、设备供货、施工安装、调试、集成试验、运行试验、验收、技术服务、维护维修等工作。

2.1.3.2 信号系统集成

信号系统由 CTC 系统、联锁系统、列控系统、信号集中监控系统四个子系统构成。

从工作流程上划分，要用系统集成的思想和技术完成工程设计、设备供货、施工安装、调试、集成试验、运行试验、验收、技术服务、维护保持等九个方面的工作。

信号系统是为确保列车运行安全而设立的。联锁装置用来确保列车的线路安全，ATP 系统则可以通过对列车速度的控制来避免列车的碰撞事件。CTC 系统可以根据运行图对每个列车的正确进路进行设定，依据运行图进行运行管理。

CTC 系统中利用 CTC 网络使之与调度中心指令和各站的车站控制装置相连接。全车站共享图表数据。

系统集成商将完成本系统的集成、工程设计、设备供货（除业主供货外的其他设备）、施工安装、调试、集成试验、运行试验、验收，技术服务，维护维修等工作。

2.1.3.3 牵引供电系统集成

牵引供电系统包括牵引供电子系统、牵引变电子系统，接触网子系统、SCADA 子系统。

从工作流程上划分，牵引供电系统集成要用系统集成的思想和技术完成工程建设、设备供货、施工安装、调试、集成试验、运行试验、验收、技术服务、维护支持等九个方面的工作。

牵引供电系统包括牵引供电、牵引变电、接触网、SCADA 等四个子系统。牵引供电系统的系统集成包含四个子系统内部和子系统之间的系统集成，以及牵引供电系统和相关专业之间的系统集成。

牵引供电子系统的作用就是保证电力牵引车辆不间断的、可靠的和安全的运行。牵引供电根据线路输送能力和行车组织方式确定牵引供电方案和牵引供电设施的布局，合理利用公共电网的电能，确保客运专线牵引供电能力的完全匹配，保证高铁的正常运输需要。

牵引变电子系统的作用是将公共电网的电压转变成与所使用的牵引电能相符的标称电压并输送到接触网。

接触网系统通过与受电弓的直接接触将电能供给动车组。对客运专线的接触网有更高要求：

①应能保证在最高行车速度和更大的速度变化范围内正常供电。

②应有更高的耐磨性和抗腐蚀（包括抗电蚀）能力。

③对接触网的结构和布置应有更高的要求。

④悬挂方式不再是单一的简单链行悬挂，要有多种形式的悬挂方式应用。

高铁接触网的关键问题必须得到较好解决，如弓、网之间的配合；接触线波动和噪声。

系统监视、控制和数据采集（SCADA）系统是控制、自动化和信息处理及转换的中枢系统，SCADA 系统通过远程通信通道与被控站连接，主要完成牵引供电系统和铁路电力系统运行状态的遥控、遥信、遥测及调度管理等功能。该系统应具有与运营调度系统及其他相关系统接口和交换信息的能力，或纳入综合调度系统。

牵引供电子系统负责供电能力计算、牵引供电方案设计和外部电源协调等工作；牵引变电子系统负责牵引供电方案设计，外部电源协调，牵引变电所设计、施工、试验和调试，以及与通信、土建等各专业的接口设计与工作实现；接触网子系统负责接触网的设计、施工、试验和调试以及与土建（路基、桥梁、隧道、站场等）各专业间的接口设计和工作实现；SCADA 子系统负责牵引电力调度系统和沿线 RTU 的设计、施工、试验和调试以及和通信等专业的接口设计。

系统集成商将完成本系统的集成、工程设计，设备供货、施工安装、调试、集成试验，运行试验、验收，技术服务、维护维修等工作。

2.1.3.4 电力供电系统集成

电力供电系统主要由沿线变配电所、电力线路及相应的供配电设施组成。其中包括电力线路、电源设备、室外照明及动力配线、电气设备的防雷及接地、桥梁及隧道供电等工程。

从工作流程上划分，要用系统集成的思想和技术完成工程设计，设备供货，施工安装、调试、集成试验，运行试验，验收、技术服务、维护支持等九个方面的工作。

电力供电系统从地方电网接引电源，通过变配电系统向沿线的路内动力照明设施供电，电力供电系统应确保与行车有关的重要负荷的供电可靠性。电力供电系统集成范围：负责铁路沿线高低压电力线路、变配电设施与电气设备防雷接地的设计、施工、试验和调试、验收，技术服务、维护维修等工作。其中应着重处理好设计、施工、调试过程中的内外接口工作。

系统集成商将完成本系统的集成、工程设计、设备供货（除业主供货外的其他设备）、施工安装、调试、集成试验，运行试验，验收、技术服务，维护维修等工作。

2.2 四电系统接口管理

高铁工程投资规模大，影响范围广，涉及的专业涵盖土建工程、强弱电系统、动车组三大领域，所涉及的学科包括土木、结构、机械、材料、电力、电子、通信、信息、计算机及网络等，是一个庞大的巨系统。高铁是一个相互协调、互相匹配的有机整体，各专业间存在着相互关联，相互约束的关系。高铁的建设，实质上是在实现专业自身功能的同时，不断地协调、优化、实施、验证专业间的相互关系，即实现专业间的接口功能。通过设计，将高铁各个接口的技术要求体现在施工图和设备选型的技术条件与安装说明中；通过施工，将各部分的单个实体有机的联系成整体；通过联调联试来检验各部分的功能是否正常，并验证是否形成完善、协调的整体功能。

2.2.1 接口的定义

接口的概念较早出现在计算机行业，常指计算机硬件之间为了相互传输数据而建立的传送标准、连接设备及通信协议，或指计算机软件系统之间进行数据交换的程序或数据格式。一般来说，两个相交或相互联系的实体，存在着某些约定，这些约定的明确就形成了所谓的接口。这些约定明确的过程也是解决冲突、协调存在问题的过程。

铁路工程与外部环境（包括自然条件、邻接线路、维护体制、外部条件等）之间，铁路工程固定设施（土建及系统工程）、移动设备（动车组）之间，在铁路工程固定设施中、土建工程内及相互之间、设备系统内及相互之间，以及土建工程与设备系统之间，均存在相互影响、相互制约的关系。除这些系统内及相互间的横向关系外，还存在着系统纵向相互衔接与影响的关系，所有这些关系均可视作铁路工程的接口。

铁路工程的接口存在于铁路工程的整个生命周期，且不同的阶段有着不同的内容与要求，因此，对铁路工程接口的识别与管理是一个持续的、不断深化和逐步提高的过程。

2.2.2 接口的特征

2.2.2.1 层次性

在铁路工程设计中，接口一般可分为系统层和专业层。系统层接口是对各系统间的总体协调与约束关系的描述；专业层接口是专业内部及与其他专业之间的具体接口。

2.2.2.2 阶段性

在铁路工程设计的各个阶段都存在技术接口问题，须要按照一定的顺序在不同的阶段给予落实或解决，项目的总体技术条件与要求和各系统内外间的系统接口问题，应在铁路前期研究（预可行性研究、可行性研究阶段）中给予解决；专业接口应随设计阶段（从预可行性研究、可行性研究、初步设计到施工图设计）和设计深度而逐步深化，是一个从定性到定量的过程，最终将落实到各系统（或专业）的具体设计和施工技术要求中。

2.2.2.3 一致性

同一项接口技术要求与接口方向要在与之相关联的系统（或专业）接口中提出，并要求内容一致。

2.2.2.4 相似性

铁路工程由许多相似的工点（如车站、桥梁、隧道、路基等）组成，技术接口在相类似工点上要求内容相似,但具体的接口参数可以不同。

2.2.3 接口的要素

接口要素主要指完整表达一个接口所需要说明的事项、图表等,包括描述接口的双方或多方所涉及子系统的接口要求、接口界面和接口责任主体等。

2.2.3.1 接口要求描述

接口要求描述用来说明和描述接口关联方提出的协调与匹配要求以及需要传递的信息,并明确接口主体方和从属方,这是接口的核心。接口要求可用文字、图表、图片等多种形式表达,以满足设计过程中的需要,避免出现因接口的不协调和不匹配造成系统功能缺陷而导致返工或留下安全隐患。

2.2.3.2 接口界面描述

接口界面是指关联方的专业系统之间或部件之间的分界点,通常是专业设计的分界点、工程组织实施的分界点或工程验收的检测点等。

2.2.3.3 接口责任主体

承担综合与协调并满足接口各方所提要求的关联方为责任主体,接口的其他关联方为从属方。明确接口的责任主体,便于在工程设计与实施过程中明确责任,同时避免设计遗漏和重复。

2.2.4 接口主要内容

设计接口的优劣,直接影响铁路工程设计的总体性、完整性和系统功能,关系铁路工程的设计质量和整体水平。随着高铁的建设,接口的管理显得越来越重要。因此,在设计过程中应高度关注各专业接口的研究,实现设计的总体性和各子系统的相互协调性。通过全面、完整、清晰地表述各专业子系统间的相互制约关系,特别是应明确系统设备在土建工程中安表、布局、预留的标准和原则,并形成相应的接口实施设计文件。

设计接口主要内容包括总体性接口和专业性接口两个层次。

2.2.4.1 总体性接口

在明确项目功能定位和运输需求的基础上,统筹考虑项目功能定位、运输需求、沿线自然特征、工程条件、环境保护等广义环境边界条件,进行综合选线设计和建设方案综合比选，包括处理好与相邻、相关线路和枢纽与地区的设计接口衔接，诸如铁路技术标准的协调、运输能力的匹配，同时还要处理好不同设计年度之间的设计接口，做到近、远结合等，从而合理确定铁路主要技术标准、线路走向、站点布局、工程设置以及其他建设方案。

在项目铁路主要技术标准和建设方案确定的基础上，根据项目功能定位，明确需求关系、轮轨关系、车控关系、弓网关系、互通关系等，对构成铁路工程的各系统给出总体性的技术条件和规定，按照系统优化的原则进行铁路主要技术设备的选择和开展系统设计，最终实现铁路工程的设计总体目标。

2.2.4.2 专业性接口

专业性接口，包括项目在设计、建设、运营过程中所涉及的、需要在设计阶段明确的所有系统、工程或设备内外之间的接口。

完整正确的接口设计，是指导、检查和验证各系统设计的完整性、安全性、合理性和经济性的重要前提，是合理确定各系统建设方案、设备功能和规模的重要依据和保障，是确保铁路工程系统完整性、协调性和一致性，充分发挥铁路工程的系统功能、降低造价、提高效益的重要保证。

对于四电系统而言，无论是总体性还是专业性接口，均应采用系统集成技术，用全面、完整、清晰的文字、图表描述涉及的各专业系统间的关联关系和实施技术要求，并具体反映到相关专业的具体设计中，实现合理利用各种资源和资源的优化配置。

2.2.5 接口的管理

铁路工程接口就是固定设施间及与移动设备、外部环境间的相互关系，铁路工程接口管理就是识别、界定、规范这些接口关系。

铁路工程接口的识别，要根据系统划分、功能定义，所采用技术体系与标准、方案构成以及设备选型等，从建筑工程、设备安装、外部条件、相互衔接、互联互通等方面梳理各系统、子系统、工点、设备等内部及与外界的接口关系。应当穷尽所有关系的原则，识别所有的接口。

接口界面的界定是接口管理的重点，也是难点，因为其往往与责任、利益相关联。原则上应以更有利于接口目的的实现来确定接口的界面。

接口内容与要求的表述形式可以是多样的，但均应清晰、准确、完整地表达出接口的责任主体、参与方以及各自的工作内容，确保接口功能、指标等的实现。因有必要对接口的内容与要求进行规范。

在接口管理过程中应关注以下基本原则：

①接口管理应按程序办理，所涉及方面均是参与方，任何约定均不能单方面决定。

②接口所涉及的所有方面均不能以惯例、内部特殊性拒绝接口事项的落实。

③接口管理所约定的每一个事项，从约定的建立、论证、实施均应得到有效管理，并要反馈形成闭环管理。

④接口管理要形成书面记录，要可控、可追溯。

2.3 四电接口管理系统

2.3.1 概述

系统集成商作为总体设计单位，针对工程具体情况，在设计、施工、安装及调试等各阶段界定系统界面，确定接口管理方法，对接口体系进行详细、缜密的策划。如遂渝铁路试验段，存在中国、德国、日本三类不同的接触网子系统、弓网系统及相关接口，系统集成商通过接口体系的管理，使参加工程建设的各单位、各国专家明确责任、清楚边界，并协调各工作方的要求，使中国、德国、日本三套系统在遂渝铁路设计、施工、安装及调试各阶段均保证了系统设计的合理性和可适应性，最终达到系统安全的可靠性目标。

2.3.2 简化接口

系统集成商必须注意通过接口管理系统解决或减少接口问题，应避免设计中出现不必要或不合理部分，降低施工接口的难度。这样，某个设计单元与其他单元相互脱离的要求合理并符合实际了，也确保了各设计单元既相互独立又互不影响。

2.3.3 协调图纸

为了设计协调，承包方可以通过以下所述接口图达到全局协调的设计效果：机电接口整合图纸，进场路径图纸，接口分工图以及据合同规定完成接口必要的设计图纸。机电接口整合图纸：当设计工作进展时，必须准备机电接口整合图纸，此图纸必须清楚描述各专业意图与细部需求。例如，①横向穿过此工程；②在 2 m 的距离内绕过此工程；③连接、捆绑或螺栓连接。机电接口整合图纸无须重复所有细部施工图，但必须包括必要的平面及立面图，以清楚标示各专业的接口配套。特别是机电接口整合图纸应标示每个专业的细部工作范围（例如供电、信号、通信等）。

机电接口整合图纸：标示工点、路径及空间的相对关系，四电系统、土建及轨道必须互相协调。机电接口整合图纸必须清楚标示所有电缆并有效协调，包括缆线位置和路径及与轨道的关系。

机电接口整合图纸：主要功能在于协调各接口单位，所以必须持续更新以反映接口现状。提供给业主的设计文件必须包括机电接口整合图纸，在业主的要求下必须提供反映现状的机电接口整合图纸。

净进场路径图纸：系统集成商将协调各接口单位，说明主要材料及部件运输需求及计划（包括工点的变化），绘制进场路径图纸。承包商准备图纸（包括手稿及文件），演示主要材料及部件进场路径及储运计划。图纸及附属资料必须演示及描述所引申的必要工作。引申的必要工作、分工及时间安排必须详述。

接口划分图：系统集成商准备接口分界图纸，以图形方式描述各接口工作承包商与各接口单位的分工及职责。

2.3.4 接口协调报告和接口协调程序

2.3.4.1 概述

系统集成商按照合同中规定的时间，准备接口协调报告和接口协调程序，提交给业主审查并由业主给出意见。接口协调报告和接口协调程序应当依照合同规定的格式，这些文件应当详细的定义对接口工作的协调计划调整。然后每季度更新资料提交给业主审查，主要问题的结论要纳入月报。设计者应当注意所提交的这些文件要获得业主的批准。

2.3.4.2 接口协调程序

接口协调程序是依时间顺序叙述各接口单位工作内容，清楚描述承包商在接口工作上对各接口单位的相互影响，并完成接口协调报告。此计划必须细化到设计阶段对各主要区域重要单元对各接口单位需要提供的接口信息。接口协调计划必须与承包商的主计划相对应，并显示各接口单位同意的顺序及时间，及对接口工作进行必要的清楚描述。

这些接口工作的现状、信息交换同意的日期、现场查验、移交等记录必须保留确认，成为主接口记录表的一部分。

2.3.4.3 接口协调报告

接口协调报告是设计者的接口管理，根据所提供的每个接口的详细描述，从技术上和顺序上，给出设计者如何实现协调工作。这个报告要求论证协调的设计和施工详图能否完全满足其他部分的需要，并且接受这些部分的详细资料，接口连接人必须经过业主的批准。（接口协调报告是在技术上有顺序地叙述承包商如何协调处理接口问题。此文件展示在设计及施工阶段如何满足各专业接口需求，各接口单细部验收细则是获得业主同意的先决条件。）

2.3.5 接口协调报告和接口协调程序的要求

接口协调报告和接口协调程序应当满足以下要求：遵循大纲的结构，编号系统由业主提供的相关程序应采用在授予合同时所要求的格式（遵循业主代表在合同中要求的格式，包括结构大纲、编码系统和相关流程）。接口连接人员的协调要证明接口的分界和定义的兼容性。接口连接人员应当同时提交业主，保证业主所批准的施工计划。

给接口的每个部分标明地址，例如正线、道岔、站场、站房等，涉及每一个设计过程和设计阶段。

给出所有相关接口的详细清单以及它们的情况和相应的信息来源，包括接口信息传输的数据。这个应当获得接口连接人员的同意。

合适地加入业主的要求，包括如何管理接口的说明。明确最新的信息，并与接口连接人员传递的信息一致。明确与接口协调连接人员相关的问题。

2.3.6 接口优先的原则

接口优先的原则就是强调要优先把双方的依赖项明确下来，并尽可能使之稳定。有了接口，双方遵从接口即可并行工作。

接口优先要求：尽早确定接口；谨慎确定接口，提供方和使用方确定接口，并要求接口评审；接口变更要受控。

从实际项目看来，接口确定太晚将会导致返工。一个典型的场景就是等到项目集成了才发现接口并不符合需要，而这个时候修改接口，重构的代价很大。

确定接口需要很丰富的经验，要充分考虑接口存在的变更可能。实际项目中应避免的一个现象是：接口的使用方一开始并不关心接口的具体细节，由提供方自行确定接口；而到了集成阶段，接口的使用方才提出接口无法满足自己的需要，并要求接口提供方进行变更。

根据系统集成商在大量工程接口管理方面的丰富经验，建议推行"接口评审"制度，评审会上必须要求接口的制定方和使用方共同派代表参与，明确接口的需求和形式。这样做的好处有：

①接口的使用方参与了接口的评审，有助于他仔细考虑自己的需求是否能够满足。

②接口的形式是经过使用方评审的，使用方要为日后接口的变更负责任。这样可以促使接口的使用方提前充分理清需求。

③双方见面进行沟通，明确相关人员，便于日后工作中的协调处理。

2.3.7 关键工程的接口优先

关键工程是实现本线工程项目建设的控制性工程，具有技术复杂、施工难度大、质量要求高、外部环境恶劣等特点，关键工程中任何活动的推迟都将使整个项目推迟。

关键工程要求：系统集成商应清楚项目的哪些工作是关键工程；系统集成商应制定可行的计划保证这些关键工程的完成。

2.3.8 工程接口风险管理

针对以上各工作时段的风险和危害，业主和各参与建设单位均须清醒地认识到接口工作对工程设计、施工和调试的重要性和多方面影响。

业主应尽早成立接口管理机构，由业主直接领导管理，制定并批准设计工程接口的管理程序及办法，把接口管理制度化、规范化和科学化。

接口管理机构应在合同中明确各承包商、承建商的接口任务；批准接口管理程序和工程接口管理手册；决策指挥重大接口问题；审批涉及接口问题的重要设计变更；处理工作接口的重大问题。

工程风险控制内容见表 2-2。

表 2-2　工程接口风险受制内容表

	风险原因	发生后果	防范措施
风险1	土建工程交底是否需明确预留预埋是否交待清楚	影响土建施工进度、增加投资、延误调试期	加强质量管理，严格交底制度和过程控制
风险2	设备技术规格书是否适用、全面、具体	影响施工招投标，影响施工图设计	加强系统集成接口管理
风险3	牵引变电所外部电源方案是否落实	延误系统调试、验收交付	加强系统接口管理，协调业主与外部电源运营商在各阶段保持接口畅通

第3章 四电接口工程

3.1 四电接口工程术语

四电工程：是指高铁通信工程、信号工程、电力工程和电气化工程。

四电接口：是指高铁站前单位施工过程中为四电工程预埋、预设或预留的工程接口；四电工程各专业与站前四电接口对接的接口；四电工程各专业之间的接口。

等电位连接：是指将分开的导电装置或物体连接起来使之处于基本相同的电位。

铁路综合接地系统：是指将铁路沿线的房屋、道床、站台、桥梁、隧道、桥梁、路基及声屏障等建筑物、构筑物的接地装置，以及牵引供电、电力、通信、信号、信息、灾害监测等电气设备和金属结构物，通过共用地线实现等电位连接的接地系统，兼有泄流和均压作用的网状接地装置。

贯通地线：是指沿铁路线路敷设的共用地线，用于各种建筑物、构筑物接地装置、电气设备、金属构件等的等电位连接。

接地端子：是指将保护导体、等电位连接导体和工作接地导体与接地装置连接的端子或接地排。

接地电阻：是指在给定频率下，系统、装置或设备的给定点与参考地之间阻抗的实部。

地：是指导电性的土壤，具有等电位，且任意点的电位都可以看成零电位；导电体，如土壤或钢结构的外壳，作为电路的返回通道，或作为零电位参考点，电路中相对于地具有零电位的位置或部分。

接地：是指用导线或长导体将不带金属和电气设备某部分与接地体在电气上连接为一体。

接地体：是指一根或一组与土壤（大地）密切接触并提供与土壤（大地）之间电气连接的导体。

接地线：是指构成地的导体，该导体将设备、装置、布线系统或中性线与接地体连接。

接地连接：是指构成地的连接，由接地线、接地体和围绕接地体的大地（土壤）或代替大地的导电体组成。

接地网：是指由埋在地下的相互连接的裸导体构成的接地体群，用以为电气、电子设备和金属结构部提供共同的地。

接地系统：是指在规定区域内，由相互连接的多个接地装置组成的系统。

接地阻抗：是指接地装置对远方电位零点的阻抗。数值上为接地装置与远方电位零点间的电位差，与通过接地装置流入地中的电流的比值。按冲击电流求得的接地阻抗称为冲击接地阻抗；按工频电流求得的接地阻抗称为工频接地阻抗。

接地装置的电气完整性：接地装置中应该接地的各种电气设备之间，接地装置的各部分及与各设备之间的电气连续性，即直流电阻值，也称为电气导通性。

场区地表电位梯度：当接地短路电流或试验电流通过接地装置时，被试接地装置所在的场区地表面形成的电位梯度。

跨步电位差：当接地短路电流流过接地装置时，在地面上水平距离为 1.0 m 的两点间的电位差。

跨步电压：人体两脚（等值电阻取 1000 Ω）在地面一步距离的两点间的电位差，此距离取最大电位梯度方向上 1.0 m 的长度。

接触电位差：当接地短路电流流过接地装置时，在地面上距设备水平距离 1.0 m 处与沿设备外壳、架构或墙壁离地面的垂直距离 1.8 m 处两点间的电位差。

接触电压：接地短路（故障）电流流过接地装置时，大地表面形成分布电位，在地面上离设备水平距离为 1.0 m 处与设备外壳、构架或墙壁离地面的垂直距离为 1.8 m 处两点间在人体手与脚（等值电阻取 1000 Ω）上产生的电位差称为接触电压。

轨道电位：是指牵引回流流过轨道线路时轨道对大地间产生的电位。

电流极：是指为形成测量接地装置的接地阻抗、场区地表电位梯度等特性参数的电流回路，而在远方布置的接地极。

电压极：是指在测量接地装置的特性参数时，为测量所选的参考电位而布置的接地极。

3.2 四电接口工程管理范围

3.2.1 站前专业接口

高铁站前专业接口有路基、桥梁、隧道、无砟轨道、站场工程、声屏障等综合接地、电缆槽、过轨预埋、电缆井、电缆上下桥、锯齿孔、接触网基础、漏缆基础、隧道预埋槽道、隧道壁悬挂支架、电容枕、无砟道岔转辙机设备安装位置、综合管沟等接口。

3.2.2 站后专业接口

站后专业接口有通信、信号、电力、电气化、信息、灾害监测各专业间的接口，以及各专业与房建（结构）、暖通、地方供电、机械、车辆间的接口。

3.3 四电接口工程现状

铁路项目设计、施工周期较长，随着工程技术的快速发展，四电系统、设备更新换代很快，原设计阶段的接口优化设计，可能造成现有接口变更局部返工，甚至全部废弃重新设计和施工。设计单位各专业之间缺乏有效沟通，可能造成某一个专业接口变更，另一专业接口维持原设计，造成无法匹配，进而局部返工、废弃。四电接口工程没有系统性、标准化的成套技术文件指导，造成工程施工技术人员审图错误，各专业技术对别的专业知识缺乏，又没有相互沟通或共同审图、共同对施工人员进行技术交底，造成施工中出现差、错、漏，进而不得不返工、废弃，造成经济损失，耽误工期，甚至为运营留下安全隐患，近年来因四电设计、施工等原因造成较大以上安全事故多起，必须引起高度的重视。

3.4 四电接口工程施工理念

按照"设计超前、系统梳理、标准施工、过程控制、运营维护"理念进行四电接口过程设计和施工的集成管理。

设计超前：设计阶段设计单位在设计过程中要有前瞻性，对四电工程系统、设备进行充分调研，采用最新技术成果，并预留有一定扩容性和兼容性，最好还具有一定的改造性。

系统梳理：施工阶段施工单位要对四电接口各专业图纸进行系统性梳理，相互对照，建立施工台账，台账应再三审查，以免出现错误。对设计依据的规范性文件进行审查，如有新规范，应在施工前提前与设计单位沟通，看是否有更新设计的必要。

标准施工：按照施工台账，对涉及的四电接口工程，参考业界最新施工工艺，提前编制标准化施工工艺手册，经审查后实施，达到标准统一，内实外美。

过程控制：施工过程的控制，对接口施工至关重要，实行三检制度，施工前检查接口内容、类型、数量是否正确，施工中检查施工工序、工艺是否符合设计要求，施工后检查施工质量是否符合验收标准。

运营维护：在高铁通过联调联试、安全评估后，在正式运营期间，相关设备使用单位要定期检查各接口使用情况，对发现的隐患要及时消除，对老化的接口部件及时更换，确保高铁持续运营安全，保证旅客生命财产安全。

第 4 章 路基工程四电接口

4.1 接口内容

路基工程四电接口内容有综合接地（接地体、接地端子、贯通地线、声屏障基础接地），电缆槽、分支电缆槽，接触网支柱、漏缆支柱及拉线基础，电缆井、过轨管等。

4.2 接口施工流程

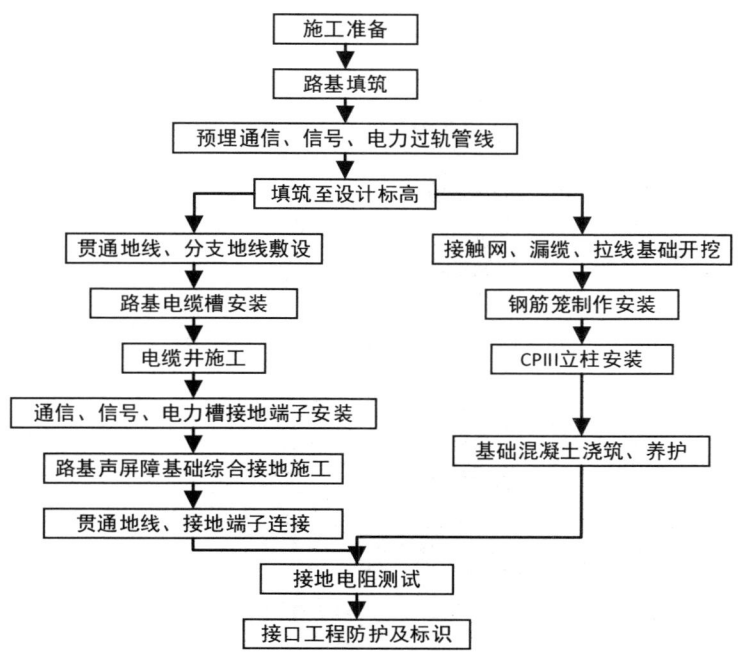

图 4-1 路基工程四电接口施工流程图

4.3 接口施工工艺

4.3.1 接触网、漏缆及拉线基础

按照设计文件整理接触网支柱及拉线基础的型号、里程、数量,审核无误后,编制技术交底书,交由施工人员进行施工。

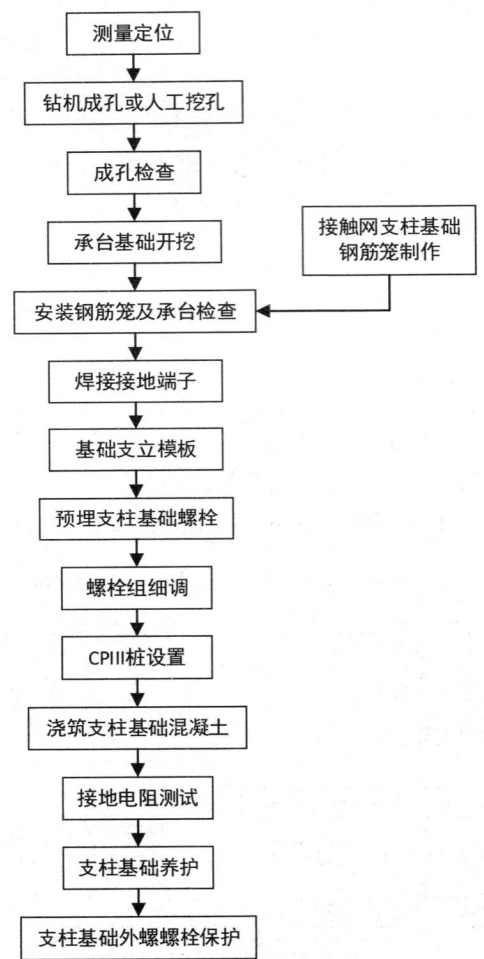

图 4-2 接触网、漏缆及拉线基础施工工艺流程图

4.3.1.1 测量定位

采用全站仪坐标法直接放出基础中心,或按设计里程放出线路中心,垂直线路中线向两侧按限界放出基础中心,采用桩橛、石灰等设置桩基础中点标识,在

纵、横向放出基础中心的控制桩，用于施工期间复核。

4.3.1.2 桩基础施工

根据地质条件和施工条件，宜采用机械干式钻孔或人工挖孔等方法。

机械钻孔适用于土质、强风化地质。机械钻机就位，支撑平稳，调直钻杆垂直，对准桩位，钻进、出土，直至设计深度，孔底人工清土、夯实。

成孔检查深度、垂直度、孔径。用钢卷尺或测绳（锤）测量孔深，孔深应满足设计要求；用吊绳测定成孔垂直度，不符合要求时用旋挖钻打磨孔壁，直至符合设计参数；孔径必须满足设计要求，卵石地层、含水量大的黏土层，需防止钻杆晃动引起孔径扩大，致使孔壁坍塌或孔底落土增厚。

4.3.1.3 承台基础开挖

孔桩开挖到位后，人工修整承台基础，孔内落土需清理干净。

4.3.1.4 钢筋笼安装

钢筋笼、承台钢筋采用厂制，在钢构件加工厂加工成品或半成品，现场组装，钢构件出场、现场验收实行双检。钢筋笼检查合格后绑扎垫块，下放钢筋笼。吊放钢筋笼时，要对准孔位，垂直吊入，缓慢入孔，避免碰撞孔壁。钢筋笼下放到设计位置后，进行固定。钢筋笼定位后安装承台钢筋笼。

4.3.1.5 接地端子焊接

接触网基础沿线路方向起点侧的基础侧面预埋一个桥隧型接地端子，接地端子距地面以下 50～100 mm 处，接地端子与桩基础内的结构钢筋进行可靠焊接，与地脚螺栓主筋在基础内不连接。接地端子表面与基础侧面混凝土平齐，接地端子表面用螺帽封堵，防止水泥砂浆进入。

4.3.1.6 承台模板支立

承台模板采用定型钢模板，确定模板位置，支立模板，模板底部用砂浆抹平，防止漏浆。用保护桩恢复接触网基础的中心位置，校核模板位置。

4.3.1.7 支柱基础地脚螺栓预埋及定位

按接触网支柱基础类型预埋地脚螺栓，螺栓采用定位工装进行准确定位，确保混凝土捣固时螺栓组不移位。定位工装用 5 mm 厚钢板制作，孔径、孔间距严格按 H 型接触网支柱基础地脚螺栓尺寸设定，通过调节定位工装位置及标高使地脚螺栓按设计要求精确定位。定位工装上下各设置一块，顶部预埋深度满足钢筋保护层厚度要求。

每根螺栓配 3 个螺母、2 个垫圈，螺母、垫圈的机械性能与螺栓配套。预埋件防腐满足设计要求，一般要求多元合金共渗＋钝化处理。螺栓外露长度为 190 mm，施工误差 0 ~ +5 mm。

表 4- 1 预埋螺栓施工误差范围要求

序号	项目内容	误差要求
1	螺栓组中心距线路中心线的距离	0 ~ + 50 mm
2	螺栓组中心顺线路方向偏移	± 50 mm
3	基础预埋件应牢固可靠，螺栓外露长度及螺纹长度	0 ~ + 5 mm
4	螺栓相邻间距	± 1 mm
5	螺栓对角线间距	± 1.5 mm
6	预埋钢板应与基础面齐平或略高	0 ~ + 5 mm
7	预埋钢板中部预留孔中混凝土略高于预埋钢板顶面	0 ~ + 5 mm
8	螺栓应垂直于水平面，每个螺栓的中心偏差在顶端偏移	< 1 mm
9	靠近线路侧螺栓连线的法线应垂直线路中心线，一组螺栓的整体扭转	± 1.5°
1C	基础面至轨面距离；基础顶面高程；基础平台尺寸；预埋钢板尺寸	± 5 mm
11	预埋钢板应水平，高低偏差	< 5 mm

4.3.1.8 支柱基础混凝土浇筑

接触网支柱基础在钢筋及预埋件的隐蔽检查合格后填好检查记录表，浇筑孔桩及承台采用 C30 混凝土。混凝土浇筑时，如混凝土自由倾落高度大于 2.0 m 时，采用串筒下料至孔底，浇筑混凝土时应连续进行，一次灌筑完成，采用插入式捣固棒分层振捣密实。

基础必须满足不侵限，基础中心距离线路中心 3250 mm，施工误差为 ± 50 mm。基础纵向间距一般为 50 m，施工误差为 ± 0.5 m。基础螺栓组中心距线路中心线距离误差 0 ~ + 50 mm。

4.3.1.9 支柱基础养护

浇注完毕后，对混凝土进行覆盖和洒水养护。

混凝土暴露面采用土工布、塑料布等进行覆盖，防止表面水分蒸发。暴露面保护层混凝土初凝前，应卷起覆盖物，用抹子搓压表面至少两遍，使之平整后再次覆盖，直至混凝土终凝为止。

4.3.1.10 成品保护

接触网支柱基础上外露的螺栓采取涂黄油，外用胶带缠裹的措施进行保护。

4.3.1.11 CPIII 桩设置注意事项

CPIII 桩的设置不得影响接触网下锚装置的正常使用。

4.3.1.12 接触网支柱基础接地电阻测试

接触网支柱基础单体接地电阻测试值设计要求不大于 4Ω，困难地段不大于 10Ω。

4.3.2 电缆井、过轨管

①区间路基地段及站场过轨管、电缆井位置和数量应与设计提供的电力、电气化、通信、信号过轨里程数量表相一致。

②通信、信号、防灾过轨管一般采用内径 $\Phi 100$ mm（壁厚不小于 4 mm）的镀锌钢管；电力过轨防护管一般采用内径 $\Phi 150$ mm（壁厚不小于 4.5 mm）的镀锌钢管；电气化过轨防护管一般采用内径 $\Phi 110$ mm 的高强度 PVC 管，外包混凝土排管方案。

③通信、信号与电力、电气化等的电缆井或手孔分别设置，强电弱电过轨管间应保证一定间距（不小于 1.0 m）。

④所有过轨防护管内预穿两根 $\Phi 4.0$ mm 铁丝，两端各预留 1.0 m，管口用配套塑料盖封堵。

⑤通信信号预留过轨、电缆井中心距离接触网支柱中心里程不小于 5 m，其他应不小于 1.5 m。

⑥路基、站场电缆槽、过轨、电缆井或手孔等预留及工艺参考《铁路路基电缆槽》（通路〔2017〕8401）。

⑦路基上电缆引入路基外时，从路肩上的手孔中引出，沿坡上的电缆槽引入电缆井至各建筑物中。

⑧路基地段过轨管施工流程：路基地段过轨管施工工艺流程，见图 4-3。

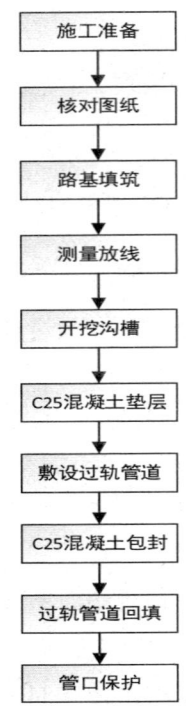

图 4-3 路基地段过轨管施工流程图

（a）核对图纸：对四电过轨管的设置里程、位置、数量进行核对，尽量集中过轨且相互间做好避让。过轨管道及手孔的设置位置，必须避开线间集水井、接触网支柱基础及下锚基础。接触网过轨管手孔中心距接触网支柱基础中心 1.5 m，通信、信号电缆过轨管道与电力电缆、接触网保护地线及供电线等强电过轨管道的距离不小于 1.0 m。

（b）测量放线：路基填筑到基床底层顶面后（约距轨面 950 mm），用全站仪测出具体里程，水准仪测量标高，确定开挖深度。

（c）施工前辗压：在预埋管道处用压路机进行 3 ~ 6 遍碾压，要求大于路基相应的压实标准。

（d）开挖沟槽：开槽宽度和长度满足安放管道的要求，深度一般为 150 ~ 200 mm（直径 150 mm 的管道槽深为 200 mm，直径为 100 mm 的管道槽探为 150 mm），采用无水切割机械在路基面上切缝，然后人工开挖。

（e）管道槽底设 C25 混凝土基础，厚度不小于 10 cm。

（f）安放管道：管道安放前采用小型机械对槽底上进行辗压，平整水平，检测满足压实标准后安放管道，管道内预留两根 Φ4.0 mm 铁线。管道连接采用套管套接，不宜焊接，要保证内壁光滑无毛刺。根据管道位置、间隔要求，采用钢筋焊接定位卡具，管道安放按卡具固定位置，省时省力。

（j）采用 C25 素混凝土包封。

（h）回填：保证过轨管底面以下素混凝土的厚度不小于 100 mm。C25 素混凝土振捣密实，采用机械回填，小型机具夯实至管顶 50 cm 以上，再用机械辗压密实，采用 EVD 和 K30 检测，满足路基相应部位的压实标准。

（i）管口防护：过轨管两端用土工布或配套塑料盖封堵，并用铁丝绑扎进行封口，防止杂物进入。

⑨电力电缆井内净尺寸为长 × 宽 × 深＝ 1800 mm×1200 mm×900 mm，壁厚 200 mm。电缆井连接电缆槽的两侧壁靠近线路侧设开口，开口内净尺寸为 长 × 宽＝ 600 mm×350 mm，以便沟通两侧电缆槽。在光缆、电缆分歧处引出路基外侧（信号中继站、通信基站、区间电气化所亭等）靠近设备（设备房屋）侧设分支电缆槽与干线电缆槽沟通，电缆槽高 200 mm，宽 500 mm，路肩至防护栏内设在护坡、硬化面、排水沟上面，防护栏以外电缆埋设地下。电缆井四周侧壁中间设 Φ25 mm 镀锌钢筋挂钩，以便悬挂电缆，但电力电缆不能与通信信号电缆挂于同一个挂钩上。为满足排水要求，每个电缆井底部设两个直径 80 mm PVC 管泄水孔。

⑩根据 Q/CR9607–2015《高速铁路信号工程施工技术规程》规定，电缆井内设置物理隔离。优化设计，直线段电缆井与隔离槽冲突侧的 4 处电缆托架取消，未冲突侧电缆托架保留。直线段增设隔离渡槽，采用 C25 钢筋混凝土浇筑，槽壁厚度同路基电缆槽，见图 4-4。过渡段电缆井内增设隔离墙，采用 C25 钢筋混凝土浇筑，宽度 6 cm，高度比正线电缆槽内部隔离墙顶低 10 cm，见图 4-5。

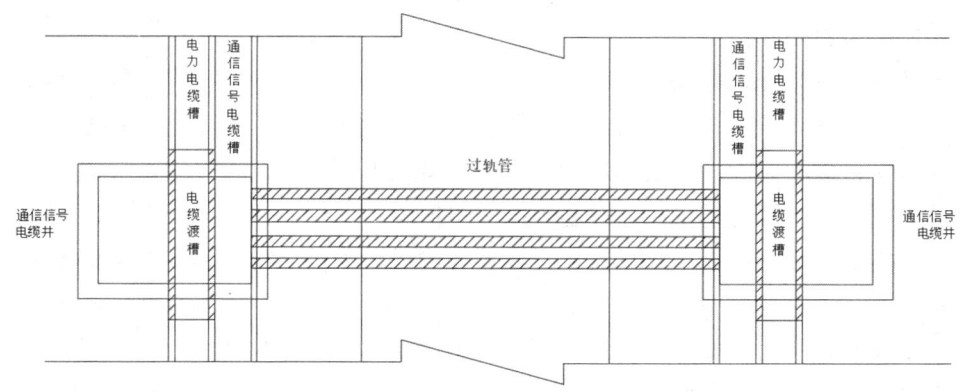

图 4-4　直线段隔离渡槽示意图

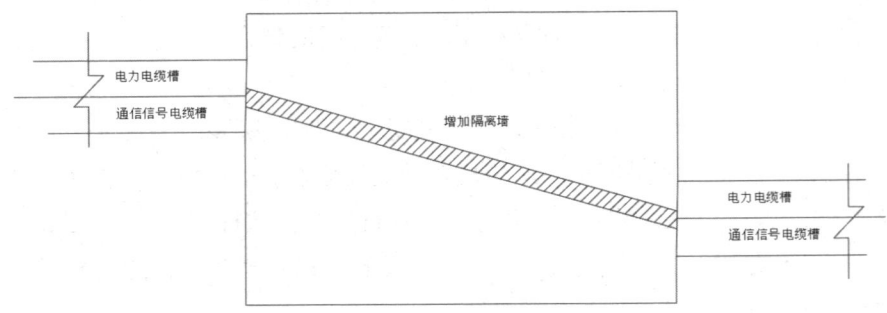

图 4-5 过渡段隔离墙示意图

4.3.3 综合接地

4.3.3.1 区间综合接地预留技术标准及施工工艺

①距接触网带电体 5 m 范围内的轨旁设备、设施、站台上旅客可接触的建筑物、上跨铁路线路的桥涵，应采取接地和等电位连接或其他防护措施。至少每 100 m 与贯通地线连接。

②线路两侧均埋设贯通地线，贯通地线采用截面积为 70 mm^2 的耐腐蚀的导电铜缆，弯曲半径不小于其直径的 20 倍。

③贯通地线保持全程电气贯通，确保各设备接入贯通地线后的接地电阻不大于 1Ω。

④贯通地线一般埋设于通信信号电缆槽下，距基床底层顶面 300 ~ 400 mm 处；石质路堑地段将贯通地线埋设于通信信号电缆槽下约 200 mm 的沟中并回填细粒土；长度小于 20 m 的短路基地段，贯通地线可敷设于通信信号电缆槽中，并采取砂浆封闭防护措施。

⑤长度超过 1000 m 的路基地段，每间隔 500 m 左右将上下行贯通地线横向连接一次；长度为 500 ~ 1000 m 的路基地段，在中间将上下行贯通地线横向连接一次；长度小于 500 m 的路基地段不进行横向连接。横向连接线与贯通地线同材质、同规格。横向连接线与贯通地线同步埋设。

⑥在制作接触网支柱基础时，沿线路方向起点侧的基础侧面预设 1 个桥隧型接地端子（距地面以下 5 ~ 10 cm），通过分支引接线与贯通地线进行连接。接地端子连接钢筋要求与基础内结构钢筋可靠焊接。

⑦在通信信号槽内侧壁预留 1 个路基型接地端子，并与就近的接触网支柱基础同里程。接地端子尾端应与贯通地线分支引接线压接。

⑧电力电缆槽接地端子原则上约 1000 m 设置一处，小于 1000 m 的路基地段不设置，大于 1000 m 的路基等分设置，间隔以不大于 1000 m 为原则。接地端子与接触网支柱间距应不小于 20 m，供电力设施接地。接地端子尾端应与贯通地线分支引接线压接。

⑨在路桥、路隧过渡段，在邻近过渡段的路基通信信号电缆槽内侧壁处预留接地端子，并预埋分支引接线，采用 L 形连接器将接地端子与贯通地线连接。

⑩跨线桥处的路基地段，在桥墩处预留分支引接线，在电缆槽内预留路基型接地端子，分支引接线与接地端子尾端压接，以便于跨线桥接地装置就近接入综合接地系统。

⑪路基地段声屏障综合接地：由导电材料制成的声屏障及立柱应在结构内预留接地端子，就近与接触网支柱混凝土基础预留的接地钢筋或支柱基础接地端子连接。

⑫综合接地端子、分支引接线材质应符合设计要求。接地钢筋间的连接应采用搭接焊工艺，焊缝长度单面不小于 100 mm，双面不小于 55 mm，焊缝厚度不小于 4 mm，十字交叉时采用小 16 mm 的 L 形钢筋焊接。

⑬埋设贯通地线的主要工序流程和工艺要求见路基贯通地线敷设流程图 4-6。

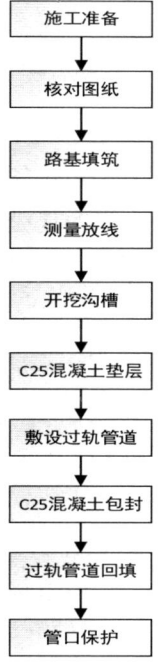

图 4-6 路基贯通地线敷设流程

（a）路基面辗压平整：路基基床底层 AB 组填料按正常填筑工艺，施工至轨面设计高程下约 1.75 m 时，进行路基面的碾压平整，检测合格。

（b）测量定位：在路基面上测设纵向贯通地线埋设位置，撒上白灰标识。

（c）成槽：沿白灰线用切割机械或人工以揪、镐等小型工具在填筑面开挖出深约 200 mm、宽约 200 mm 的小槽。清除槽内虚渣及碎石块等坚硬凸出物，达到设计标高且平整无突变起伏，满足铺设贯通地线的要求。

（d）铺设细粒土：在槽内铺设 100 mm 厚、粒径不大于 5mm 的细粒土（或细砂）垫层。

（e）铺设贯通地线：贯通地线敷设采用电缆支架，人力拉引。贯通地线接续原则上除配盘长度外不得出现人为接头，贯通地线端头接续处裸铜导体进行密封防腐处理。

（f）分支引接线及横向连接线的埋设：

贯通地线敷设完成后，每隔 50 m 左右（接触网支柱基础位置）、1000 m 左右（电力电缆槽内设有接地端子处）及公跨铁、人行天桥处引出一根分支引接线。分支引接线和横向连接线与贯通地线的型号、规格相同，引接线和横向连接线与贯通地线用 C 字连接器以压接方式连接，压接采用 12 t 的专用压接钳。

（g）直通贯通地线接头连接法：

Ⅰ．将需要接续的贯通地线端头进行修复平整处理，然后将外护层剥去 100 mm 左右。选择与贯通地线相配备的两只 C 形铜接头和配套压模。

Ⅱ．配备的 C 形铜接头放入液压钳中固定，把需要接头的两端贯通地线插入 C 形铜接头的凹槽中，伸出铜接头外 10 mm 左右。

Ⅲ．对接续好的贯通地线进行防水防腐处理，采用 FSJD 复合绝缘防腐自粘胶带进行螺旋缠绕，螺旋缠绕每圈叠压 2/3，按顺、逆方向重复 2 次缠绕，以保证紧密裹包在接头处的贯通地线上。

（h）分支贯通地线接头 T 形连接法：

将需要接续的主干线贯通地线端头用刀片剖开外护层长度大约 100 mm，把需要接续的支线端头剖开同样 100 mm 左右，并且进行修复平整处理。选择与贯通地线相配备的两只 C 形铜接头和配套压模。

Ⅰ．配备的 C 形铜接头放入液压钳中固定，把需要接头的两端贯通地线插入 C 形铜接头的凹槽中，伸出铜接头外 10 mm 左右。两只 C 形铜接头间距在40 ~ 50 mm 左右。

Ⅱ．对接续好的贯通地线进行防水防腐处理，采用 FSJD 复合绝缘防水胶带进行螺旋缠绕，螺旋缠绕每圈叠压 2/3，按顺、逆方向重复 2 次缠绕，以保证紧密裹包在接头处的贯通地线上。

（i）回填土：贯通地线及分支引接线、横向连接线敷设完后，回填 100 mm 厚粒径不大于 5 mm 的细粒土（或细砂），人工用小型冲击夯夯实。

（j）保护层施工：在夯实完成后，再在贯通地线位置上部铺设不小于 100 mm 厚、粒径不大于 5 mm 的细粒土。用压路机辗平压实，进行正常的路基填筑施工。

（k）接地电阻测试：贯通地线埋设后，进行接地电阻测试，确保综合接地系统的接地电阻不大于 1Ω，并填写相关检验批资料。电阻测试按 500 m 检测一点。路基地段贯通地线接地电阻测试采用 ZC 系列接地电阻测试仪，一般采用直线布极法。

4.3.3.2. 站场综合接地预留技术标准及施工工艺

1. 路基地段站场综合接地预留技术标准及施工工艺

（a）站场两侧外廓线各敷设一条贯通地线（路基地段埋设于通信信号电缆槽下，桥梁地段敷设在通信信号电缆槽内，敷设方式同区间部分）。

（b）牵出线一侧敷设一条贯通地线，贯通地线敷设在牵出线通信信号电缆槽下，并且与站场外侧贯通地线可靠连接。

（c）自站台端部起往站外方向（包括站台端部位置），每 500 m 设置一条横向连接线，使 两条贯通地线可靠连接。

（d）站内每个接触网基础设置 2 个路基型接地端子。

（e）站台范围内的正线股道两侧自站台端部起，靠线路侧站台墙下部沿线路方向每间隔 90 m 预留 1 个桥隧型接地端子，接地端子表面与混凝土面齐平。站台两侧的接地端子与站台墙内部竖向结构钢筋进行焊接，并且与站台墙内的纵向接地钢筋可靠连接。

（f）接地端子通过分支引接线与贯通地线可靠连接。

（g）信号机房建筑物一侧的贯通地线用热镀锌扁钢（40 mm × 5 mm ）或贯通地线与机房建筑物环形接地装置连接。

（h）进站、出站信号机位置处的电力电缆槽侧壁分别设置 1 个路基型接地端子；在基本站台墙靠近信号楼（室）一侧的上部预留 4 个接地端子。

（i）中间站台两侧站台墙的接地装置通过横向连接线与相邻站台的站台墙接地装置实现端部等电位连接。

（j）车站雨棚应与接地系统可靠连接。

2. 高架站站场综合接地预留技术标准及施工工艺

（a）站场内桥梁范围应在每片梁梁底的大、小里程端均设置接地端子，与桥墩的接地端子相连，预留方式可参考桥梁通用图。

（b）站场内每片梁梁面的小里程端均设置接地端子，预留方式可参考桥梁通用图；对于特殊结构的梁，接地端子位置可以特殊处理。

（c）站台范围内每90 m左右在梁面适当位置设置两个接地端子，通过各自结构钢筋可靠连接并且纵向接地。

（d）站台端部位置的接地端子与同侧梁梁面上的接地端子可靠连接；相邻两片并行梁之间应将两片梁面上的接地端子可靠连接，通过各自结构钢筋实现站台端部两侧贯通地线的横向连接。

（e）其余与路基地段站场综合接地要求相同。

4.3.4 电缆槽

①路基电缆槽分Ⅰ、Ⅱ、Ⅲ共三种类型，其中Ⅱ型在Ⅰ型基础上内侧壁设置接地端子及其引接线预留孔，孔径700 mm，Ⅲ型在Ⅰ型基础上内侧壁设置通信信号缆引出孔，孔径800 mm。Ⅰ、Ⅱ、Ⅲ型电缆槽外净尺寸为长×宽×高＝500 mm×720 mm×375 mm，壁厚60 mm。内径长500 mm×宽（电力200 mm＋通信信号350 mm）×深300 mm，采用C25混凝土浇筑。路基电缆槽预留及工艺要求可见《铁路路基电缆槽》（通路［2017］8401）。

②两侧路肩上设置钢筋混凝土盖板覆盖电力、通信、信号电缆槽。电缆槽一般采用Ⅰ型，路基地段电缆槽中设有接地端子的采用Ⅱ型，设置过轨管处、信号标牌处采用Ⅲ型。

③路基段与桥梁、隧道连接处采取电缆井过渡，电缆井内部空间尺寸应符合设计要求，以保证贯通地线、光缆、电缆等平顺连接。

④电缆槽采用侧向排水，于外侧壁底部预留泄水孔，泄水孔直径50 mm，将电缆槽内水引出，泄水孔加设铁篦子。

⑤站场范围内电缆槽的设置参见站场专业《车站综合管线图》。

4.3.5 声屏障接地

4.3.5.1 整体式预制混凝土声屏障接地预留技术标准及施工工艺

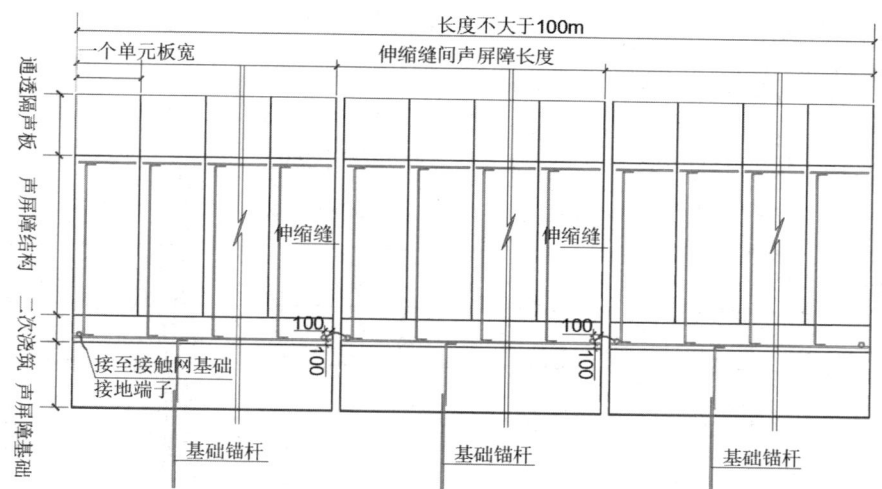

图 4-7　整体式预制混凝土声屏障接地预留技术标准及工艺图

（a）由导电材料制成的声屏障及立柱应在结构内预留接地端子，就近与接触网支柱混凝土基础预制的接地钢筋或钢柱基础接地端子单点 T 形连接。见图 4-8。

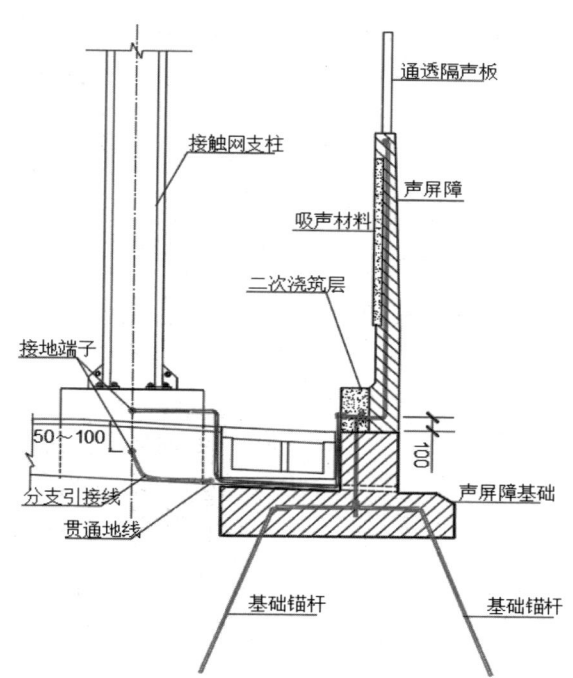

图 4-8　导电材料声屏障及立柱接地图

（b）钢筋混凝土声屏障单元板顶部设置纵向接地钢筋，接地钢筋外缘距混凝土表面不大于 70 mm。

4.3.5.2 插板式声屏障接地预留技术标准及施工工艺

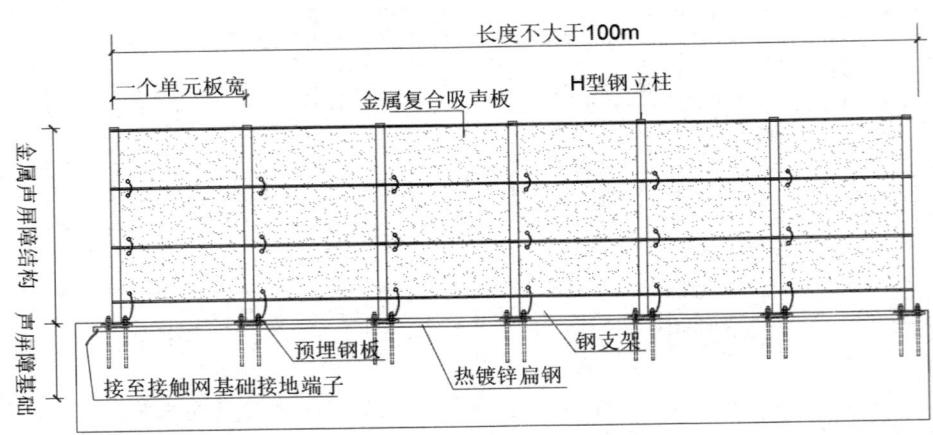

图 4-9　插板式声屏障接地图

（a）由导电材料制成的声屏障及立柱应在结构内预留接地端子，就近与接触网支柱混凝土基础预制的接地钢筋或钢柱基础接地端子单点 T 形连接，见图 4-10。

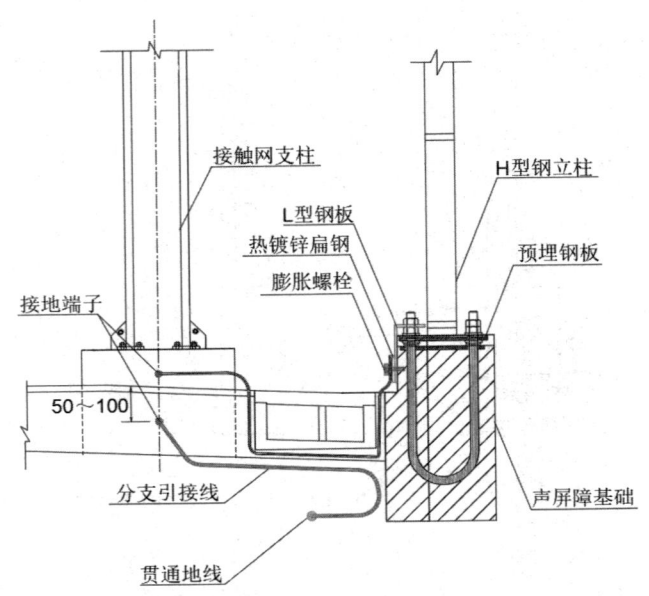

图 4-10　导电材料声屏障及立柱接地图

（b）每 100 m 声屏障段落的金属立柱通过锚栓柱实现电气连接。

（c）贯通敷设一根热镀锌扁钢，连接声屏障立柱基础锚栓柱。

（d）在百米段落中部的某个立柱（靠近接触网支柱基础）基础内预留接地端子，并与锚栓焊接。

第 5 章　桥梁工程四电接口

5.1 桥梁四电接口内容

桥梁四电接口内容包括：桩基、承台、墩身接地钢筋及接地端子设置；墩身、梁体电缆上下桥预埋槽道及锯齿孔预埋；梁体接地钢筋及接地端子设置；接触网支柱、漏缆支柱基础及拉线基础预留；桥梁两侧通信、信号、电力电缆槽预留；防护墙开口、接地钢筋、接地端子预留；接口标识及成品保护。

5.2 桥梁四电接口施工工艺

5.2.1 桥梁综合接地

5.2.1.1 预制箱梁接地设置

1. 无砟轨道预制箱梁接地设置

（1）接地钢筋设置

应采用梁端的竖向接地钢筋与梁底的接地端子连接，在梁体上表层（或保护层）设纵向接地钢筋，纵向接地钢筋设于防护墙下部及上、下行无砟轨道板间的 1 / 3 和 2 / 3 处，并纵向贯通整片梁，在距梁端小里程方向 75 cm 处利用横向结构钢筋与竖向和纵向接地钢筋连接，在防护墙处纵向接地钢筋每隔 2 m 预留引上接地钢筋。

综合接地钢筋相关要求均应满足以下要求：

①接触网短路电流不大于 25 kA 时，钢筋截面不应小于 120 mm² 或直径不小于 14 mm。

②接触网短路电流大于 25 kA 时，钢筋截面不应小于 200 mm² 或直径不小于 16 mm。

③当结构钢筋的截面不符合要求时，可将相邻的二根钢筋并接使用，或局部更换直径为 14 mm 或 16 mm 的钢筋。

（2）接地端子设置

每孔梁的小里程方向侧设置接地端子 8 个，分别设置在线路两侧的通信信号电缆槽、防护墙、声屏障处桥面 6 个，桥梁的底部 2 个。梁面、梁底接地端子距梁端 75 cm，梁底接地端子距梁体中心线 100 cm，防护墙接地端子设置高度，距防护墙底部 15 cm。见图 5-1。

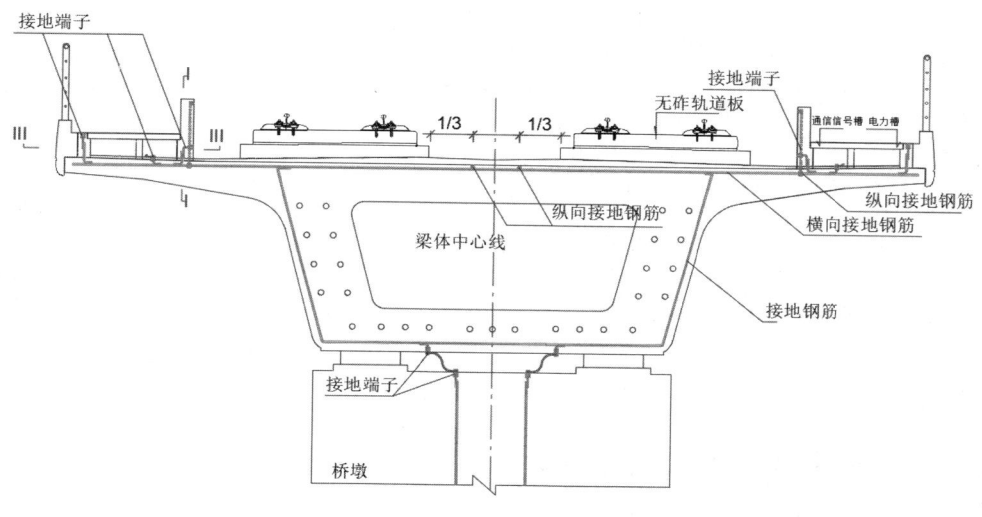

小里程断面图

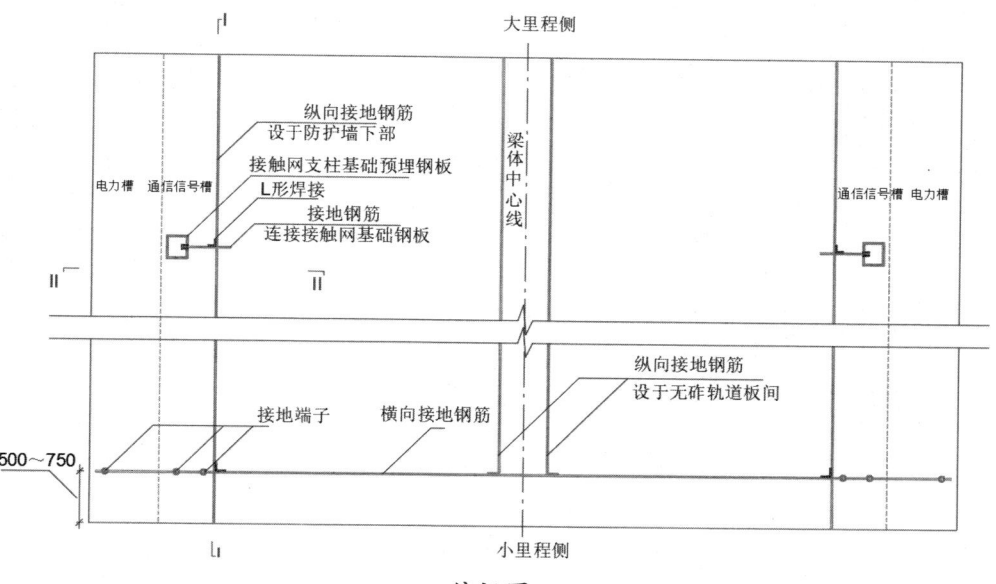

俯视图

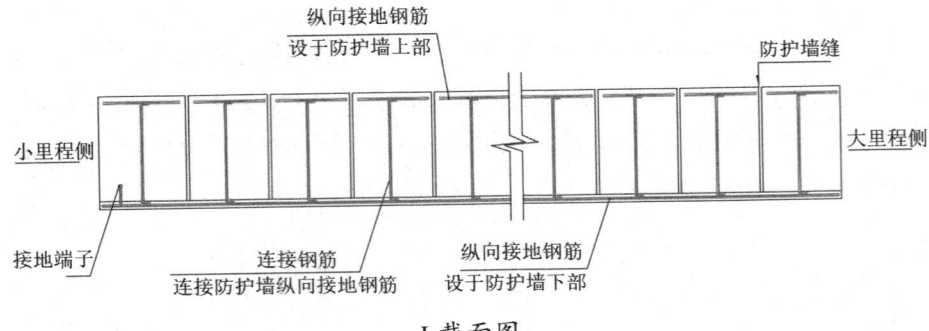

I 截面图

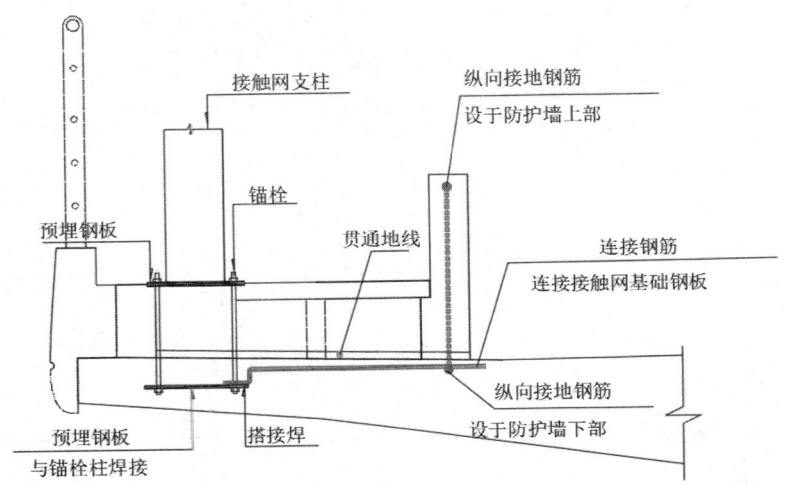

II-II 截面图

III-III 截面图

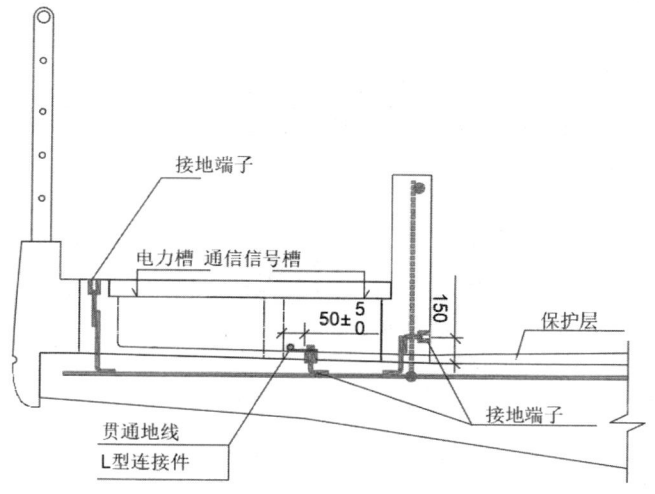

电缆槽局部断面图

图 5-1　无砟轨道预制箱梁接地设置图

2. 有砟轨道预制箱梁接地设置

（1）接地钢筋设置

应采用梁端的横向结构钢筋作为接地钢筋并与梁底的接地端子连接，道砟厚度小于 0.3 m 的梁体上，表面适当位置处应设纵向接地钢筋，上下行间纵向接地钢筋距混凝土表面的距离应小于 100 mm。纵向接地钢筋与梁端的横向结构钢筋连接，实现两侧贯通地线的横连。

（2）接地端子设置

每孔梁的起点侧设置接地端子 8 个，分别设置在线路两侧的通信信号电缆槽、防护墙、声屏障处，桥面 6 个，桥梁的底部 2 个。梁面、梁底接地端子距梁端 75 cm，梁底接地端子距梁体中心线 100 cm，防护墙处接地端子设置高度距防护墙底部 15 cm。

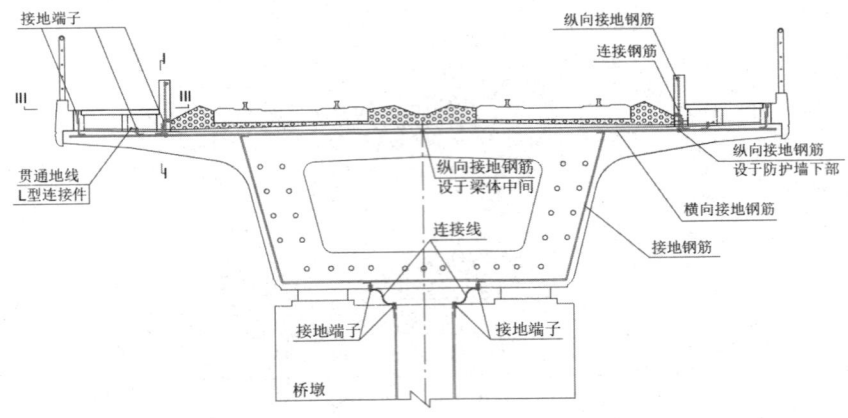

小里程侧断面图

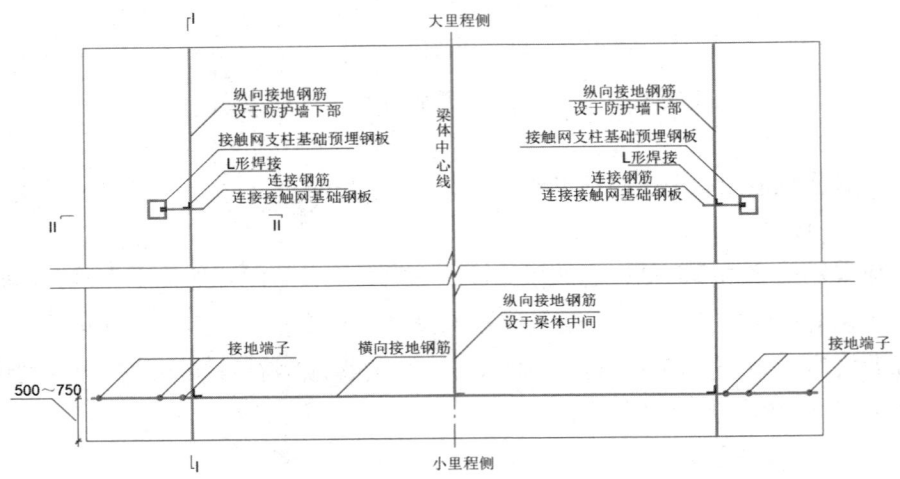

俯视图

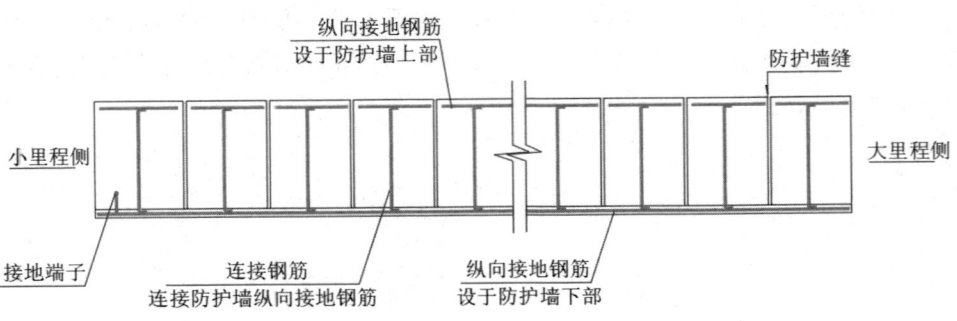

I 截面图

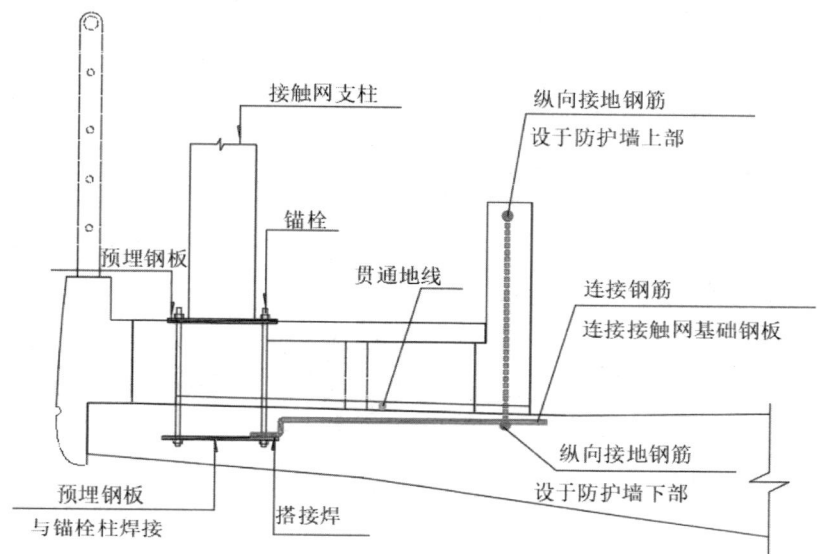

II-II 截面图

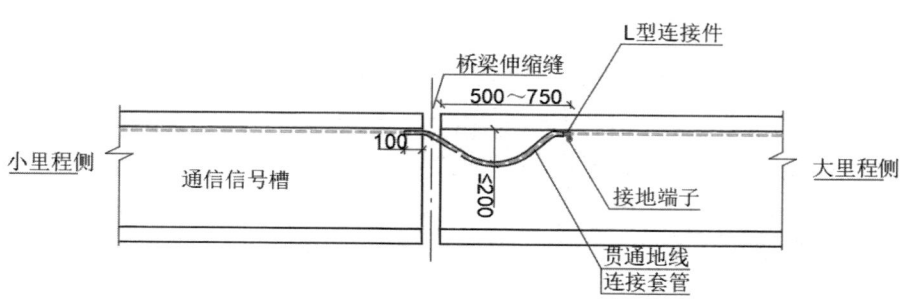

III-III 截面图

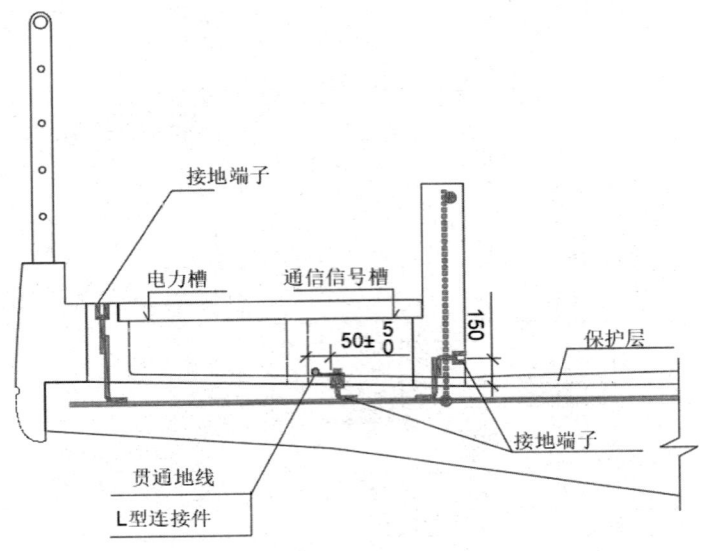

电缆槽局部断面图

图 5-2　有砟轨道预制箱梁接地设置图

5.2.1.2　无砟轨道现浇连续箱梁接地设置

①接地钢筋设置：参照预制箱梁综合接地设置。

②接地端子设置：参照预制箱梁接地端子设置。

5.2.1.3　桩基础桥墩接地设置

1. 接地钢筋设置

在每根桩中应有一根通长接地钢筋，桩中的接地钢筋在承台中应环接。桥墩中应有两根接地钢筋，一端与承台中的环接钢筋相连，另一端与墩帽处的接地端子相连，钢筋墩顶内侧 10 cm，钢筋保护层 10 cm。

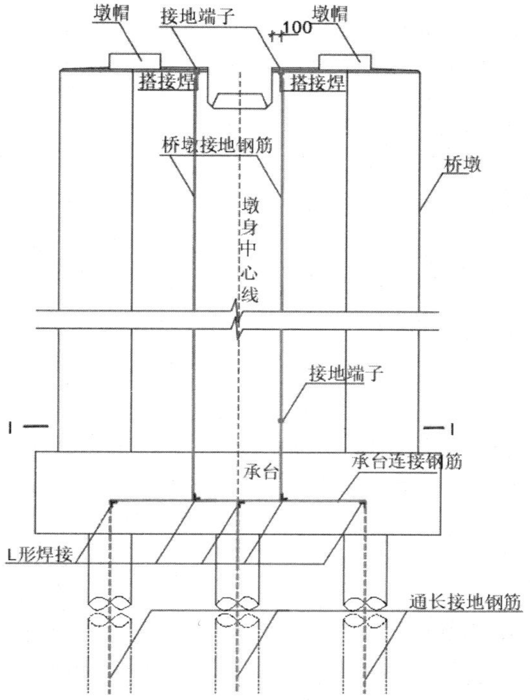

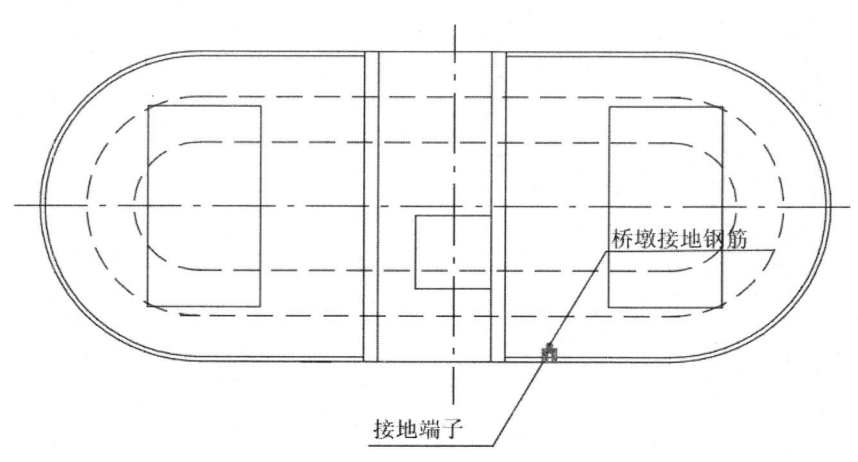

正视图 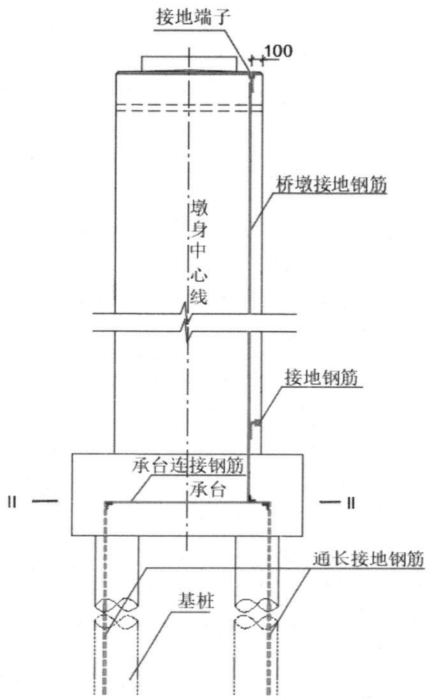　　　　　　　　左视图

I-I 截面图

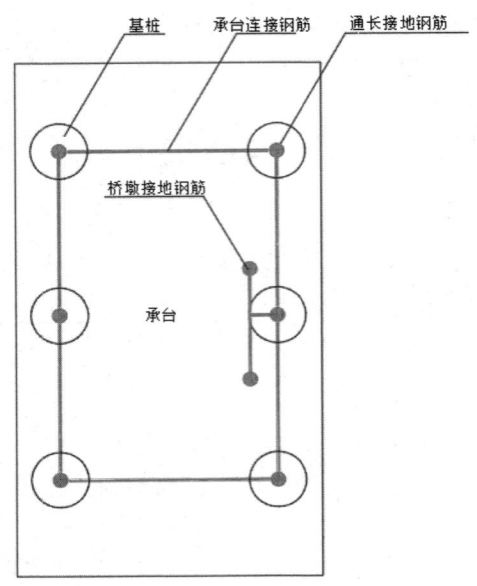

II—II 截面图

图 5-3　桩基础桥墩接地设置图

2. 接地端子设置

每个桥墩的墩帽顶部左右侧设置 2 个接地端子，接地端子。

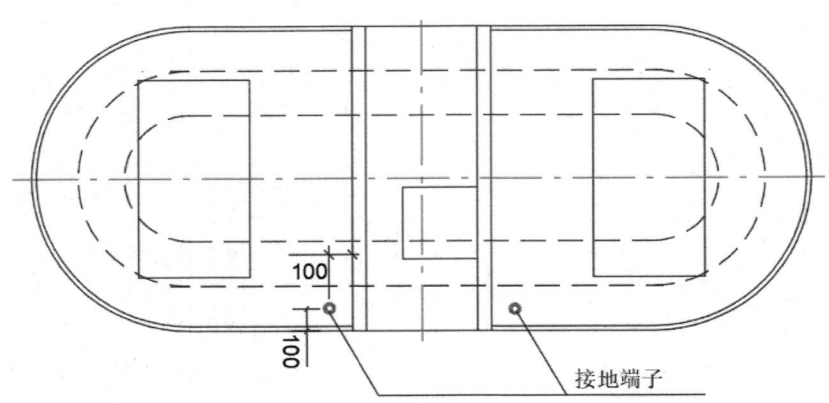

图 5-4　桩基础桥墩顶接地端子设置图

5.2.1.4　明挖基础桥墩接地设置

1. 接地钢筋设置

①在基底底面设一层钢筋网作为水平接地极，水平接地极应布满基底底面；钢筋网格间距宜按照 1m×1 m 设置，中部十字交叉的两根钢筋上的网格节点要

求施以 L 形焊接，外围钢筋应闭合焊接，其他节点绑扎；水平接地极钢筋网格的外缘距承台混凝土底面不大于 70 mm。

②桥墩中应有两根接地钢筋，一端与基底水平接地极（钢筋网）中的钢筋相连，另一端与墩帽处的接地端子相连。以上接地钢筋均可用桥墩中的结构钢筋代替。但应满足以下要求：

Ⅰ.接触网短路电流不大于 25 kA 时，钢筋截面不应小于 120 mm² 或直径不小于 14 mm。

Ⅱ.接触网短路电流大于 25 kA 时，钢筋截面不应小于 200 mm² 或直径不小于 16 mm。

Ⅲ.当结构钢筋的截面不符合要求时，可将相邻的二根钢筋并接使用，或局部更换直径为 14 mm 或 16 mm 的钢筋。

③桥墩承台混凝土浇筑前进行接地电阻检测并记录。

2. 接地端子设置

每个桥墩的墩帽顶部左右侧设置 2 个接地端子。

5.2.1.5 桥台接地设置

①贯通地线铺设在两侧通信信号电缆槽内，利用桥台横向结构钢筋实现横向连接。

②接地端子均采用桥隧形接地端子。

③应在桥台上表层（或保护层）设纵向接地钢筋，纵向接地钢筋设于防护墙下部及上、下行无砟轨道板间的 1/3 和 2/3 处，并纵向贯通整个桥台。轨道板间的纵向接地钢筋距混凝土表面的距离应小于 100 mm。

④接地钢筋应优先利用结构物中的非预应力结构钢筋，原则上不再增加专用的接地钢筋。兼有接地功能（含连接）的结构钢筋和专用接地钢筋截面应满足接触网最大短路电流要求。施工时应对接地钢筋做出标识，便于检查。

⑤所有接地钢筋间的连接均应保证焊接质量。

⑥接地钢筋设置：墩体（耳墙、胸墙）内均需设置接地钢筋，参照桩基础桥墩或明挖基础桥墩接地钢筋设置要求实施，桥台面接地钢筋参照箱梁梁体的接地钢筋设置要求实施。

⑦接地端子设置：胸墙接地端子的设置参照桥墩接地端子设置要求实施。

5.2.1.6 T 形梁接地设置

①T 梁采用复合材料（SMC）隔板电缆槽时，贯通地线应敷设在两侧通信信

号槽里的独立小槽内。

②距离电力槽上表面 100 mm 的金属栏杆立柱处预留 M16 的接地孔，用于电力设备接地。

③距离通信信号电缆槽上表面 100 mm 的金属栏杆立柱处预留 M16 的接地孔，金属栏杆立柱通过分支引接线与贯通地线连接。

④接地端子均在每跨梁的小里程侧设置。

⑤梁体上表层（或保护层）设置的纵向接地钢筋应纵向贯通整片梁，并距混凝土表面的距离小于 100 mm。

⑥梁体横向结构钢筋通过接地端子与金属栏杆实现电气连接。

Ⅰ.贯通地线铺设在两侧通信信号电缆槽内，利用梁体横向结构钢筋实现横向连接。

Ⅱ.接地端子均采用桥隧形接地端子，仅在每跨梁的小里程方向侧设置。

Ⅲ.应在梁体上表层（或保护层）设纵向接地钢筋，并纵向贯通整片梁，上、下行间的纵向接地钢筋距混凝土表面的距离应小于 100 mm。

Ⅳ.T 形梁接地充分利用桥梁钢结构作为接地电气连接。接地钢筋应优先利用结构物中的非预应力结构钢筋，原则上不再增加专用的接地钢筋。兼有接地功能（含连接）的结构钢筋和专用接地钢筋截面应满足接触网最大短路电流要求。施工时应对接地钢筋作出标识，便于检查。

Ⅴ.所有接地钢筋间的连接均应保证焊接质量。见图 5-5。

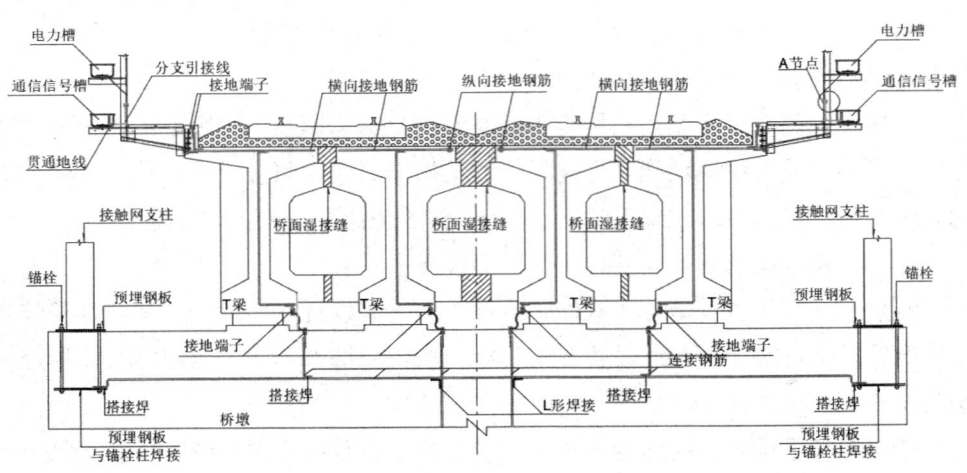

小里程侧断面图

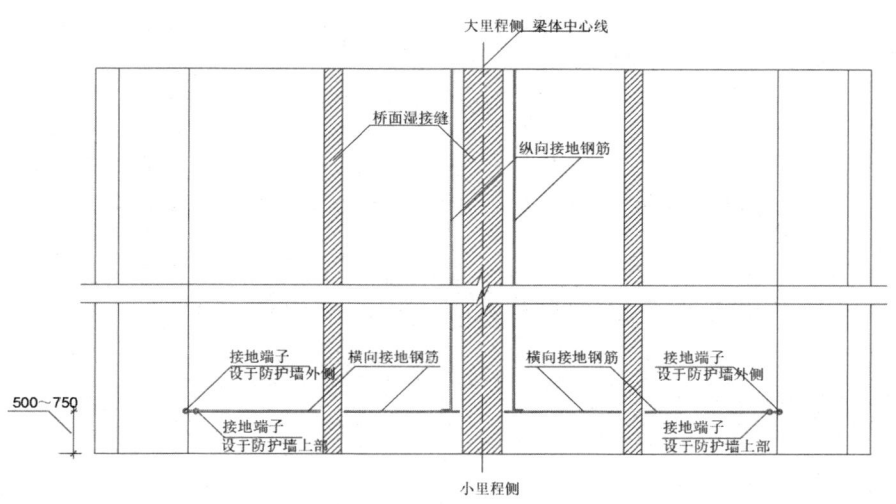

俯视图

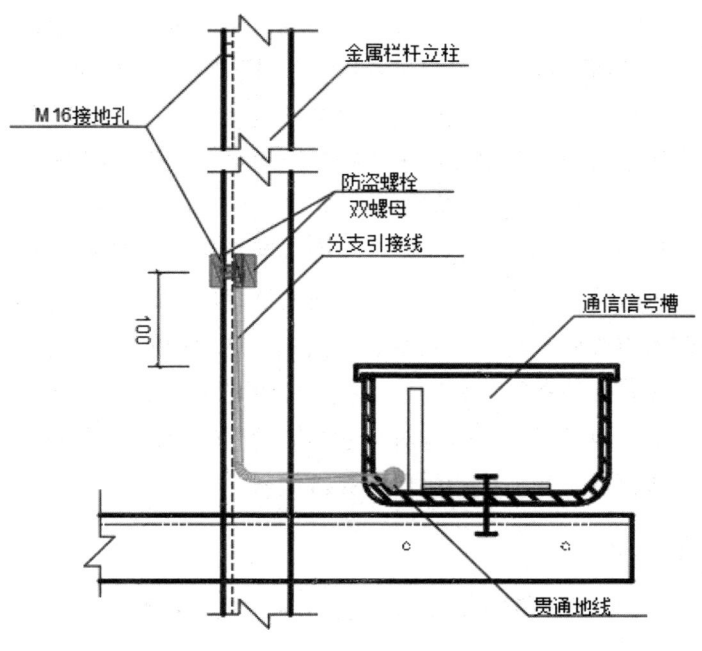

A 节点详图

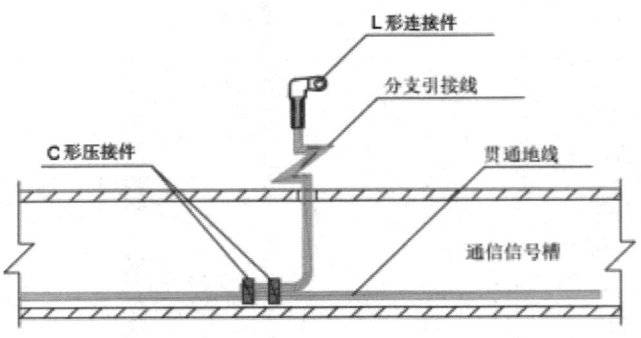

贯通地线与分支引接线连接示意图

图 5-5　T 梁综合接地示意图

5.2.1.7　跨线桥接地设置

①跨线桥接地端子均采用桥隧型接地端子。

②跨线桥上部应预留接地端子，供桥上金属护栏等接地。跨线桥的主跨梁体底面应利用表层结构钢筋形成一个接地钢筋网，用于桥下接触网线的网络保护。接地钢筋网四角预留接地端子。在主跨桥墩设两根竖向接地钢筋，上端与墩帽接地端子连接，下端与桥墩下部侧面的接地端子连接。梁体接地钢筋网接地端子与墩帽接地端子间、桥墩下部接地端子与路基电力槽接地端子间采用不锈钢连接线连接。桥墩下部接地端子设置在线路侧，距电缆槽顶面 200 mm。

③路基电缆槽接地端子及分支引接线的预埋在路基工程中完成。

④跨线桥桥墩接地设置可参照桩基础或明挖基础桥墩的接地设置完成。

⑤接地钢筋应优先利用结构物中的非预应力结构钢筋，原则上不再增加专用的接地钢筋。兼有接地功能（含连接）的结构钢筋和专用接地钢筋截面应满足接触网最大短路电流要求。施工时应对接地钢筋做出标识，便于检查。

⑥所有接地钢筋间的连接均应保证焊接质量。

5.2.1.8 框架桥接地设置

①贯通地线铺设在两侧通信信号电缆槽内，利用梁体横向结构钢筋实现横向连接。

②接地端子均采用桥隧型接地端子，仅在梁体中部设置。

③应在梁体上表层（或保护层）设纵向接地钢筋，纵向接地钢筋设于防护墙下部及上、下行无砟轨道板间的 1/3 和 2/3 处，并纵向贯通整片梁。轨道板间的纵向接地钢筋距混凝土表面的距离应小于 100 mm。

④框架桥墩可不做接地处理。对于桥梁体位于路肩下的跨线桥可不考虑纵向接地钢筋。框架涵非预应力结构钢筋可不做接地处理。

⑤接地钢筋应优先利用结构物中的非预应力结构钢筋，原则上不再增加专用的接地钢筋。兼有接地功能（含连接）的结构钢筋和专用接地钢筋截面应满足接触网最大短路电流要求。施工时应对接地钢筋做出标识，便于检查。

⑥所有接地钢筋间的连接均应保证焊接质量。

5.2.1.9 声屏障接地设置

1. 整体式预制混凝土声屏障

①接地钢筋设置：每个单元板顶部设置纵向接地钢筋，并贯通整个单元板；在竖墙内设置贯通整跨梁的纵向接地钢筋。每个单元板上部纵向接地钢筋通过混凝土结构内的非预应力结构钢筋与竖墙内的纵向接地钢筋焊接。

②接地端子设置：在每跨梁声屏障的起点侧（与梁体起点侧接地端子相对应）预制一个接地端子，并与竖墙内纵向接地钢筋焊接。声屏障接地装置通过起点侧预留的接地端子与桥梁体预留的接地端子实现单点 T 形连接。

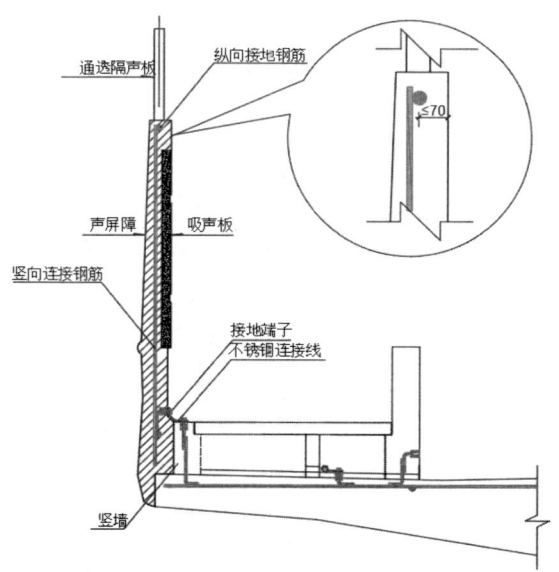

图 5-6 桥梁声屏障接地断面图

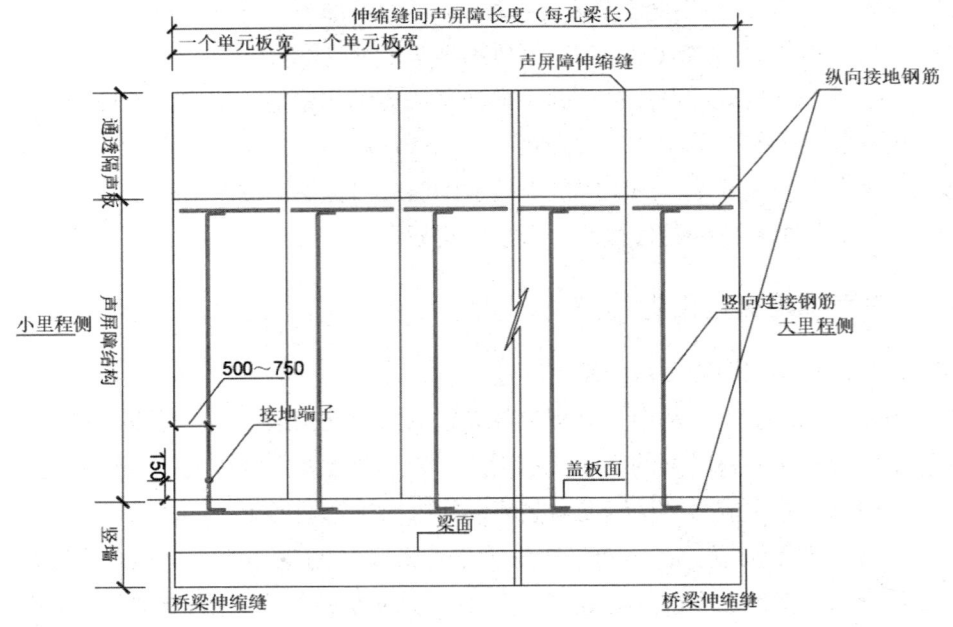

图 5-7 单孔梁声屏障接地正立面图

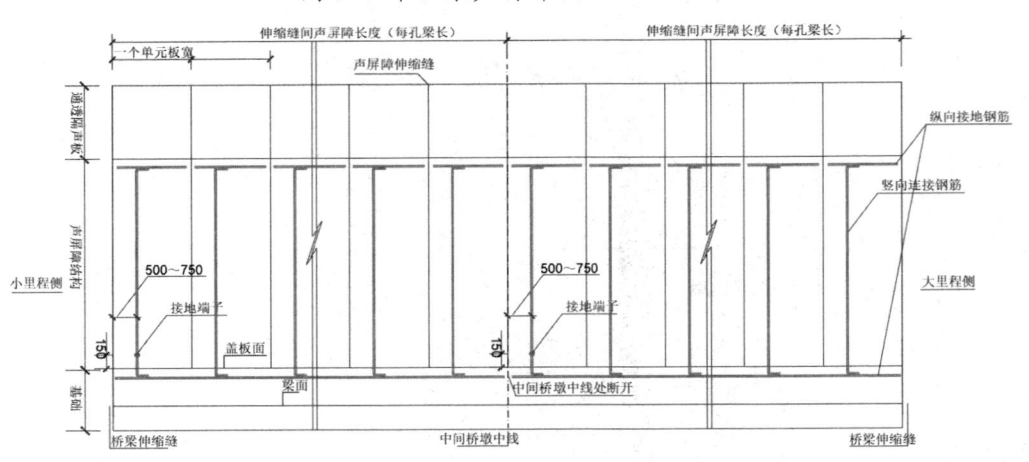

图 5-8 连续梁声屏障接地正立面图

2、插板式声屏障

Ⅰ.在金属声屏障竖墙内侧敷设 1 根热镀锌扁钢，H 形钢立柱通过 L 形钢板与热镀锌扁钢可靠栓接。

Ⅱ.每个金属单元板间通过图 5-9 方式连接，最下面一块单元板的 50 mm² 铜导线接入 H 形钢立柱连接螺栓的两螺母间，每孔梁端部的 H 型钢立柱就近与桥上综合接地系统设置的接地端子连接。

Ⅲ.其他接地零件规格和技术要求详见《时速 350 km 高速铁路桥梁插板式金属声屏障》（铁路工程建设通用参考图通环 8323）的有关要求。

Ⅳ.对于钢筋混凝土单元板声屏障综合接地可参照图 5-9，单元板结构内的接地钢筋应与接地端子焊接。

Ⅴ.对于其他非金属单元板声屏障综合接地，可考虑 H 形钢立柱与综合接地系统的等电位连接。

Ⅵ.接地钢筋设置：在竖墙内设置贯通的纵向接地钢筋，并与每个声屏障金属立柱的螺栓焊接。

Ⅶ.接地端子设置：在每跨梁声屏障的起点侧（与梁体起点侧接地端子相对应）预埋一个接地端子，并与竖墙内纵向接地钢筋焊接。

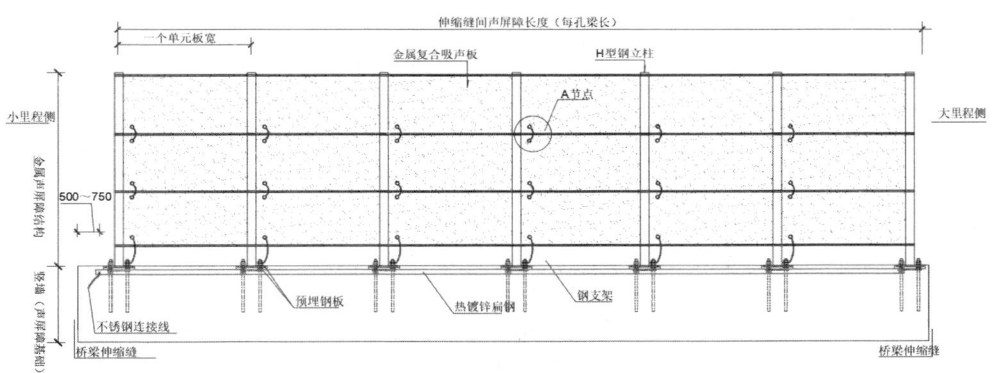

正立面图

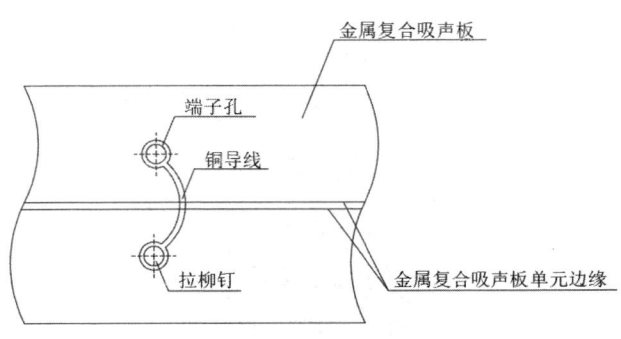

A 点图详解

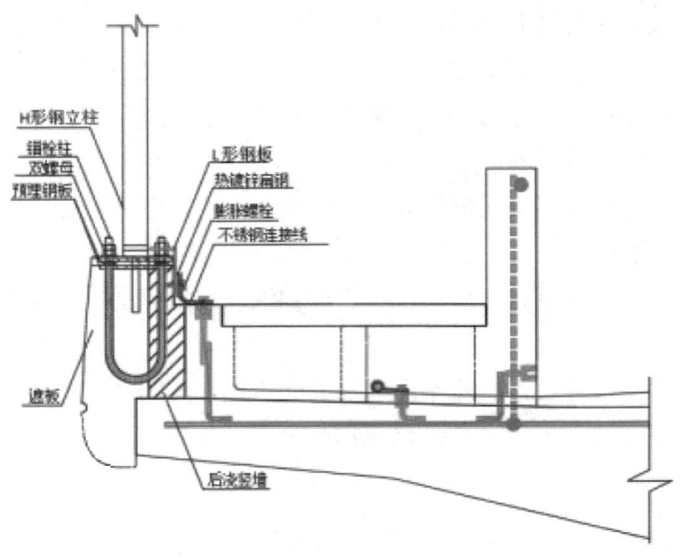

小里程侧断面图

图 5-9 插板式声屏障接地图

5.2.2 接触网、漏缆及拉线基础

5.2.2.1 桥梁接触网支柱及拉线基础施工流程

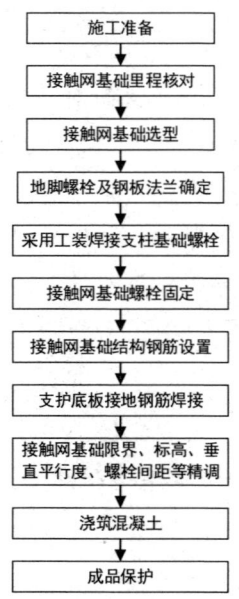

图 5-10 桥梁接触网支柱及拉线基础施工流程图

流程图说明：

①接触网基础里程核对。

②根据基础预留接口设计图选择基础类型。

③接触网支柱底板法兰、地脚螺栓确定。

④支柱底板法兰、地脚螺栓在专用模具上加工成基础螺栓组本体。

⑤根据基础类型选用结构钢筋布筋类型。

⑥接触网基础距箱梁中心距离的确定。

⑦接触网基础螺栓本体固定，按限界、标高、垂直、平行度确定。

⑧接触网基础螺栓螺纹部分防护。

⑨接触网基础预埋钢板接地焊接。

⑩接触网基础混凝土浇筑，动态检查限界、标高、垂直、平行度、螺栓间距。

⑪接触网基础各项指标的检查、记录。

5.2.2.2 施工技术要求及要点

①桥梁接触网基础应根据桥梁通用设计图及工点图，预留与接触网支柱型号相匹配的地脚螺栓数量和规格。

②支柱基础（拉线基础）应根据基础型号预留 M39（或 M24）螺栓，材质为 Q345（16Mn）或 35 号优质碳素钢。螺栓采用其他材质时，机械性能不应低于 Q345 钢。每根螺栓配 3 个螺母、2 个垫圈，螺母、垫圈的机械性能等级应与之配套。根据 GB/T 5780-2016 规定，螺栓直径误差 M39 为 ±1 mm、M24 为 ±0.84 mm。接触网支柱基础螺栓进场使用前应检测。

③接触网支柱及拉线基础预埋螺栓及底板入场时，必须进行材料入场检验，规格、型号、材质必须符合设计标准，并作抗拉强度试验。预埋钢板厚度为 10 mm，根据 GB/T 709-2019 规定，误差为 ±0.55 mm；支柱基础预埋钢板的宽度按照《关于对通桥（2016）2322A》要求进行预制。接触网支柱基础预埋钢板进场使用前应检测。

④桥梁预留有接触网支柱及拉线基础时，基础中心距梁面中心 5750 mm、距线路中心 3250 mm，施工误差为 0 ~ +50 mm；支柱基础、拉线基础螺栓外露长度分别为 190 mm、100 mm，施工误差为 0 ~ +5 mm，其构造尺寸应满足 GB/T 5780-2016 规定。

⑤预埋件具有方向性，应严格按照螺栓布置尺寸进行预留，准确定位，施工

过程中需不断进行检查和校正。完成后应采用涂抹黄油并缠胶带的方式进行螺栓螺纹部分的保护，在架梁以及二次浇筑混凝土时应采取防护措施，防止螺杆及螺纹损坏。

⑥螺栓、螺母、垫圈及预埋钢板均应做防腐处理。基础面以下 150 mm 范围内的螺栓及其外露部分均应采用"多元合金共渗＋达可乐技术＋封闭层"处理，预埋钢板采用"多元合金共渗＋封闭层"处理。

⑦桥梁接触网基础应根据接触网平面布置及梁跨长度设置，一般位于距梁端 4 m、6 m、8 m 附近处，具体参见《桥梁接触网接口设计工点图》《接触网基础预留接口设计图》，顺线路纵向施工误差 0.5 m。

⑧基础浇筑前应严格控制基础位置、基础型号、基础限界、基础标高、螺栓间距。

⑨拉线基础一般设置在距下锚支柱基础 7 m 处，施工误差为 0 ~ ＋ 0.5 m。

⑩拉线基础中心与相应下锚支柱中心的连线平行于线路中心线。拉线基础采用 4 根 M24 地脚螺栓。

⑪拉线基础与下描支柱基础位于同一片梁上，中间不得有伸缩缝。

⑫箱梁预制时做好编号，并标识出梁端方向，箱梁编号对应相应桥跨位置，完善与架梁队的交接手续，明确桥跨编号和梁端方向，避免箱梁架设时颠倒箱梁方向，造成接触网基础里程错误。在架梁及铺板过程中要加强测量，严格控制限界的积累误差。

5.2.2.3 基础施工主要控制点

表 5-1 基础施工主要控制点误差要求表

序号	项目内容	误差要求
1	螺栓组中心距线路中心线的距离	0 ~ +50 mm
2	螺栓组中心顺线路方向偏移	±50 mm
3	基础预埋件应牢固可靠，螺栓外露长度及螺纹长度	0 ~ +5 mm
4	螺栓相邻间距	±1 mm
5	螺栓对角线间距	±1.5 mm
6	预埋钢板应与基础面齐平或略高	0 ~ +5 mm
7	预埋钢板中部预留孔中混凝土略高于预埋钢板顶面	0 ~ +5 mm
8	螺栓应垂直于水平面，每个螺栓的中心偏差在顶端偏移	< 1 mm
9	扭靠转近线路侧螺栓组应垂直线路中心线，一组螺栓的整体	±1.5 mm
10	钢基板础尺面寸至轨面距离；基础顶面高程；基础平台尺寸；预埋	±5 mm
11	预埋钢板应水平，高低偏差	< 5 mm

5.2.3　墩身预埋爬架及锯齿孔

凡设计要求有电力、通信、信号、电气化等电缆上下桥的位置,在相应箱梁梁体、桥墩上预埋槽道以便于安装电缆爬架,在相应槽道处设锯齿形槽口或在梁体上预留孔洞。

5.2.3.1　预埋槽道

①预埋槽道规格符合设计要求。

②槽道在桥墩、梁体混凝土浇筑前预埋,槽道顶面平口与模板密贴放置,同时采用两根 T 形螺栓予以固定。槽道埋设采用 T 形螺栓与模板固定定位法, 利用在模板上预先加工好的螺栓孔,将 T 形螺栓从模板外侧穿过模板,与槽道连接,上好螺母使槽道与模板牢固固定。

③槽道背部锚钉需与梁体、桥墩结构钢筋焊接加固。槽道背部错钉与结构钢筋焊接加固。

5.2.3.2　预留锯齿形槽口

①采用在梁体端头预置模具的形式,施工时可酌情截断槽口范围的梁体横向、纵向结构钢筋,并适当调整或增加槽口处的竖向拉筋。预埋件钢筋应避开预应力管道及锚具,若相碰时,可适当移动预埋件钢筋,同时加强模具固定措施,避免跑模现象发生。

预制箱梁混凝土浇筑前预留锯齿形槽口。

②相邻两孔梁的槽口要对齐,与相应槽道位置相对应。

5.2.3.3　预留孔

①上网电缆桥上预留孔距离接触网支柱基础边缘设置,具体位置符合设计要求。

②控制电缆桥上预留锯齿形孔在上网桥墩两端的 2 片梁端设置。

预埋槽道、锯齿形槽口、预留孔具体的安装标准及位置参见相关设计图及设计提供的预留位置表。

5.2.3.4　电力上下桥开孔

①通信、信号、电力、四电房屋新增或位置变更,需增设电力上下桥条件。采用钻孔法,施工前与相关专业核对开孔位置、孔径、数量等信息后施工。见图 5 –11。

②电力开孔位置位于强电缆槽内，桥墩每侧 2 个孔，孔径不小于 100 mm，孔洞距梁端净距为 100 mm，应尽量避开梁部横向主筋。

③通信、信号开孔位置位于弱电缆槽内，桥墩每侧 4 个孔，孔径不小于 100 mm，孔洞距梁端净距为 100 mm，应尽量避开梁部横向主筋。

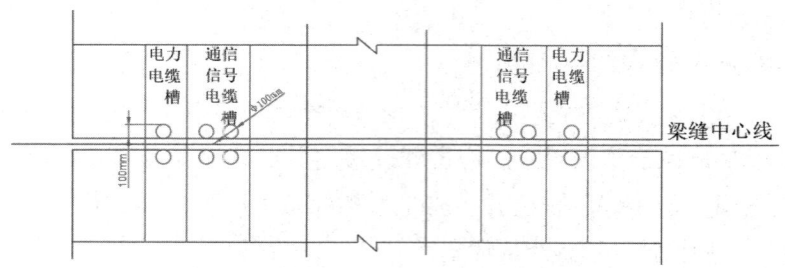

图 5-11 电力上下桥增设锯齿孔布设示意图

第6章 隧道工程四电接口

6.1 隧道四电接口内容

隧道四电接口内容包括：综合接地（接地钢筋、接地端子）、综合洞室、过轨管线、电缆槽、预埋槽道等。

6.2 隧道四电接口施工工艺

6.2.1 综合洞室

隧道综合洞室一般分为电缆余长腔洞室、直放站兼电缆余长腔洞室、变压器（防灾）洞室、接触网开关控制站专业洞室等。

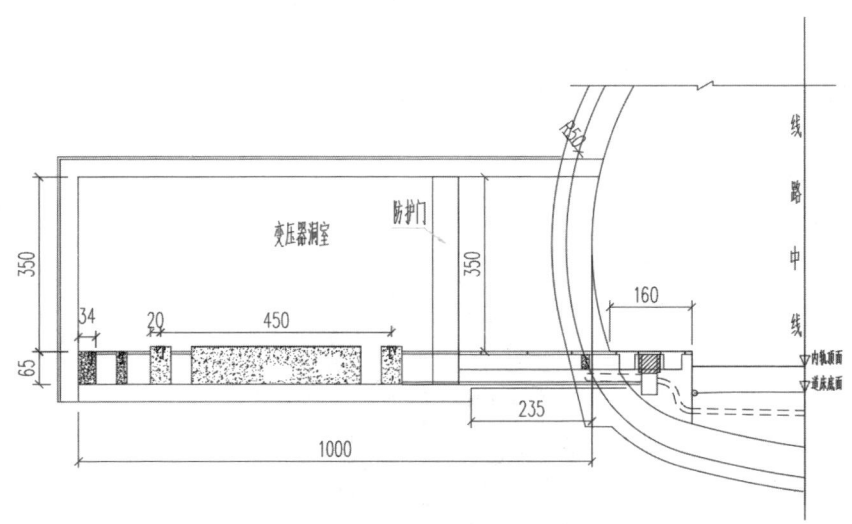

图 6-1 隧道综合洞室示意图

1. 施工准备

复核设计、变更设计文件，确定洞室类型及数量，尤其是要将机电设备安装图和电气电缆进出图与洞室断面、长度、宽度和高度进行核对，建立台账，向技术人员交底，在隧道正洞初支完成后，对洞室进行开挖和初支施工，择机对正洞和洞室同时施工二次衬砌。

2. 施工工艺

隧道正洞初支完成后，根据洞室类型、里程及位置，由测量人员，测设洞室中心里程基点，根据地质情况预留变形量 10 ~ 15 cm，在洞身初支上用红漆喷出洞室的轮廓线。如地质情况较差，可采用 Φ42 mm 小导管超前注浆预加固。小导管间距 0.4 m，长 4.5 m，搭接长度 1.6 m。采用机械开挖或钻爆法，全断面一次开挖至预设轮廓线，超欠挖符合设计要求，经报验合格后，施作初期支护，然后绑扎二次衬砌钢筋，按设计要求预设接地钢筋、接地端子，然后立模、浇筑混凝土。

6.2.2 过轨管线

隧道洞室设置相应过轨管线，过轨管采用工厂化加工。金属过轨管采用镀锌钢管，弯头采用冷弯工艺，接头采用套管焊接，接头处应打磨，不应有尖锐棱角，以防切割损坏电缆，管内预留 2 根 Φ4 mm 铁丝，端头应用专用塑料盖或土工布封堵，防止混凝土等异物进入堵塞过轨管。过轨管线置于仰拱填充中并穿过中心水沟，施作仰拱填充前，采用架立筋将过轨管牢固固定在设计位置，接头处用土工布包裹，防止溢浆至管内，造成堵塞。浇筑混凝土前必须检查验收，查看是否移位，如图 6-2。

图 6-2　过轨管线现场实物图

1. 电缆余长腔洞室

电力专业设 2 组 ×2 根 Φ150 mm 镀锌钢管，壁厚 4.5 mm，通信专业设 2 组

×2 根 Φ100 mm 钢管，按"八"字形方式过轨，过轨管埋设与隧道中线交角大于 135°。

2. 直放站兼余长腔洞室

电力专业设 2 组 ×4 根 Φ150 mm 镀锌钢管，壁厚 4.5 mm，通信专业设 2 组 ×2 根 Φ100 mm 镀锌钢管，壁厚 4.0 mm，按"八"字形方式过轨，过轨管埋设与隧道中线交角大于 135°。

3. 变压器洞室

电力专业设 2 组 ×7 根 Φ150 mm 镀锌钢管，壁厚 4.5 mm，通信专业设 2 组 ×2 根 Φ100 mm 镀锌钢管，壁厚 4.0 mm，按"八"字形方式过轨，过轨管埋设与隧道中线交角大于 135°。照明变压器洞室及防灾变压器洞室左右两侧不大于 500 m 在没有设备洞室过轨的情况下，必须在电缆余长腔洞室设置电力电缆（含防灾控制缆）过轨管线 2 组 ×2 根 Φ150 mm 镀锌钢管，壁厚 4.5 mm，便于照明及监控电缆敷设。

4. 隔离开关洞室

接触网专业设 2 组 Φ100 mm 双壁波纹管，每组 1 根，过轨管采用高密度聚乙烯（HDPE）双壁波纹管（壁厚 10 mm）。因预埋预设后，返工极为困难，建议埋设 2 根，防止施工过程中阻塞或损坏。

5. 增设隧道口过轨管

根据通信、电力专业需求，隧道洞口段增设通信、电力过轨管。

①通信专业在洞口隧道内 2 m 位置增设过轨管，有线通信专业设置 2 组内径为 Φ100 mm 过轨镀锌钢管，壁厚 4.0 mm，每组 2 根；无线通信专业设置 2 组内径为 Φ100 mm 过轨镀锌钢管，壁厚 4.0 mm，每组 1 根，过轨管埋设与隧道中线交角大于 135°。过轨管引入两侧通信电缆槽，二束平面布置呈"八"字形。过轨管线置于仰拱填充中并穿过中心水沟，过轨管沿各方向的弯曲半径均不小于 0.75 m。过轨管采用内径 100 mm 的镀锌钢管，壁厚 4.0 mm。

②电力专业在洞口附近设置一组二束电力电缆过轨管，每束 2 根，过轨管引入两侧电力电缆槽、与电力电缆槽交角成 45°，二束平面布置呈"八"字形。过轨管线置于仰拱填充中并穿过中心水沟，钢管沿各方向的弯曲半径均不小于 1 m。过轨管采用 Φ150 mm，壁厚 4.5 mm 的双面镀锌无缝钢管。

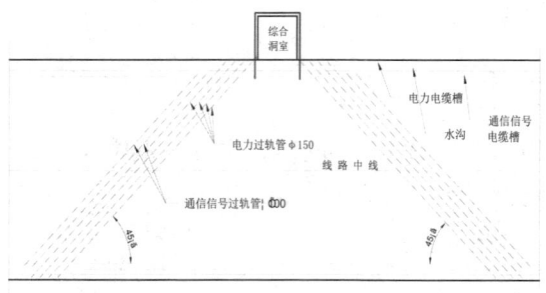

A 过轨平面图

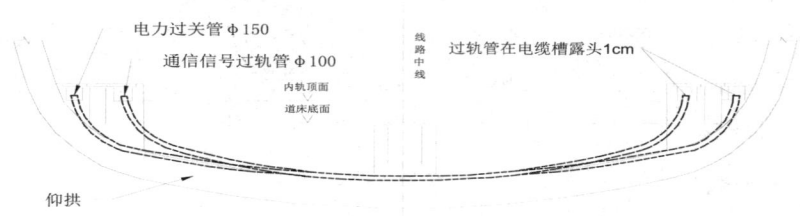

B 过轨管侧视图

图 6-3　隧道过轨管预埋布置图

6.橡胶芯模代替镀锌钢管

现有技术缺点：①过轨管预埋数量多，材料消耗大，不利于节能环保。②镀锌钢管预弯难度大，线型控制难，施工精度较差。

可采用预制充水橡胶芯模代替镀锌钢管，进行过轨管道预留。橡胶芯模端头设置注水口、放水口，见图6-4。

图 6-4　橡胶芯模示意图

（1）橡胶芯模

采用橡胶和纤维织物结合硫化而成，具有很高的抗胀强度、弹性、柔软性和气密性，使用次数可达到 80 ~ 100 次。

（2）施工流程

橡胶芯模外套一层塑料薄膜，便于脱模。施工时采用定位钢筋将橡胶芯模预固定在设计位置，通过注水口注水到一定压强，精调位置。浇筑仰拱填充混凝土。混凝土达到一定强度后，通过注水口充高压气体，清除芯模内液体，然后扯出橡胶芯模，清理后留作下一组使用。

（3）注意事项

橡胶芯模使用后用清水冲洗，有附着水泥处应用钝器小心刮除。橡胶芯模如暂时不用，应用滑石粉将橡胶芯模外层涂抹，放置在通风干燥处，自然晾干，避免日光直接照射，放置地方要平整，不得有尖锐物体，以防将橡胶芯模扎破。橡胶芯模不得接触火源、重油、石油及其他有机溶剂。现场使用时要特别注意避免钉子、钢筋头等尖锐硬物扎破芯模。橡胶芯模使用前充气试验，确认无漏气后方可投入正常使用。

使用橡胶芯模预留过轨孔方法优点：

①橡胶芯模制作简单，可重复利用 80 ~ 100 次，成本低廉。

②橡胶芯模施工简便，可塑性强，可按设计线型随意布置。

③可节省大量镀锌过轨钢管，经济效益突出，有效降低施工成本。

④注水橡胶芯模可有效降低大体积混凝土水化热，防止仰拱混凝土出现裂纹。

6.2.3 电缆槽

1. 材料准备

整体移动式沟槽模板（单侧 12 m，如图 6-5）、木料等。

2. 工艺流程

施工准备→边墙接触面凿毛→沟槽钢筋绑扎→预埋件埋设→整体移动式沟槽模板定位→混凝土浇筑→脱模→养护。

3. 基本要求

①凿毛应采用手持风动凿毛机，凿毛后将侧沟内碎渣等杂物清理干净，如图

6-5。

②初支、二衬接地钢筋要与侧沟结构筋焊接，贯通接地钢筋采用外侧沟顶部结构钢筋代替，并按设计要求焊接。

③接地端子等预埋件固定牢靠，每 100 m 在两侧通信信号槽底部分别设置 1 个接地端子，每 50 m 在两侧通信信号槽靠线路侧壁上分别设置 1 个接地端子，详见综合接地要求。

④处理好过轨管与侧沟接口，浇筑混凝土前管口采用土工布或特质管盖封堵保护，并在侧墙上标识位置，拆模后，及时清除管口混凝土，并封堵保护。

沟槽模板　　　　　　　　　　　　边墙凿毛

图 6-5　现场沟槽模板和边墙凿毛图

6.2.4 预埋槽道

6.2.4.1 作业准备

①内业技术准备。

②施工前应组织技术人员认真学习隧道综合接地和槽道安装相关设计图纸和规范，掌握槽道安装控制要点，阐明有关技术问题。

③对施工人员进行技术交底，明确操作要点和质量验收标准。

④作业人员应进行岗前培训，特殊工种应持证上岗。

⑤外业技术准备。

⑥接触网槽道材料进场验收合格。

⑦所用机械设备已经全部到位，并经过监理单位验收。

6.2.4.2 技术要求

①明确槽道外侧半径为 6650 mm，特殊区段处槽道半径应和隧道衬砌保持一致。半径误差为 ±10 mm。

②预埋槽道材质采用 Q345B，三级热浸镀锌防腐（镀锌层厚度不小于

80μm）。

③施工时严格按照《接触网槽道预留接口设计图》中设计里程、部位及型号进行安装，事前核对台账，安装后复核，浇筑后验收。

④预埋槽道断面尺寸误差、埋入深度误差需满足设计和规范、验标要求。

6.2.4.3　施工程序及工艺流程

1. 工艺流程

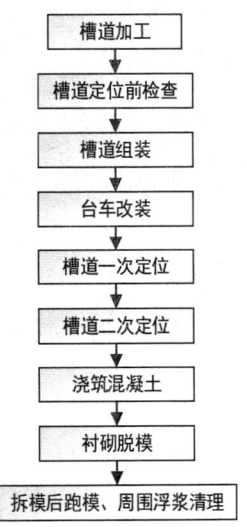

图 6-6　接触网槽道施工工艺流程图

2. 槽道加工

槽道定位模具从工厂定制，由 3 根纵向槽钢支撑底板，3 块横向支撑板和 1 块挡板组成，模具定位尺寸采用线切割的方式加工而成，保证尺寸的高精度和高质量。一副模具可以定位 6 种形式：长 3 m 的弧形槽道中心距为 400 mm 和 600 mm；长 2.5 m 的弧形槽道中心距为 400 mm 和 600 mm；长 1.5 m 的弧形槽道中心距为 400 mm 和 600 mm，如图 6-7。

图 6-7　槽道加工模具图

①施工前采用槽道定位模具进行槽道定位、组装，确保精度。

②根据型号，先把 2 根槽道安放到模具上，其中槽道的一端与模具的基准面对齐。

③用 3 根 Φ16 mm 钢筋或截面为 4 ~ 6 mm 厚，40 mm 宽的扁钢与 2 根槽道进行焊接。

3. 槽道定位前检查

槽道安装前，对其弧度、顺直情况、锚杆完整情况、槽道内发泡填充物的充填情况进行检查。

弧度检查：将槽道沿台车环向紧贴模板上，用塞尺检查其与模板面间空隙不得大于 5 mm，确保模板嵌入施工误差不大于 5 mm。

对于槽道顺直情况和锚杆完整情况进行检查，变形严重、扭曲或锚杆有损坏的槽道严禁使用。

对发泡充填物填充情况进行检查，除开孔位置外，其他部位填充必须饱满，若有破损或填充不饱满处须修补完整。

4. 槽道组装

对于两根一组的槽道组，根据设计图纸要求的槽道平行间距，将槽道摆放至槽道定位模具上进行初步固定，检查槽道之间的间距，加焊槽道定位筋或扁钢，焊接成槽道组，避免在灌筑混凝土时槽道发生移位。槽道焊接只能焊接槽道锚杆，不得焊接槽道本体。附加导线槽道，采用 Φ16 圆钢为接地线，环向布设，如图 6-8。

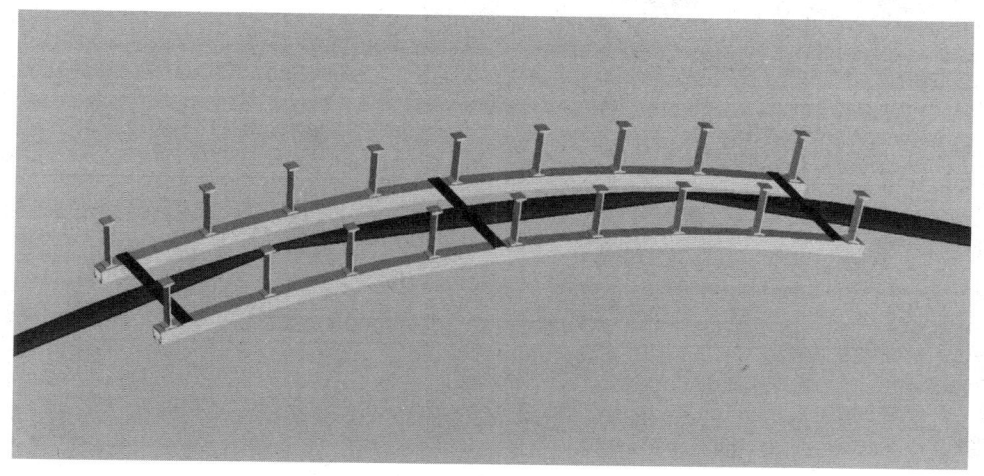

图 6-8　槽道组装

5. 台车槽道定位孔改装

槽道在台车上的位置是固定的，依据台车模板上槽道的设计要求位置，依据槽道的类型与槽道组合形式进行统筹规划，确定各种组合槽道螺栓定位孔开孔位置，既保证开孔数量最少，又满足固定需要。有条件时，台车槽道定位孔在台车出厂前，在厂家开设完成，可确保精度质量。台车螺栓定位孔二次开孔时，在模板台车的相应位置准确画出定位线，有条件时采用激光切割，确保孔位准确，孔壁光滑。定位孔为 4.5 mm × 25 mm 的矩形孔，长度小于 2.5 m 大于 1.0 m 的槽道设置三个孔，在两端及中间开孔；长度小于 1.0 m 的槽道开两个孔，槽道两端开孔。弧形槽道定位孔不少于 3 个，直型槽道定位孔不少于 2 个。严格按照图纸要求控制槽道距台车边缘的距离，槽道距施工缝的距离不得小于 1000 mm。

槽道组上的环向接地钢筋长度需垂到其下方台车天窗位置，槽道组通过 T 形螺栓与台车连接，如图 6-9。

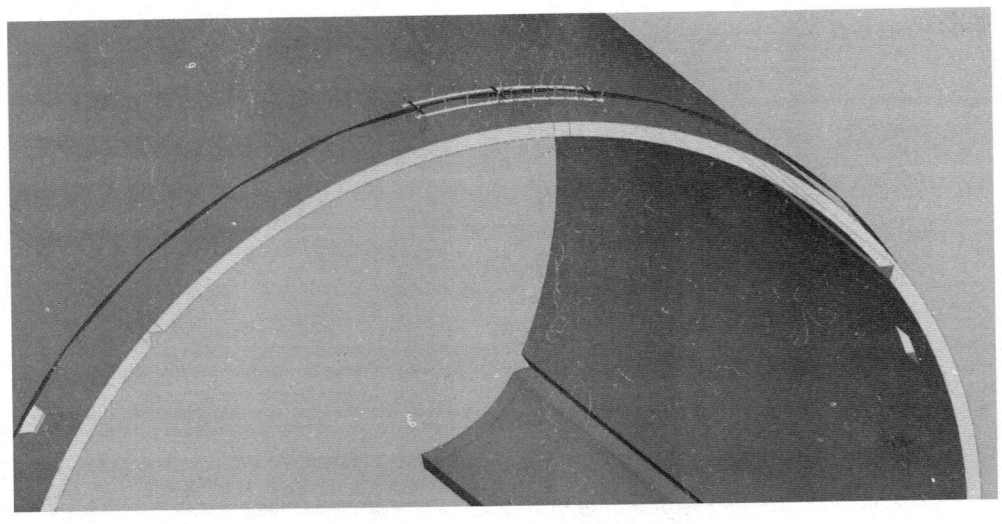

图 6-9 槽道定位孔固定图

6. 槽道一次定位

①在二衬钢筋绑扎完后，按照设计位置进行放样，测量出槽道的里程中心位置及垂直方向后，将焊接固定好的槽道组用定位钢筋临时焊接固定在结构筋上就位。

②在槽道后部锚杆处，垂直槽道方向间隔绑扎或焊接带弯钩的几根短钢筋，长度约 30 mm，弯钩与槽道方向一致，将锚杆加固在钢筋网上。

③将槽道与模板的固定点位置（开孔位置）的发泡填充物抠去。

④在隧道台车就位前，利用台车模板开设的定位孔，用 T 形螺栓把槽道安装到位，并检查其各种误差是否超标，调整合格后进行下道工序。

⑤槽道位置、间距验收合格后方可封模浇筑混凝土。

7. 槽道二次定位

①台车移动就位至指定位置后，台车油缸顶升拱顶、拱腰模板到位，与钢筋网片上固定的槽道接近贴住后通过二次定位孔，找到槽道并调整台车的位置，将孔位与槽道相应位置对准，再次检查，复核槽道位置，防止预升过程中槽道移位。

②将 T 形螺栓穿过钢模板的二次定位长孔，放入已经剔除泡沫填充物的槽道相应位置，旋转 90°。将螺母拧紧，使槽道紧贴台车背面，达到模板上精确二次定位目的，同时避免混凝土覆盖槽道；固定槽道，采用 T 形螺栓将已经组装好的槽道固定在台车上，由技术人员对槽道的安装质量进行检查验收是否合格。

③衬砌台车移动就位，根据接地设计要求，将槽道锚杆与相应的接地钢筋进

行可靠焊接，并通过螺栓位置再次检查槽道位置是否正确。

④对台车上所开的二次定位孔进行有效封堵，避免出现漏浆造成脱模后外观缺陷。

8.浇注及脱模

①台车端模封堵完后，进行二次衬砌浇注。

②脱模时先将T形螺栓螺母松开再脱模，将T形螺栓反方向旋转90°，取出螺栓，螺栓螺母可重复使用，为了防止T形螺栓未拆除就拆除台车导致槽道拉裂或变形等现象，严格实行拆模前施工人员和质检人员检查签认制，确保T形螺栓全部拆除后方可拆模。

③将槽道表面的少量水泥浆剔除，将槽道固定点处重新填补发泡填充物，做好后续养护工作的防护。

6.2.4.4 预埋槽道接地钢筋设置要求

隧道内其他槽道均需要与附加导线槽道进行可靠性电器连接，相互间连接地线采用 Φ16 mm 圆钢，接地圆钢与两端槽道螺杆可靠焊接，与槽道同步施工。

当预埋槽道下锚位于Ⅲ级围岩及Ⅳ级围岩衬砌为素混凝土地段时，采用 Φ16 mm 钢筋网片加强，网格间距 20×20 cm，加强网片纵向宽度 3 m，钢筋网片置于槽道背后，环向钢筋与槽道锚杆接触并可靠焊接。

每组弧形槽道的每条槽道基础设置一榀钢拱架，其中一榀钢架内侧的一根 Φ22 mm 环向钢筋作为接地钢筋，至少与三根槽道锚杆进行可靠的接地焊接并满足接地焊接要求。槽道基础锚杆与初支钢筋网片及钢拱架焊接牢固。

6.2.4.5 施工误差

①接触网槽道预留必须严格按照参考图册及隧道专业相关图纸进行预埋，施工过程中须严格控制误差。

②接触网槽道预留的误差要求见表6-1。

表 6-1　预埋槽道施工允许误差及设置要求表

序号	项目内容	误差及设置要求
1	槽道纵向位置	±500 mm
2	槽道数量	槽道不得遗漏

序号	项目内容	误差及设置要求
3	槽道长度、弧度、锚杆间距	按 TB/T3329-2018 相关要求
4	槽道嵌入混凝土误差	−5 mm，0
5	槽道倾斜误差：单独槽道	≤ 3 mm
6	槽道倾斜误差：两槽道	±5 mm
7	同组两槽道间距	±3 mm
8	槽道平行施工误差：同一悬挂点的两组槽道	±5 mm/m
9	垂直线路位置的施工误差：同一悬挂点的两组槽道	朝同向偏转 ±5 mm/m

6.2.4.6 施工要求

①应注意衬砌施工缝、沉降缝对预埋槽道的影响，施工前应仔细审核图纸，提前做好计划，核对、统计每组槽道中心位置里程与位置。槽道预埋位置应严格按照设计图纸施工，不得随意改变，槽道距施工缝的距离应满足设计要求，不应小于 1m。

②槽道安装时，除固定点位置的填充泡沫抠除外，其余段泡沫要注意保护，以免混凝土浇筑时进入滑道槽内。

③对于两根一组的槽道，要根据设计要求的槽道平行间距，用钢筋或型钢焊接牢固。在接口交接前，槽道所在位置用红漆标出隧道中线。

④当接触网槽道基础位于隧道Ⅱ、Ⅲ级围岩地段时，应对槽道基础进行加强，并确保每根弧形槽道与衬砌结构的钢架进行可靠焊接；每根直形槽道与衬砌结构的钢架及单层钢筋网进行可靠焊接。

⑤依据台车模板上槽道的设计要求位置，在模板台车上开预留 T 形螺栓固定孔，每根槽道上固定点为两处（槽道两端各一处），隧道顶部 2.5 m 的弧形槽道固定点位三处（槽道两端、中间各一处）。

⑥T 形螺栓固定孔的开孔原则：要结合所有槽道预留台车模板布置图进行统筹优化，减少模板开孔数量。尽量避开台车模板的加固支撑、顶升固定点及各种连接结构，要严格按图控制槽道距台车边缘的距离。

⑦在槽道预埋前，务必将设计图纸与衬砌长度进行核对，如果因为调整台车型号等原因导致施工缝与槽道设计位置有冲突时，原则上不能调整预埋槽道位置，需要调整台车的搭接长度以匹配槽道位置。

⑧接触网预埋槽道设计位置是以台车顺线路前段或后端边缘来控制，施工时注意不同型号的槽道与台车的相对位置。

⑨预埋槽道的锚杆与钢筋网片冲突时，不允许切断锚杆，需要局部调整钢筋网片来解决。槽道内发泡填充物为接触网安装阶段剔除，施工时不要随意将其剔除。预埋接触网槽道必须与纵向接地钢筋可靠连接以接入综合接地系统。

⑩平行于线路的槽道为直型槽道，垂直于线路的槽道为弧形槽道。

⑪隧道接触网槽道预留台车模板中未注明的施工误差均为 ±10mm。

6.2.4.7 材料要求

接触网预埋槽道规格、尺寸必须符合设计要求，材质及性能应满足《电气化铁路接触网隧道内预埋槽道》（TB/T3329-2013）的要求，材质采用 Q345B 三级热浸镀锌防腐（镀锌层厚度不小于 80μm）。

①槽道、T 形螺栓材料应采用适当保护措施，满足在隧道积水环境下的耐腐蚀性及特殊条件（如应力腐蚀）下的抗脆性，并考虑避免材料的电化学腐蚀。

②槽道、T 形螺栓满足运营条件下的安全性、耐久性和适应性要求。

③槽道及 T 形螺栓表面不允许有裂纹、腐蚀斑点和硝盐痕迹。

④槽道及锚杆采用应符合《电气化铁路接触网隧道内预埋槽道》（TB/T3329-2013）标准及本线低温环境条件及抗震性能要求的材料，所有材料的化学成分及机械性能应符合相关国际标准的要求。槽道应与锚杆材质统一。对接焊缝的质量等级不得低于二级。钢材的屈服强度实测值与抗拉强度实测值的比值不应大于 0.85；钢材应有明显的屈服台阶，且伸长率不应小于 20%；钢材应有良好的焊接性和合格的冲击韧性。

⑤配套 T 形螺栓强度为 8.8 级，螺母强度 8 级，螺栓材料应符合 GB/T3098.1-2010 规定，螺母材质符合 GB/T3098.1-2010 规定。

⑥T 形螺栓配双六角螺母及平面垫圈、斜面垫圈、球面垫圈各一套。螺母尺寸符合 GB/T1229-2006，平面垫圈符合 GB/ZQ1080-2006，球面垫圈符合 GB/T849-1988，斜面垫圈符合 GB/T852-1988。所有紧固件的机械性能（包括 T 形螺栓、螺母等）应符合 GB/T3098.1-2010 及 GB/T3098.2-2000 规定，T 形螺栓斜角应配合槽道燕尾槽勾部角度，以实现三位一体锁定。T 形螺栓、垫圈及螺母公差

应满足 GB/T197-2003 的要求。

⑦镀锌要求：槽道与锚杆的连接采用焊接，槽道与锚杆的焊接按焊接工艺要求进行，质量应达到一级，焊接应在工装上进行，防止侧弯、扭曲和热变等，焊接之后宜进行焊接处表面应力消除。当采用二氧化碳或氩气保护焊，应符合 JB/T9186-1999 规定。槽道与锚杆其表面均进行防腐处理，当采用热浸镀锌时镀层种类、方法及厚度应按照 TB/T3329-2013 要求进行，镀锌应符合 GB/T470-2008 规定。防腐前结构表面处理按照 GB/T8923.1-2011 进行；热浸镀锌操作按照 GB/T13912-2002 进行，热浸镀锌为 3 级，厚度不小于 80μm，且不能产生白锈。槽道应满足相应隧道设计使用年限 100 年。配套的 T 型螺栓及螺母进行热浸镀锌处理，热浸镀锌操作按照 GB/T13912-2002 进行，热浸镀锌为一级，厚度不小于 50μm。

⑧接地钢筋及节点连接钢筋采用 HRB400 钢 Φ16mm。接地端子采用不锈钢接地端子，材料性能符合设计要求。

6.2.4.8 质量控制及检验

1.质量控制

①台车上预留 T 型螺栓孔位置要求精确测量，认真完成，确保位置准确无误。

②埋入件的规格、型号符合设计要求，安装时严禁将槽道锚杆割除或弯折、损伤。

③埋入件的锚固抗拔力符合设计要求。

④槽道嵌入混凝土的位置符合设计要求，允许偏差为不大于 5mm。如图 6-10。

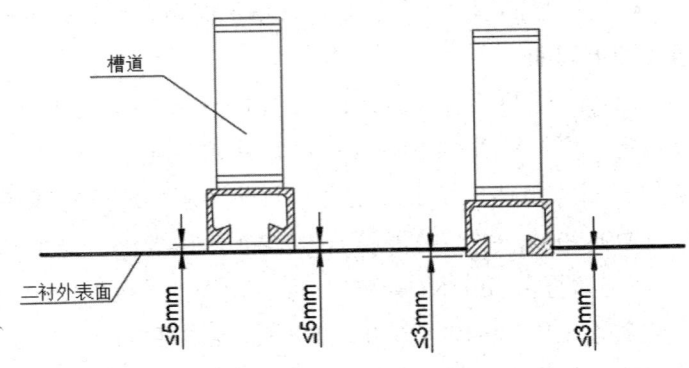

图 6-10 槽道嵌入混凝土深度图

⑤同一悬挂点的两组槽道位置符合设计要求，两者在顺线路方向的间距允许偏差为 ±10 mm。

⑥ 接触悬挂用槽道垂直线路的位置符合设计要求，与无偏斜理论定位中心线的允许偏差为不大于 ±30 mm。

⑦ 槽道与水平方向和垂直线路方向施工允许偏差为：每米长度不大于 ±5 mm。

2. 质量检验

隧道预留槽道型号、位置、埋入深度、垂直度及间距符合设计要求；两槽间允许偏差为 ±10 mm；槽道不得出现扭转、变形情况，槽道内泡沫填充物完好，不得被混凝土覆盖，滑槽埋入深度施工允许偏差为 ≤5 mm；接触悬挂下锚滑槽垂直槽道应垂直，水平槽道应水平。

①验收和检查前应将槽道内部填充物去除，方可进行验收。

②埋入槽道的规格型号符合 TB/T3329–2013 的要求，并参照《高速铁路电力牵引供电工程施工质量验收标准》（TB10758–2018）进行验收。

③埋入槽道及 T 形螺栓的锚固抗拉拔、抗剪、抗滑动力符合 TB/T3329–2013 要求。并参照《高速铁路电力牵引供电工程施工质量验收标准》（TB 10758–2018）进行验收。承载力符合设计要求。

④槽道的纵向跨距、垂直线路位置及槽道嵌入混凝土的位置误差要求，参照《高速铁路电力牵引供电工程施工质量验收标准》（TB 10758–2018）进行验收。

⑤接触网的槽道均需要与隧道内的综合接地可靠连接，并参照《高速铁路电力牵引供电工程施工质量验收标准》（TB 10758–2018）进行验收。

6.2.5 综合接地

6.2.5.1 隧道电缆槽接地端子设置

①在通信信号槽内底部靠近线路侧的边角处，可凿毛混凝土面、涂刷界面剂，再用水泥砂浆灌封贯通地线。

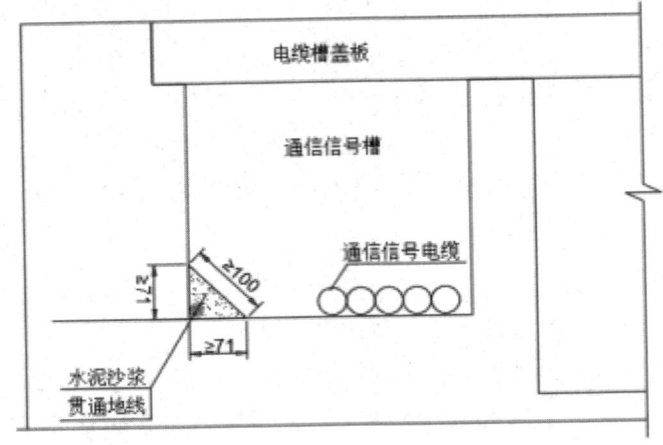

图 6-11　贯通地线隔离防护断面图

②从隧道进口 2 m 处开始，每 100 m 在两侧通信信号槽底部分别设置 1 个接地端子，小于 100 m 的隧道在中部设置 1 处。接地端子用于隧道接地装置与贯通地线的连接。

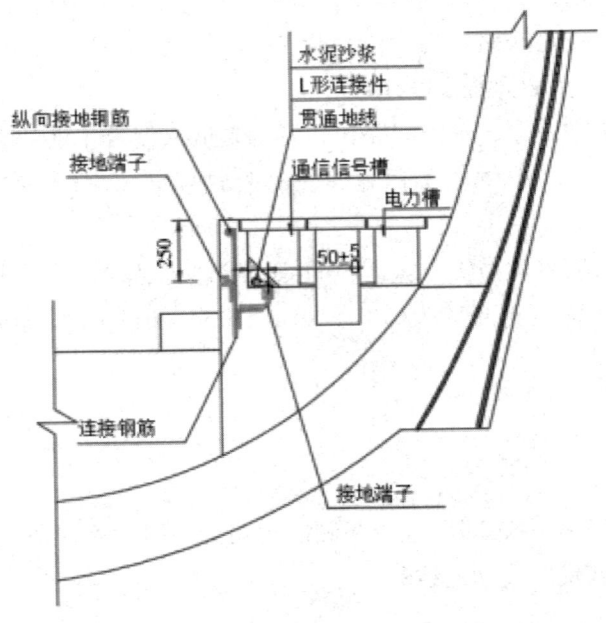

图 6-12　隧道通信信号槽底接地端子断面图

③从隧道进口 2 m 处开始，原则上每 50 m 在两侧通信信号槽靠线路侧壁上分别设置 1 个接地端子，小于 50 m 的隧道在中部设置 1 处。在无砟轨道线路区

段，用于无砟轨道板接地的接地端子可按每 100 m 在两侧通信信号槽靠线路侧壁上分别设置 1 个，用于轨旁信号设备及其他设施接地的接地端子可按需设置。

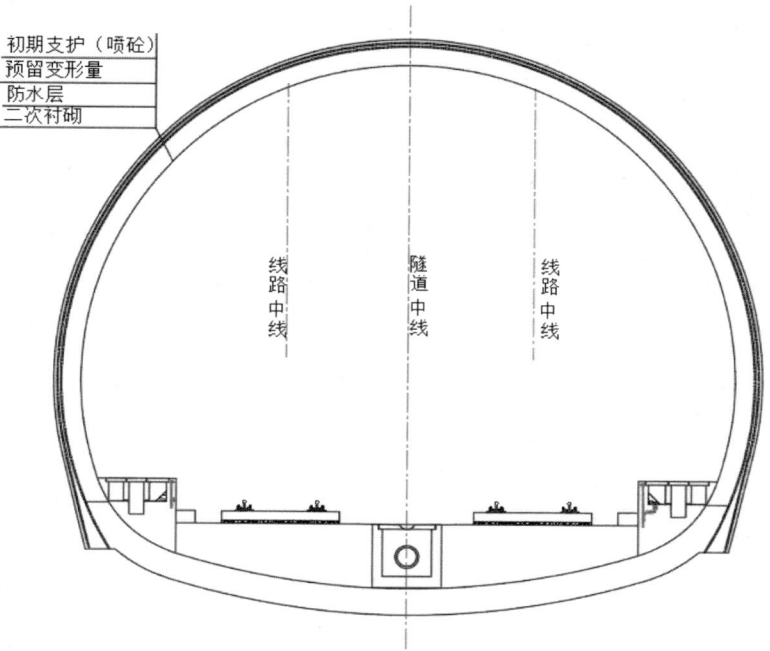

图 6-13　隧道通信信号槽侧壁接地端子断面图

④上述所有的接地端子均通过连接钢筋与通信信号槽靠线路侧外缘的纵向接地钢筋连接。

6.2.5.2 Ⅱ级围岩隧道接地体接地

①Ⅰ级和Ⅱ级围岩有底板钢筋的隧道及明洞地段，可利用隧道底板下层的结构钢筋网作为接地体。如图 6-14。

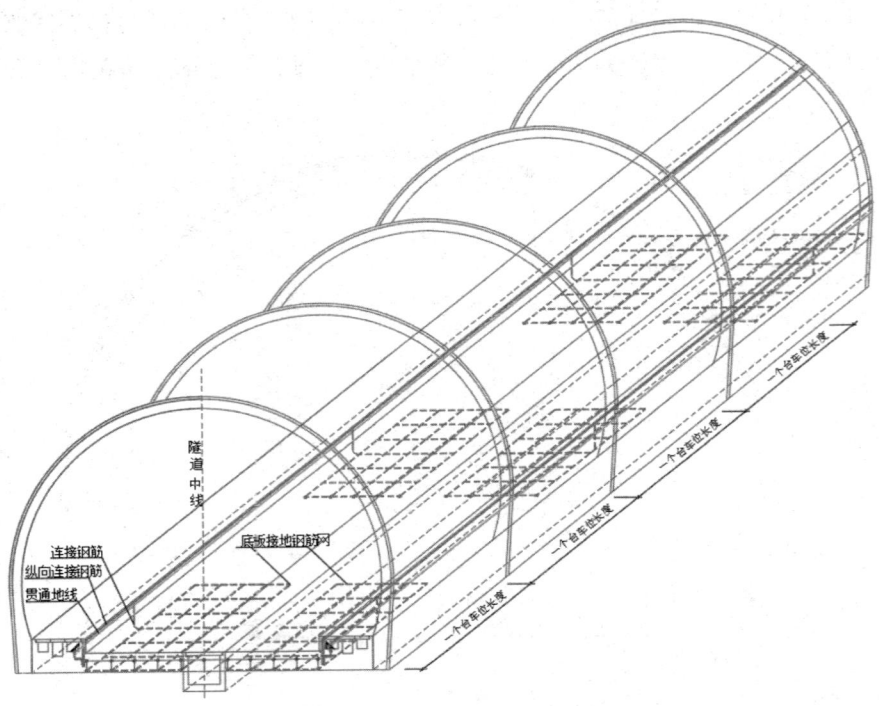

图 6-14　隧道底板接地体立体关系图

②底板接地钢筋网按照 1 个台车位的长度考虑，间隔 1 个台车位设置 1 处。其中中部十字交叉的钢筋为连接钢筋，截面应符合接触网最大短路电流的规定，其余可利用结构钢筋。

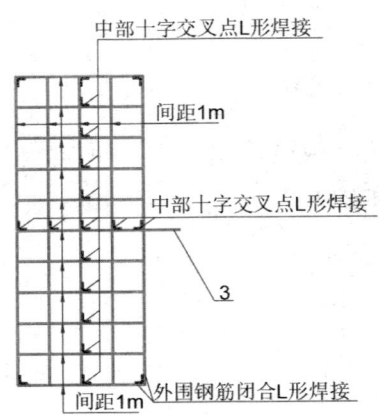

图 6-15　接地钢筋网示意图

③隧道底板接地体均通过连接钢筋与两侧电缆槽外缘的纵向接地钢筋连接。

6.2.5.3　Ⅲ、Ⅳ、Ⅴ级围岩隧道接地体接地

①初期支护有钢拱架（或钢筋网片）的围岩隧道段落，利用锚杆、钢拱架或钢筋网片作为接地体。初期支护接地体和接地锚杆、钢拱架、环向、纵向接地钢筋、贯通地线间立体连接关系，如图6-16。

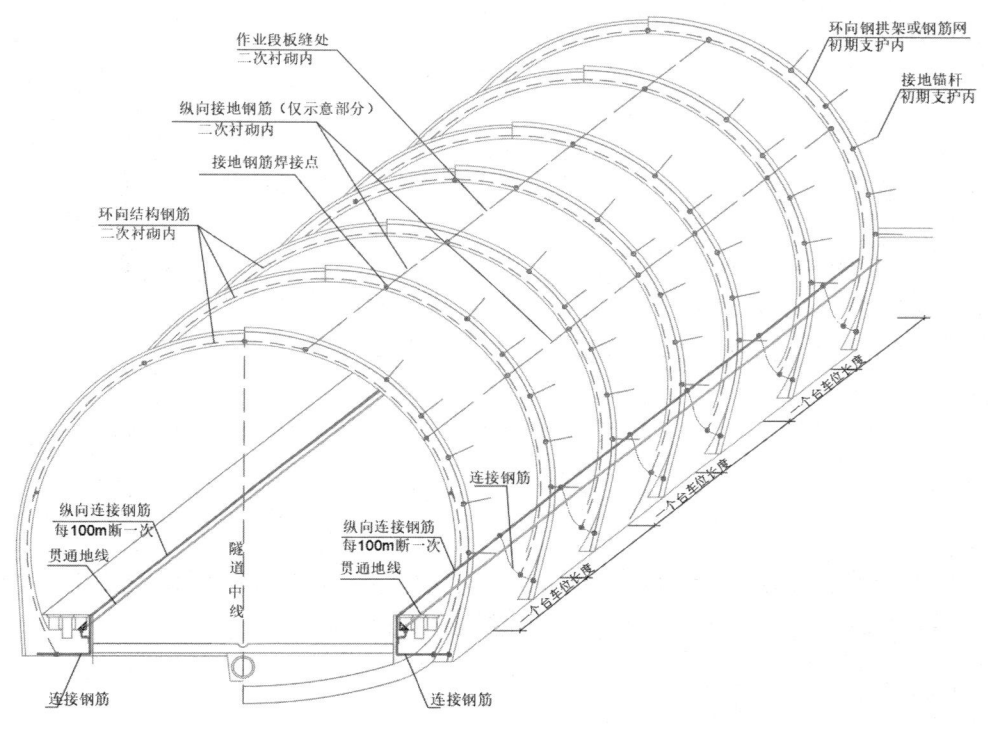

图6-16　初期支护接地体立体连接关系

②初期支护没有钢拱架或钢筋网片的围岩隧道段落，利用锚杆和专用环向接地钢筋作为接地体。

③锚杆接地体以1个台车长度为间隔设置，用作接地体的锚杆环向间距要求为2倍锚杆长度，接地锚杆与钢拱架、钢筋网片或专用环向接地钢筋间应焊接。

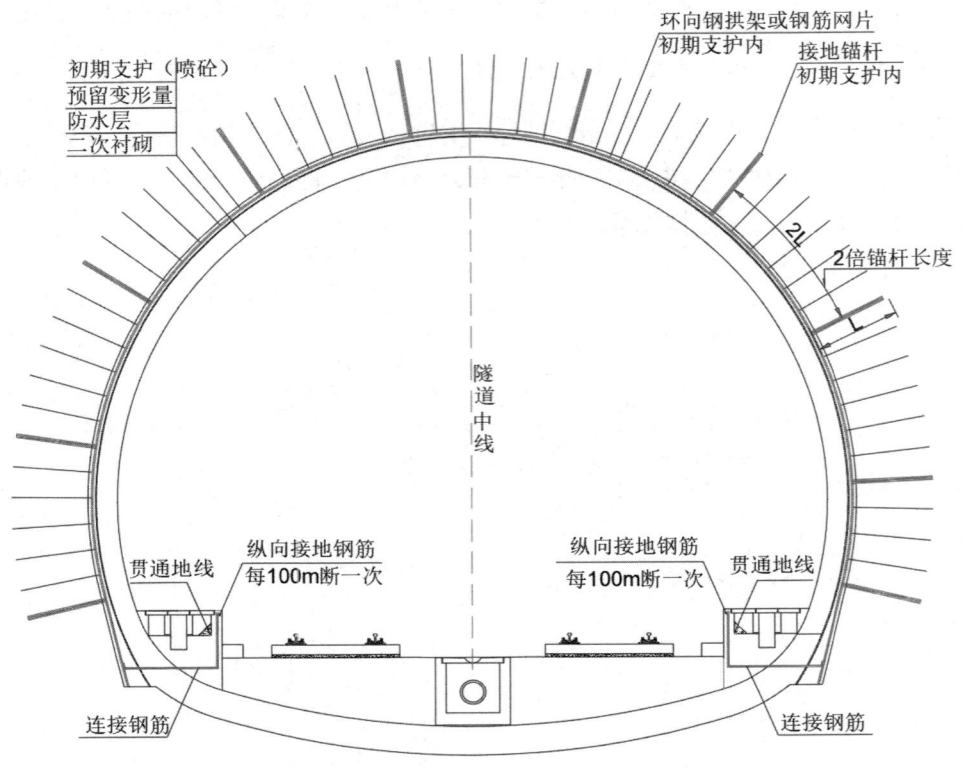

图 6-17　隧道初期支护接地体断面图

　　④隧道内的锚杆接地体、二次衬砌内的接地钢筋等接地装置均应通过连接钢筋与两侧电缆槽靠线路侧外缘的纵向接地钢筋连接。

6.2.5.4 隧道二次衬砌综合接地

　　①将二次衬砌的内层纵、环向结构钢筋用作接地钢筋。

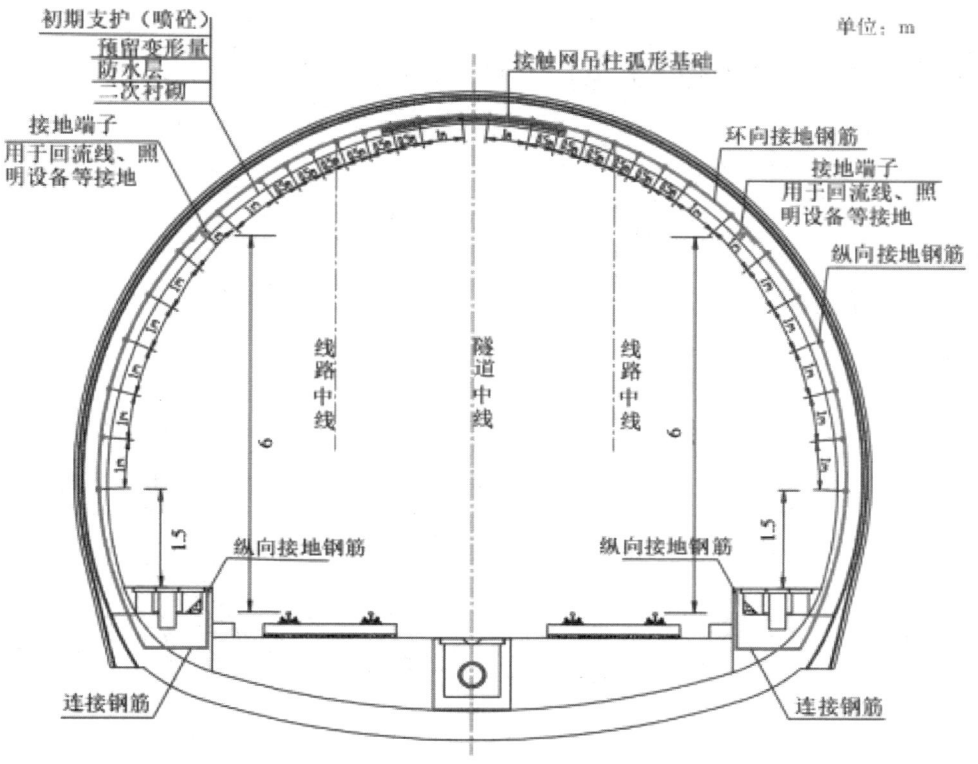

图 6-18　二次衬砌接地钢筋断面图

②接触网线垂直向上在拱顶的投影线两侧以 0.5 m 为间隔，各选 3 根纵向结构钢筋作为接地钢筋。

③上述投影线两侧各 1.5 m 外的其他位置，以 1 m 为间隔，选择纵向结构钢筋作为接地钢筋。

④在每个台车位（作业段）中部选 1 根环向结构钢筋作为环向接地钢筋，并与接触网吊柱弧形基础或接地端子焊接；环、纵向接地钢筋间焊接；纵向接地钢筋在作业段间可不连接。

⑤每个作业段内的环向接地钢筋通过连接钢筋与两侧通信信号槽靠线路侧外缘的纵向接地钢筋连接。

⑥二次衬砌中无结构钢筋的隧道，应在接触网基础位置处设置专用环向接地钢筋，并与接触网吊柱弧形基础或接地端子焊接；环、纵向接地钢筋间应焊接。

⑦在隧道进出口及隧道内每隔 500 m 处，在隧道两侧壁距离轨面 6 m 处设置 2 个接地端子，并与环向接地钢筋焊接。

6.2.5.5 全封闭衬砌隧道接地体接地

①在仰拱填充层内间隔 1 个台车位设置 1 处钢筋网作为隧道接地体。

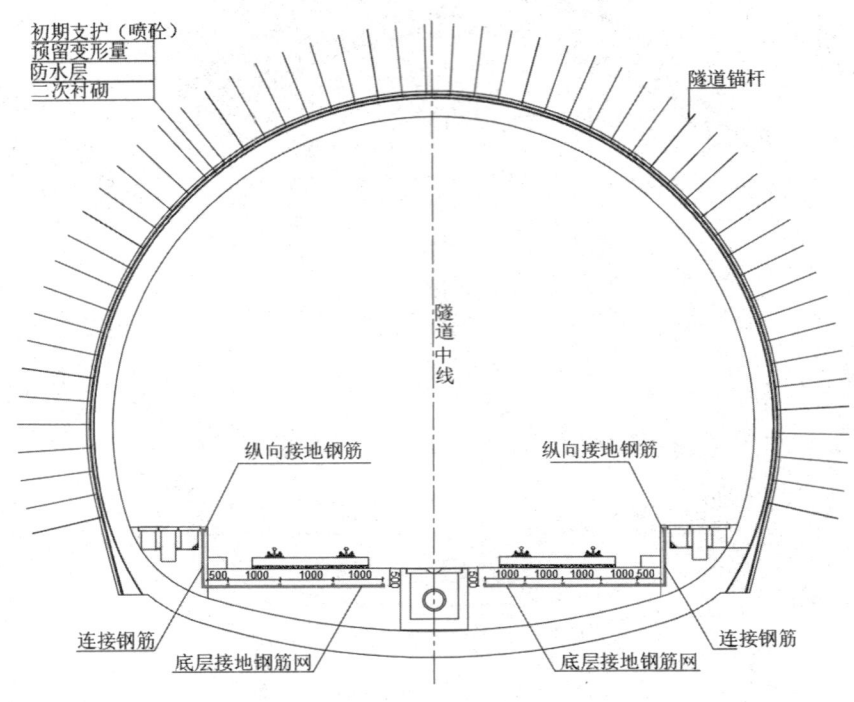

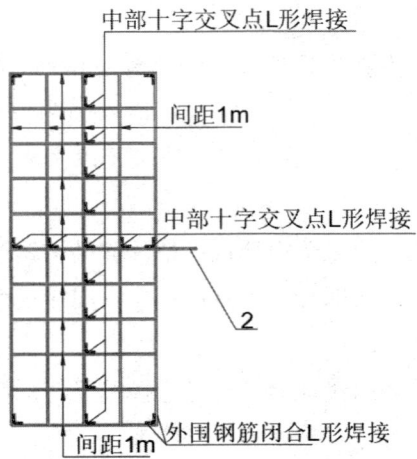

图 6-19　仰拱接地体断面、接地钢筋网示意图

②接地钢筋网按照 1 个台车位的长度考虑。

③每个台车位的隧道接地体应通过连接钢筋与两侧电缆槽靠线路侧外缘的纵

向接地钢筋连接。

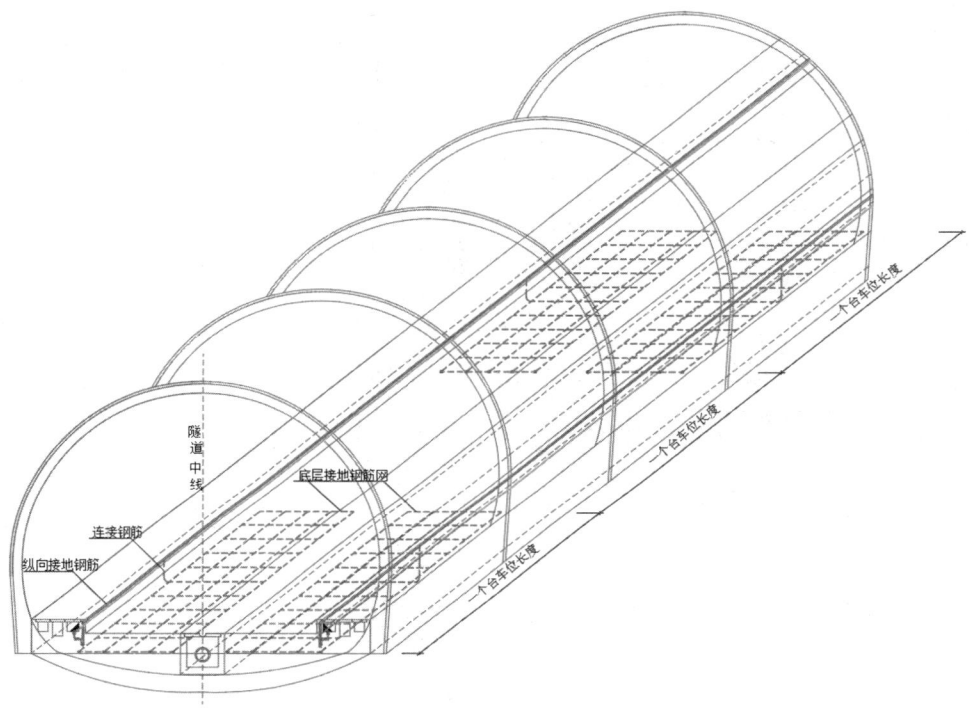

图 6-20　仰拱接地体立体关系图

6.2.5.6 隧道专用洞室和变压器洞室综合接地

①在每个专用洞室、变压器洞室两侧 1 m 范围内设置 2 根环向接地钢筋，环向接地钢筋应与初期支护锚杆接地体连接；洞室两侧墙壁下部设置 2 个接地端子，供洞室内设备、设施接地。如图 6-21（a）（b）。

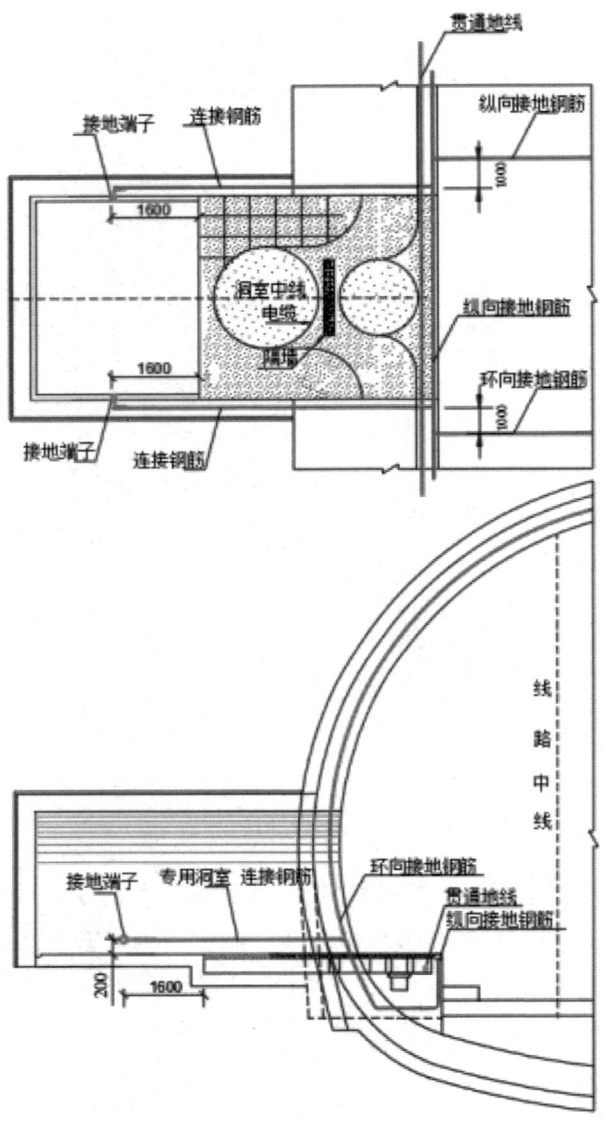

图 6-21（a）专用洞室综合接地示意图

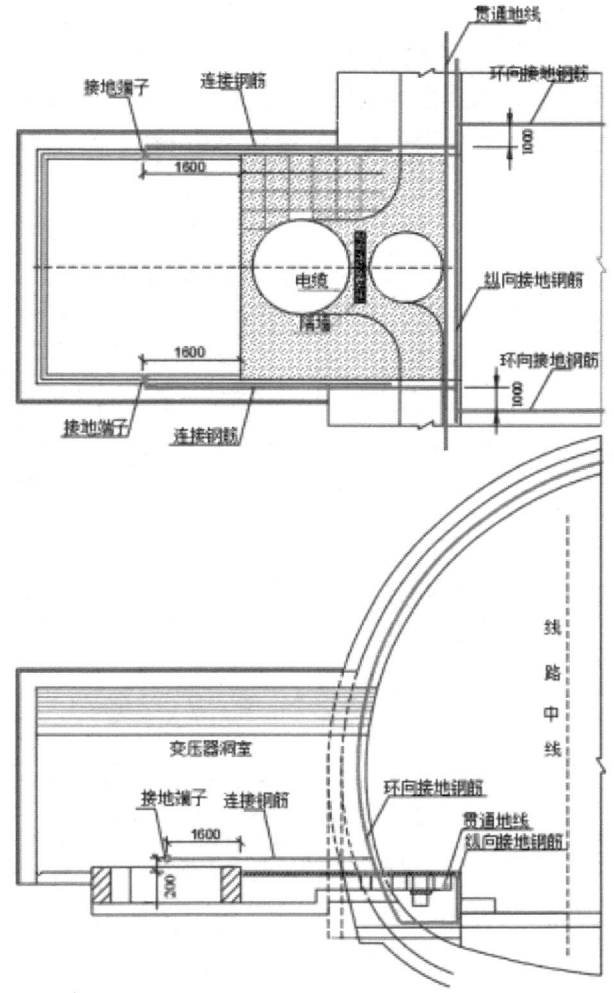

图 6-21（b）　变压器洞室接地示意图

②接地端子应通过连接钢筋与两侧电缆槽靠线路侧外缘的纵向接地钢筋连接。

6.2.5.7 隧道斜切式明洞综合接地

①贯通地线敷设在两侧通信信号槽内，利用二次衬砌环向接地钢筋实现横向连接。

②明洞部分在二次衬砌内设置纵、环向接地钢筋，设置要求与隧道内相同，详见"通号（2016）9301-23"。洞口斜切面上层非预应力结构钢筋应与纵向接

地钢筋焊接。如图 6-22。

③隧道减压孔附近应设 1 根环向接地钢筋，并与减压孔钢筋网焊接。

④隧道横通道、斜井口应设置接地端子，供隧道防灾救援设备接地。

⑤接地钢筋和接地端子的设置详见"通号（2016）9301-20"。

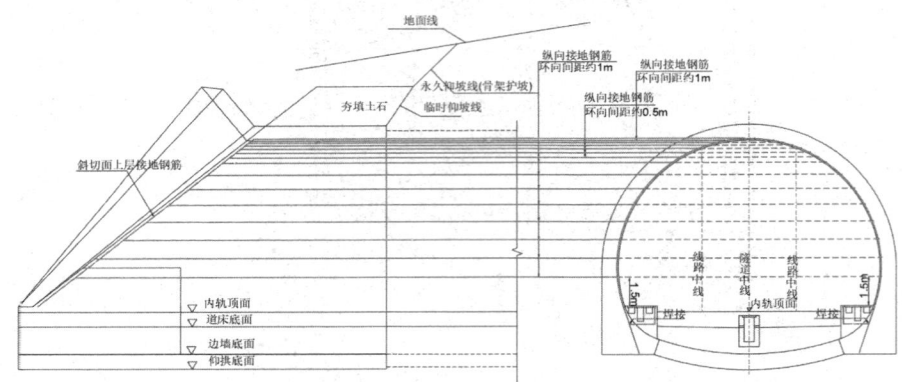

斜切式明洞横、纵断面关系图

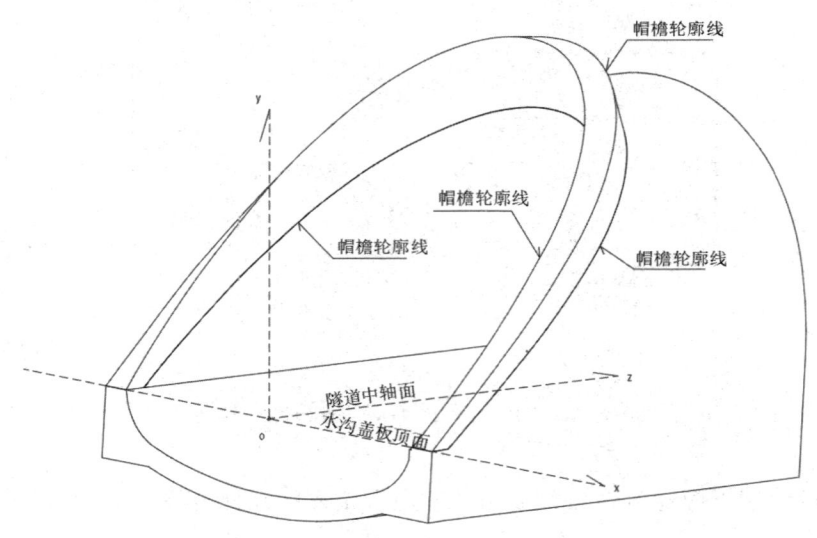

洞门侧视轮廓图

图 6-22　隧道斜切式明洞综合接地示意图

6.2.5.8 接地钢筋标识

隧道综合接地分为两种，一是二衬及槽道综合接地，二是初期支护综合接地，现场采用统一制作的 PVC 雕刻模板喷涂"白底黑字"进行标识，如图 6-23。

具体标准如下：

①标识牌外框尺寸 400 mm × 340 mm，内框尺寸为 300 mm × 240 mm。

②字体为"黑体"，字高 60 mm。

③"初期支护接地钢筋"标识待矮边墙施工完成后设置，直接喷涂在接地钢筋位置对应的矮边墙处，位置在混凝土纵向接缝以下 20 cm 处（此处在二衬施工完成后不进行凿毛处理）。

④"槽道二衬接地钢筋"标识待二衬施工完成后设置，直接喷涂在槽道及二衬接地钢筋位置对应的二衬底部，位置在混凝土纵向接缝以上 20 cm 处。

⑤标识设置在电力线路挂设的一侧。

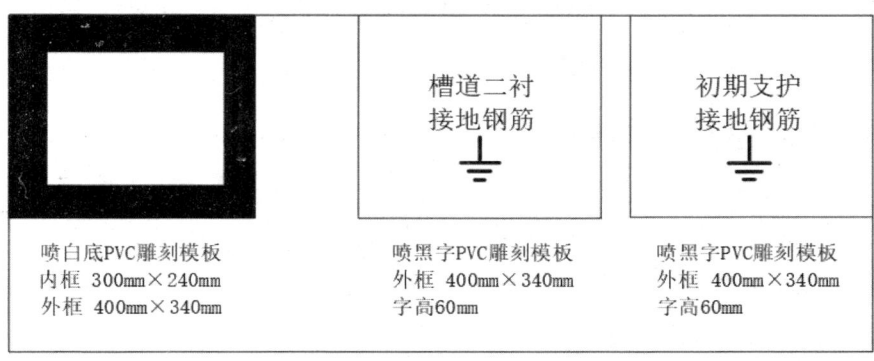

图 6-23　隧道接地钢筋标识图

第 7 章　轨道工程四电接口

7.1 轨道工程四电接口内容

高速铁路轨道结构已多采用无砟轨道形式，以下轨道工程四电接口特指无砟轨道四电接口。轨道工程四电接口内容包括：钢筋绝缘、接地钢筋、接地端子、接地端子连接等。

7.2 轨道工程四电接口施工工艺

1. 施工准备

（1）钢筋、绝缘卡（绝缘绑扎带）、接地端子等原材料进场检验合格。

（2）原材料堆放整齐、标识清晰。

（3）检测仪器检定合格。

（4）作业人员经培训合格。

2. 轨道工程施工流程。

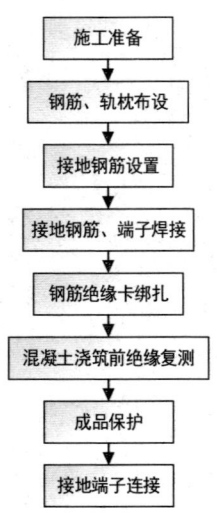

图 7-1 无砟轨道施工流程图

7.2.1 钢筋绝缘

纵向钢筋搭接或纵向钢筋与横向钢筋（含轨枕桁架筋）交叉点处均以小型绝缘塑料卡绝缘连接。严禁使接地钢筋构成电气环路。钢筋相交处用十字形绝缘卡绑扎，要求绑扎拉条拉紧、绑扎牢固。绑扎完毕，人工用剪刀将绝缘卡绑扎条剪短至大约 20 mm 长，以减少塑料产品占用轨道板内空间。

7.2.2 综合接地

7.2.2.1 双块式无砟轨道

①隧道道床钢筋网按每不大于 100 m 为原则设置一个接地单元。接地单元应根据贯通地线预留的接地端子的位置进行划分，接地单元通过接地端子与贯通地线接地一次。

②选择三根上层纵向钢筋作为接地钢筋，即道床板上层钢筋网中心一根钢筋和外侧两根钢筋。接地单元内，纵向接地钢筋应焊接连接。一个接地单元内选择一根横向钢筋作为接地钢筋，与三根纵向接地钢筋焊接。接地单元内纵向接地钢筋采用焊接搭接，单面焊接长度不小于 200 mm，双面焊不小于 100 mm，焊缝厚度不小于 6 mm。横向接地钢筋焊接长度：单面焊不小于 100 mm，双面焊不小于 55mm，焊缝厚度不小于 6 mm。见图 7-2。

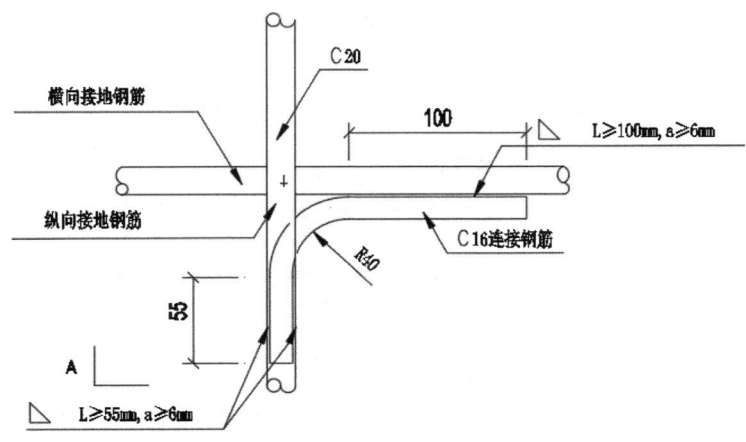

图 7-2 纵横向接地钢筋连接图

③除接地钢筋按上述要求连接外，其余纵向钢筋搭接或纵向钢筋与横向钢筋（含轨枕桁架筋）交叉点处均以小型绝缘塑料卡绝缘连接。严禁使接地钢筋构成电气环路。

④接地端子或连接端子预埋在道床板线路外侧侧面，连接端子距离道床横向结构缝不得小于100 mm，浇筑混凝土时应注意保护预埋端子。

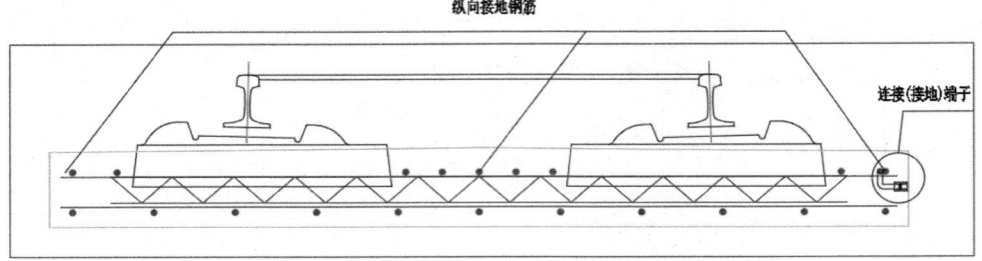

图7-3 道床板接地端子示意图

⑤预埋接地（连接）端子：

Ⅰ.端子分为Ⅰ型和Ⅱ型，对称设计。现场可成对采购。道床结构缝两端连接端子分别采用Ⅰ型和Ⅱ型端子，通向贯通地线的接地端子可任意选用Ⅰ型或Ⅱ型端子；

Ⅱ.端子部分为 $\Phi 30 \times 45$mm，材料为不锈钢 GB00Gr$_{17}$Ni$_{14}$Mo$_2$；

Ⅲ.端子异种金属连接须符合国家有关标准；

Ⅳ.端子须通过铁道部质检中心通号站抽捡检验通过；

Ⅴ.需配置塑料塞，以防止后续工程施工前有异物堵塞端子孔；

Ⅵ.接地电缆总截面积要大于200mm²（IK > 25KA），尾部采用直径为$\Phi 16$mm 圆钢，材质为 Q235。

⑥在每个单元板两端设置2个接地端子。当站内轨道为无砟轨道板时，应在每台转辙机位置处的无砟轨道板外侧设置1个接地端子。

⑦每个单元板间接地端子通过不锈钢连接线进行等电位连接。

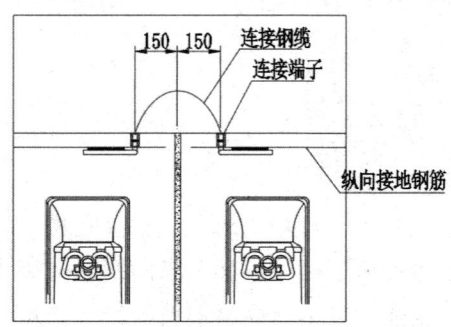

图7-4 单元板接地端子等电位连接图

⑧每段无砟轨道板内的接地端子通过不锈钢连接线与桥梁、隧道防护墙侧面设置的接地端子或路基地段接触网支柱基础地面以上设置的接地端子连接。

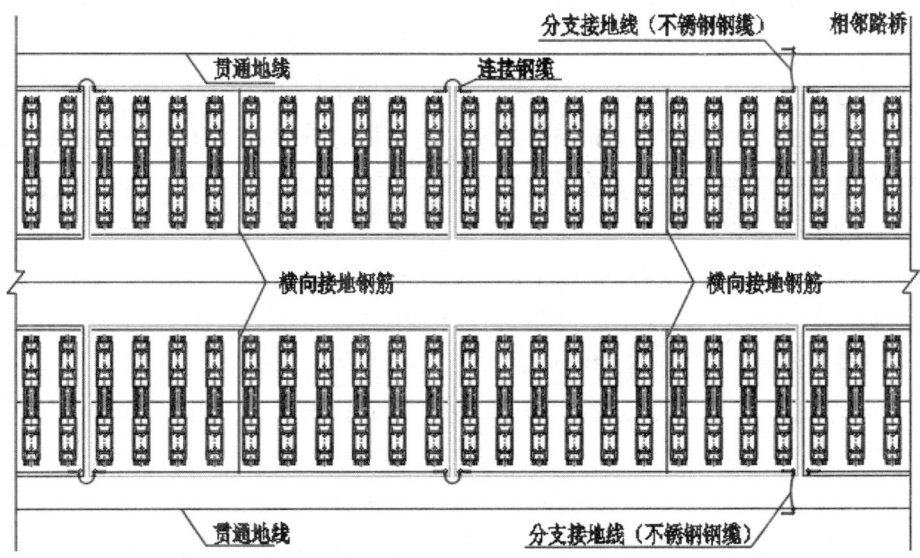

图 7-5　接地端子等电位连接图

7.2.2.2 平板式无砟轨道

①无砟轨道板接地应利用轨道板结构钢筋，每段无砟轨道板的长度按不大于 100m 的原则设置。

②在每个单元板两端设置 2 个接地端子。当站内轨道为无砟轨道板时，应在每台转辙机位置处的无砟轨道板外侧设置 1 个接地端子。

③每个单元板间接地端子通过不锈钢连接线进行等电位连接。

④每段无砟轨道板内的接地端子通过不锈钢连接线与桥梁、隧道防护墙侧面设置的接地端子或路基地段接触网支柱基础地面以上设置的接地端子连接。

⑤其他要求同双块式无砟轨道。

7.3 轨道工程四电接口检查验收

1. 绝缘卡检查验收

①绝缘卡材质为聚丙烯，纵横向卡口间厚度为 1.3 ~ 2.0 mm。绝缘卡原材料采用《固体绝缘材料体积电阻率和表面电阻率试验方法》（GB / T 1410）试验，其体积电阻率应 $\geq 10^{14} / \Omega \cdot cm$。绝缘卡的绝缘电阻应 $> 10^{10} / \Omega$。试验采用测

量高电阻专用仪器进行测试：测试前先将绝缘卡的两个卡口卡入尺寸相对应的钢筋，上下钢筋呈"十"字形，在 500V 直流电压下测定其电阻值，两端测试点为钢筋卡入绝缘卡部分的中心点。绝缘电阻应大于 $1 \times 10^{10} / \Omega$（注：两根钢筋不得接连）。

②绝缘卡应能将钢筋绑扎牢固，不脱落，绝缘卡的阻力不得小于 25 N。试验方法：测试前先将绝缘卡的一端固定，其次将对应的钢筋卡入未固定的一端，随后将带有挂钩的铁棒（重量为 25 N）轻挂在卡入部分的中心位置，悬挂一分钟后钢筋不得脱落。

③绝缘卡为 8 mm × 8 mm 和 8 mm × 20 mm 两种规格的尺寸。

④温度变化时，绝缘卡的体积变形量不得超过混凝土的极限变形能力。

检测工器具：卷尺、仪表。

检测方法：查阅材质规格、型号、出厂证明、合格证、质检报告资料，采用目测、尺量、仪器测试。

2. 接地钢筋、接地端子设置和焊接质量检查验收

①检查下层钢筋网片内纵向接地钢筋、横向接地钢筋、接地端子设置位置。

②检查接地装置焊接质量：焊缝长度、焊缝厚度表面质量，检查接地端子与 φ16 mm 钢筋之间的相对水平位置。

③检测工器具：卷尺、仪表。

④检查方法：目测、钢尺量测，检测频率为全检。

3. 钢筋网片上下层左右之间绝缘卡绑扎检查验收

①检查钢筋的顺直度，尤其注意 Φ8mm 钢筋，对有变形、不顺直的钢筋进行人工校正扳直调整。

②绑扎点是否绑扎牢靠，十字形绝缘卡不应有松动、脱扣、断裂现象，绝缘卡拉条应剪短；下层网片接地端子处的绝缘卡不应有受热变软现象，接地扁钢对应的 Φ8 mm 钢筋没有漏绑绝缘卡。

③检测工器具：卷尺。

④检查方法：目测、钢尺量测，检测频率为全检。

4. 接地端子设置位置检查验收

①接地端子距离模具短边 125 mm，距离模具长边 91 mm，允许偏差为 ±5 mm，接地端子需紧贴模板底面。

②检测工器具：卷尺。

③检查方法：目测、钢尺量测，检测频率为全检。

5. 下层网片位置检查验收

①检查下层网片 4 根 φ16 mm 纵向钢筋与 φ5 mm 预应力定位钢筋间是否处于 φ16 mm 钢筋的热缩套管位置，若不在该位置，左右调整下层网片达到该位置。

②检测工器具：卷尺。

③检查方法：目测、钢尺量测，检测频率为全检。

6. 钢筋网片的绝缘质量检查验收

①钢筋网片在模具上绑完绝缘卡后，用绝缘检测表逐根检测横向钢筋与纵向钢筋之间的电阻值，读数不小于 2 MΩ 时为合格。不合格时逐个检测绝缘交叉点，找出不合格点后，更换绝缘卡重新检测，直至全部合格。

②绝缘电阻检测合格后形成绝缘检测记录。

7. 钢筋网片放入模具浇注混凝土前，上下层钢筋网片的绝缘性能检查验收

①用 500 V 兆欧表检测上下层钢筋网片绝缘。绝缘检测前，首先在接地端子与模具底面接触垫处剪开热缩套管，作为绝缘层。检测下层钢筋网片 φ5 mm 预应力定位钢筋之间、上层钢筋网片与 φ20 mm 纵向钢筋之间、上下层钢筋网片之间的绝缘性能。

②检测标准绝缘电阻值不小于 2 MΩ。检测采用逐交叉点检查、各层网片之间检测，检查频率为全检。检查合格后，除去垫在接地端子下的热缩套管绝缘垫片。

③绝缘垫片材质和规格、尺寸、数量符合设计要求：当钢筋网片绝缘性能不能满足设计和规范所规定的不少于 2 MΩ 时，增加用热缩套管加工的绝缘垫片，以满足钢筋网片绝缘性能要求。

④检测工器具：绝缘电阻表、夹子及导线若干。

⑤检查方法：分两种，分述如下：

第一种目测：在使用仪表测量之前，首先确定各层钢筋间不允许直接接触，所有交叉点通过绝缘热缩套管或绝缘卡进行电气绝缘。

第二种仪表检测：

Ⅰ. 仪表测量电压为 500 V。

Ⅱ. 对各层钢筋间绝缘电阻进行测量。通常将纵向接地钢筋作为测量的基准钢筋。检测每个横向钢筋与相连的纵向钢筋间的电阻值。

Ⅲ. 如电阻值大于 2 MΩ，各层钢筋间电气绝缘性能正常。否则应查明原因后进行处理，直至各层钢筋间电阻值满足要求。

Ⅳ.检测频率为全检。

8.轨道板连接检查验收

①轨道板每间隔 100 m 段落内的轨道板单元之间进行等电位连接。

②线路两侧桥梁、隧道、路基预埋的接地端子单点 T 形连接（路基段无砟轨道板通过与接触网支柱接地孔连接接入综合接地）。

③检测工器具：卷尺。

④检测方法：目测、仪器测试。

9.轨道板接地检查验收

①检验轨道板 T 形连接及 100 m 段落内单元板间等电位连接。轨道板与轨道板之间、轨道板与桥梁防护墙接地端子及与路基上接触网基础连接。连接线采用不锈钢连接线，总截面不小于 200 mm^2（Ik > 25 kA）或 120 mm^2（Ik ≤ 25 kA）。

②检测工器具：卷尺、仪器。

③检测方法：目侧、尺量、仪器测试。

第 8 章　通信工程接口

8.1 通信与接触网专业接口

1. 接口名称

漏缆在接触网杆上吊挂（TX/JCW-1）。

2. 接口内容

（1）漏泄电缆对接触网共杆架设的要求

① 在铁路隧道间的路基或桥梁区段架设通信漏泄电缆（简称漏缆）时，通信专业在无法独立设置基础设施的特殊情况下，须在接触网杆上附挂通信漏缆（报批后）。

② 当漏缆利用接触网同杆架设时，接触网专业根据通信专业提供的挂高、负荷等要求设计接触网支柱杆型，相关专业负责接触网支柱的基础设计，通信专业实施漏缆的安装（报批后）。

（2）隧道内漏缆挂设的要求

① 隧道内漏缆的架设高度（距轨面）为 4.5 ~ 4.8 m，吊挂于隧道内一侧；漏缆的最大垂度为 0.15 m；漏缆与接触网的回流线或 PW 线的最小距离不小于 0.6 m，由隧道、接触网专业统一协调。

② 隧道内漏缆采用化学锚栓和电缆支架固定（由通信专业实施），化学锚栓的孔眼垂直于隧道壁面，孔深约为 70 mm，洞内支架间距为 1.0 ~ 1.3 m。

③ 隧道内接触网承力索处（隧道壁预留凹槽），承力索和隧道壁面需预留 300 mm 距离，确保通信漏缆能通过接触网承力索凹槽隧道壁。

3. 分工界面

① 通信专业向接触网专业提交通信漏缆吊挂地点及区段、漏缆架设高度、最大垂度、吊挂方式、漏缆与接触网的回流线或 PW 线的垂直距离，以及漏缆及承力索技术参数等。

② 接触网专业根据核算结果，确定是否须要在每两根接触网杆中间增加一根辅助杆，如需增加，由接触网专业将增加位置提供给桥梁及路基专业，由后者

负责接触网支柱的基础设计。

③接触网专业向通信专业反馈相关设计资料。

4. 施工流程

施工准备（施工图核对）→接触网杆支架安装→漏缆承力索安装→漏缆吊夹安装→漏缆安装→检查验收。

5. 施工工艺

抱箍安装工艺：抱箍由 U 形镀锌圆钢、镀锌角钢、镀锌夹板及塑料护套组成。将带有塑料护套的 U 形镀锌圆钢及角钢按照设计要求高度安装在接触网杆上，通过三眼夹板将钢绞线紧固在抱箍上。

6. 施工注意事项

①杆体上的辅助支架或抱箍与杆体接触部分有绝缘隔离。

②辅助支架悬跳长度不宜过长或过短，过长增加悬挂承力索及漏缆难度，过短离接触网太近，不安全；确保承力索离接触网回流（PW）线 2 m 以上。

③抱箍应采用防锈镀锌材料。

7. 检查验收

抱箍安装高度、漏缆吊夹安装间距应符合设计要求。

8.2 通信与电力、牵引变电专业接口

1. 接口内容（TX/DL-1、TX/BD-1）

① 与行车密切相关的所有通信机械室用电等级均为一级负荷，需两路独立的外供交流电；其他通信机房按照规范要求设置不同等级的外供交流电源。其中，通信直放站需两路 AC 220 V 电源，电力专业设置交流电源配电箱（内含自动切换装置）；警务区需一路 AC 220 V 电源，其他通信机房均设置两路 AC 380 V 电源，电力或牵引变电专业设置配电箱（不含自动切换装置）。

② 结合通信设备用电量，在适当考虑预留量后，通信专业向电力（或牵引变电）专业提供通信设备用电量负荷。

③ 电力（或牵引变电）专业根据通信机房设备布置情况，设置通信机房照明，满足通信机房照度要求。

2. 分工界面

通信专业向电力（或牵引变电）专业提供通信设备用电负荷、等级、配电箱切换要求、通信设备平面布置、配电柜设置地点等要求；电力（或牵引变电）专

业向通信专业反馈相关设计确认资料。

8.3 通信与机械、车辆专业接口

1. 接口名称

综合维修车间（工区）通信用房面积、动车所电缆槽及隧道设备洞室防护门（TX3）。

2. 接口内容

（1）动车所通信用房面积、电缆槽

① 通信专业根据综合维修模式在沿线综合维修车间（工区）设置通信维修机构，并依据管辖范围计算通信定员、维护机构生产用房面积。

② 在动车所信号楼、动车所检查库设置通信机房，动车所设置 CIR 通信无线维修工区等。

③ 通信专业根据动车所生产生活房屋布局，合理规划动车所通信电缆槽。

（2）隧道内通信设备洞室防护门

① 隧道内通信设备洞室设防护门、防盗门锁，并作防水处理，还需考虑抗列车运行产生的压力和吸力。防护门应满足：耐火极限不小于 3.0h；向隧道反方向开启，严禁侵入铁路建筑限界，防护门应有明显的开启标志；防护门的抗爆荷载不应小于 0.1 MPa。

② 设置防护门的通信设备洞室，要求通风，并满足规范中室外设备的工作环境要求。

3. 分工界面

①通信专业向机械专业提供通信在综合（既有）维修车间（工区）维修机构组成、生产生活用房面积、维修定员、隧道内设备洞室防护门、防火等要求；向机械（车辆）专业提供动车所电缆槽设置、电缆槽尺寸要求。

②机械（车辆）专业向通信专业反馈相关设计确认资料。

8.4 通信对房建（结构）专业的接口要求

8.4.1 通信用房（含工艺）要求（TX–4）

1. 接口名称

通信机房及工艺。

2. 接口内容

通信机房位置、面积及工艺要求。

根据车站信号楼、站房、站内及区间生产生活房屋位置，通信专业向房建（结构）专业提供通信机房位置、面积及布置、沟槽管洞等要求。

通信机械室一般设置在一层，位于建筑物的最外侧并靠近站台或线路，并与信号机房、信息机房、电力（牵引变电）机房、弱电井相邻。

通信机房工艺布置必须满足通信机房相关国家及铁总规范（或规定）的要求，均装设防静电架空地板，并必须满足通信设备的环境要求，如温度、湿度、空气含尘量、震动、防静电、承重、照明等。设备用房均应满足：①门窗：门窗使用材料符合防火、防盗、防鼠要求，并设置防鼠门档，窗外设置金属防盗网；基站、直放站房屋不设窗。②防静电地板高度（净尺寸）≥ 300 mm。③净高（活动地板面至吊顶）3.0 m。④门宽 > 1.5 m，门高 > 2.2 m，楼板均布荷载 ≥ 800 kg/m2。⑤为达到防尘要求，设双层密封窗、墙面设无尘涂料。机房地面需要水泥过油抹平，墙面需刮瓷油平。

3. 分工界面

根据通信（不含空调）设备不同重量、布置、安装方式等，通信专业向房建（结构）专业提供各类通信机房面积、位置、机房结构及用途、相邻关系、机房工艺（含墙面、门窗、吊顶、净高、防尘等）、防静电地板（面）、机房均布荷载、沟槽管洞等要求。

空调设备重量、布置、安装方式、机房面积、用电量等由暖通专业单独向房建（结构）提供要求，空调设备应结合通信设备布置图统筹考虑，合理布置。

房建（结构）专业向通信提供通信机房平立剖图及相关设计资料。

8.4.2 无线铁塔基础要求（TX-5）

1. 接口名称

通信铁塔基础。

2. 接口内容

车站（含线路所）、区间无线铁塔基础及接地要求。

根据通信基站、直放站分布里程，在车站、动车存车场、区间无线基站、直放站等设置基站通信铁塔，高度一般为 25 ~ 50 m，距通信房屋的距离不大于 10 m。房建（结构）专业负责预留铁塔基础位置及基础设计。铁塔基础位置应该选择坚实的地基上，不得选择在浮土、垃圾土、流质土和易受水冲刷的地方。

3. 分工界面

通信专业向房建（结构）专业提供车站和线路所无线铁塔高度、类型、与通信机房相对距离等要求。

房建（结构）专业在房屋总图布置上反馈相关设计确认资料、进行通信铁塔基础设计。

8.4.3 预留沟槽管洞及电缆井设置（TX-6）

1. 接口名称

预留沟槽管洞及电缆井设置。

2. 接口内容

通信机房沟槽管洞及电缆井设置要求。

①根据通信机房在整个建筑物中的相关位置及与其他专业设备机房的相互关系，预留相关沟槽管洞及电缆柜。通信的沟槽管洞采用防火材料封堵。电缆柜门及房间门均采用防火材料。

②各个通信机械室设置 2 处不同物理位置的带盖板的室外电缆井。室外电缆井盖板应采用 C25 钢筋混凝土预制，能承受 5t 左右的车辆碾压。每个室外电缆井设置 1 处汇接端子，每处端子的接地电阻小于 1Ω。接地扁钢需与房屋的钢筋牢固焊接，通过钢筋的可靠焊接与房屋的建筑防雷地线或室外地网连通。

③电缆槽内不得积水，应考虑排水措施，可设置渗水孔或排水管。

3. 分工界面

通信专业向房建（结构）专业提供通信机房各类沟、槽、管、洞（含室内电缆柜、室外电缆井等）预埋（预留）位置、工艺、相关尺寸要求。

房建（结构）专业向通信专业反馈相关设计确认资料。

8.5 电缆槽及区间通站道路（TX-7）

1. 接口名称

电缆槽及区间通信节点通站道路。

2. 接口内容

电缆槽及区间通信节点通站道路要求。

①沿线各车站站场两侧的站台均设置与站台等长的通信电缆槽，电缆槽道应尽量靠近站房一侧，并每间隔一定距离设置站台电缆检修井。在基本站台上的主干光电缆槽须设置分支槽道与站台范围内的信号楼通信机械室、站内综合维修工

区、牵引变电所、分区所、综合工区、公安派出所、车站办公楼、单身宿舍、公寓、电力变/配电所等生产生活房屋内的通信设备用房连接。

设置单独院落的生产生活房屋,如电力配电所、牵引变电所、AT所、开闭所、公安派出所等,在院落内均需设置2条不同径路的通信电缆槽,引入通信机械室或通信配线间。

②区间通站道路:区间通信基站、直放站需设置通站道路,满足通信维护车辆、人员通行条件。

3. 分工界面

通信专业向房建(结构)专业提供站台范围及综合维修车间(工区)内通信电缆槽、电缆井的尺寸、布置,以及区间通信节点通站维修道路等要求。

房建(结构)专业根据通信专业资料,结合其他专业要求,进行工艺设计,反馈设计资料。

8.6 通信机房接地、屏蔽要求(TX-8)

1. 接口名称

通信机房接地、屏蔽要求。

2. 接口内容

通信机房接地、屏蔽及工艺要求。

(1)接地及工艺要求

沿线车站、信号中继站、区间无线基站、光纤直放站、电气化所亭、站内综合工区等处通信机房不单独设接地体,由房建专业在房屋建筑地网中统一考虑,并接至贯通地线,接地电阻≤1Ω。

通信机械室接地要求:通信设备采用综合接地方式,利用综合楼的建筑接地系统。在通信设备间室内梁内钢筋与相应柱内钢筋相互焊接,柱内钢筋相互焊接直至建筑基础钢筋,与大地相通。在通信机械室墙脚分别自柱内钢筋焊接扁钢引出至室内防静电地板下,扁钢需与房屋的钢筋牢固焊接,通过钢筋的可靠焊接与房屋的建筑防雷地线沟通,设置4处。

通信机房的架空防静电地板支撑杆需用铜泊连接后和地线端连接。

(2)机房屏蔽及工艺要求

根据《铁路防雷及接地工程技术规范》(TB 10180-2016)相关要求,新建通信机房在墙体内用钢筋网设置屏蔽层。钢筋网应采用不小于8mm的圆钢焊接成不大于 600 mm × 600 mm 网格，并与主筋焊接连通，窗户设有防盗网的还应与防盗网钢筋焊接。

金属房门、铝合金隔断、防护隔栅等金属物均应做电气连接。

3. 分工界面

通信专业向房建（结构）专业提供通信机房通信接地点、阻值，以及法拉第笼工艺等要求。

房建（结构）专业根据通信专业工艺要求，设置法拉第笼，提供接地点确认资料等。

8.7 通信对暖通专业的接口要求

8.7.1 通信机房工作环境要求（TX-9）

1. 接口名称

机房工作环境。

2. 接口内容

机房工作环境要求。

通信机房要求设置空调设施，需按相关规范要求设置消防设施。长期工作条件需保证：温度 15 ~ 25℃，相对湿度 40% ~ 70%；温度变化率＜10℃/h；尘埃＜18000 粒/dm³，粒度≤ 0.5 m。

3. 分工界面

通信机房设置空调设施，通信专业向暖通专业提供通信机房长期工作环境，包括温度、相对湿度、温度变化率、尘埃浓度及尘埃粒度大小等要求。

暖通专业根据通信专业要求设置空调等设施，反馈确认满足通信专业要求的资料。

8.7.2 通信消防设置要求（TX-10）

1. 接口名称

通信机房、通信隧道设备洞室消防要求。

2. 接口内容

通信机房、通信隧道设备洞室消防要求。

通信机房设置消防设施，并与电力专业设计的火灾自动报警系统联动。

沿线各隧道内通信设备洞室内应设置火灾自动灭火装置，并应设置 3 具 4 kg

干粉灭火器。

设置防护门的通信设备洞室，要求通风，并满足规范中规定的室外设备工作环境要求。

3. 分工界面

通信专业向暖通专业提出在通信机房设置消防设施，并与火灾自动报警系统联动等要求。

暖通专业根据通信专业要求及设计规范设置相应的消防设施，反馈设计确认资料。

8.8 通信对信息专业的接口要求

1. 接口名称

通信设备预留位置及设备用电（TX/XX-1）。

2. 接口内容

通信设备预留安装位置、设备用电负荷、等级等要求。

在站房信息配线间，需向信息专业提出要求：①预留通信设备安装位置（约需 2 个标准机架）；②预留工作及保护接地端子各 2 处（与信息设备共地）；③通信设备用电取自信息设备电源，用电量为 0.5 ~ 1 kW；④各配线间至站房通信机械室 1 条 12 芯光缆。

3. 分工界面

根据站房信息设备间分布情况，通信专业向信息专业提供通信设备在信息机房的用电负荷、等级要求，以及设备安装位置、用电及接地要求，由信息专业汇总后向相关专业提要求。

信息专业向通信专业反馈相关设计资料。

8.9 通信为各专业提供通道接口分工界面及施工流程

8.9.1 接口分工界面

通信与其他专业接口分工：

①通信为信号系统提供专用光纤时，其工程界面适用于 XH/TX-1、XH/TX-7、XH/TX-8、XH/TX-10、XH/TX-11 接口。

②通信为电力、牵引供电等系统提供专用光纤时，其工程界面适用于 DL/

TX-1 接口。

　　③通信为信息、信号、电力、牵引供电等系统提供 2M、10M 或 100M 以上通道时，其工程界面适用于 XH/TX-2、XH/TX-3、XH/TX4、XH/TX-5、XH/TX-6、XH/TX-8、XH/TX-9、XH/TX-11、XH/TX-12、XH/TX-13、XH/TX-14、XH/TX-15、DL/TX-1、DL/TX-2、DL/TX-3、BD/TX-1、ZJ/TX-1、XX-18 接口。

8.9.2 通信施工流程

8.9.2.1 ODF 架光口施工举例

　　1. 施工流程

　　施工准备（施工图核对）→光缆铺设→光缆成端测试→接口检查→设备互联。

　　2. 施工工艺

　　①光缆接续：端头切除，用专用开剥器开剥光缆，两侧光缆各套入一只橡胶挡圈待用。

　　②用酒精纱布擦拭光纤表面，在一侧光纤穿入光纤热缩加强管，按顺序在每根光纤上用不干胶编码纸编上号。

　　③将光纤熔接机及专用工具放置在操作台上进行熔接。

　　④光纤接续完毕后对接头点进行检查，出现接头点有焊纹、接点成球状、接点变细、轴向偏差、气泡等现象必须重新接续。光纤接续合格后，立即用光纤加强管加强保护，确保收缩均匀，无气泡。

　　3. 施工注意事项

　　①尾纤收发连接正确。

　　②尾纤头要用酒精清理，避免衰耗过大。

　　③ODF 收容盘内尾纤头与法兰连接要紧固，每条尾纤应做好标签。

　　④检查故障时通信与信号机房倒纤时只能在其中一侧进行，不能同时在两侧进行倒换。

　　⑤尾纤在机柜内布放应套有保护管进行防护。

　　4. 通信通道自验

　　（1）验证工具

　　运用红光笔、OTDR、光功率计、笔记本终端。

（2）验证内容

验证纤芯成端顺序正确，符合专业要求；验证光功率符合设备要求；验证通道链接情况。

（3）验证方法

① 运用红光笔核对从通信机房 ODF 至施工分界面的 0DF 纤芯成端顺序符合专业要求。

② 运用 OTDR 和光功率计双向测试通信机房至施工分界面的光缆纤芯，光衰符合设计和验收标准。

③ 若提供通道需接入传输设备时，在施工分界面处用尾纤临时接入到电脑终端测试传输通道链接情况，保证传输通道满足相关专业要求。

④ 若有传输通道故障时，进入故障排查流程。

8.9.2.2 RJ45 配线架电口施工举例

1. 施工流程

施工准备（施工图核对）→内部网线敷设→通信机房 RJ45 配线架处成端→通道测试→接口验收→施工结束（设备互联）。

2. 施工工艺

制作水晶头首先将水晶头有卡的一面向下，有铜片的一面朝上，有开口的一方朝向自己身体，从左至右排序为 12345678。

RJ45 连接头与网线端接有 T568A 或 T568B 两种结构，但在同一系统中，两者不应混合使用，一般采用 T568B 的接线方式。TIA/EIA-568B，以太网电接口插头线序排列为白橙、橙、白绿、蓝、白蓝、绿、白棕、棕。选用专门的压接工具制作以太网电接口插头。

3. 施工注意事项

①检查故障时，通信与各专业机房倒纤时只能在其中一侧进行，不能同时在两侧进行倒换。

②水晶头压接要牢固，网线两端线序要正确一致。

4. 通信通道自验

（1）验证工具

网线测试仪、笔记本测试终端。

（2）验证内容

验证网线成端顺序正确，RJ45 水晶头制作良好，符合专业要求；验证传输通道链接情况。

（3）验证方法

① 运用网线测试仪对传输设备至 RJ45 配线架网线测试，测试仪指示灯按标准依次亮灯（直通网线，8 个绿灯都应依次闪烁；交叉网线 8 个绿灯应按 36145278 顺序闪烁）即表示网线性能良好。

② 在施工分界面处接入笔记本测试终端，用 ping 包测试本站和邻站之间的通道质量。

③ 若有传输通道故障时，进入故障排查流程。

8.9.2.3 DDF 架电口施工举例

1. 施工流程

施工准备（施工图核对）→内部线路敷设→通信机房 DDF 配线架处成端→通道测试→接口验收→施工结束（设备互联）。

2. 施工工艺

端头切除，用开剥工具开剥线缆外皮，取用需要的芯线，套入 BNC 接头套盖及压接端子。

开剥适当长度的芯线外皮，预留屏蔽线和内芯芯线。

将内芯芯线对准 BNC 接头的中心，充分接触；减掉多余的屏蔽线，将屏蔽线套在压接端子盒 BNC 外壳端子中间，并用压线钳压接紧密，不松动。

压接完毕后对内芯芯线进行电烙铁点焊。点焊检查有虚焊、毛刺、芯线断伤等现象必须重新点焊。焊点合格，立即拧紧套盖，并贴好标签标明接口用途。

3. 施工注意事项

① 2M 收发连接正确。

② 2M 头制作良好，避免虚焊，标签清楚明白。

③检查故障时通信与其他专业机房收发倒换只能在其中一侧进行，不能同时在两侧进行倒换。

4. 通信通道自验

（1）验证工具

万用表、2M 直通转接头、笔记本测试终端。

（2）验证内容

验证 2M 同轴线成端良好、传输 2M 通道畅通。

（3）验证方法

① 验证 2M 同轴线成端。用万用表检查 2M 同轴线是否中间断裂或 2M 头焊接有问题；有问题予以更换线缆或重新焊接。

② 验证传输通道链接情况：用 2M 直通转接头于施工分界面处自环，在传输网管或监控终端上查看通道接通情况；或者在施工分界面处接上笔记本测试终端，用 ping 包测试本站和邻站之间的通道质量。

③ 若传输通道有故障时，进入故障排除流程。

8.9.2.4 VDF 架音频通道施工举例

1. 施工流程

施工准备（施工图核对）→内部线路敷设→通信机房 VDF 配线架处成端→通道测试→接口验收→施工结束（设备互联）。

2. 施工工艺

线缆主色为：白、红、黑、黄、紫；线缆配色为：蓝、橘、绿、棕、灰。一般把白红黑黄紫称作 a 线，蓝橘绿棕灰叫 b 线。一组线缆为 25 对，以色带来分组，一共有 25 组，分别为：①白篮、白橘、白绿、白棕、白灰；②红蓝、红橘、红绿、红棕、红灰；③黑蓝、黑橘、黑绿、黑棕、黑灰；④黄蓝、黄橘、黄绿、黄棕、黄灰；⑤紫蓝、紫橘、紫绿、紫棕、紫灰。1 ~ 25 对线为第一小组，用白蓝相间的色带缠绕；26 ~ 50 对线为第二小组，用白橘相间的色带缠绕；51 ~ 75 对线为第三小组，用白绿相间的色带缠绕；76 ~ 100 对线为第四小组，用白棕相间的色带缠绕。

3、施工注意事项

①电缆芯线终接时，选用的卡接钳线径应符合卡接端子的要求。

②缆线开剥后需绝缘胶带缠绕防护，并固定在模块上。

③对号测试时需在卡接端口加入防雷保安单元。

4. 通信通道自验

（1）验证工具

测试电话、万用表。

（2）验证内容

验证音频通道畅通。

（3）验证方法

① 用测试电话的测试线卡接在施工界面处试音，若是测试电话语音畅通，说明通信侧音频通道良好，接口无问题。

②若是语音不通，用万用表测试通信设备侧线缆情况，有可能是通信设备至 VDF 架之间的线缆出现问题导致通道不通。

③如若排除线缆问题还是不通，则须进入设备故障排除流程。

第 9 章　信号工程接口

9.1 信号与通信专业接口

9.1.1 信号安全数据网光纤通道（XH/TX-1）

1. 接口名称

信号安全数据网光纤通道。

2. 接口内容

信号安全数据网各节点间专用光纤：线路左、右侧分别为 6 芯光纤（4 芯主用、2 芯备用）。

环网间需要互联时：左、右侧分别增加 6 芯光纤（4 芯主用、2 芯备用），并经不同站点分别连接至另一环网不同站点的左、右侧。

3. 分工界面

信号专业向通信专业提出信号安全数据网光纤通道数量、起止点及参数需求，通信专业根据信号专业的要求，进行信号安全数据网专用光纤通道设计、施工。

专业间设计分界为信号 ODF 架（用户侧）。

4. 施工接口分工界面

通信专业根据信号提供的《××站/线信号安全数据网 ODF 架熔纤规则表》完成光纤布放、接续成端及测试，配合设备调试；信号专业负责提供 ODF 架及安装，并完成用户侧的设备接入及跳纤。

5. 检查验证

①按 ××站/线信号安全数据网 ODF 架熔纤规则表，进行对位检查。

②观察各系统监测维护机上以及网管机柜上显示绿色光带或绿色灯标识是否正常。如发现显示异常时，应进行下列测试：

Ⅰ. 在本站信号 ODF 架侧，拔掉连接安全网交换机的 FC 口尾纤，依据光模块型号选择适当的光源波长（1310 nm/1550 nm），连接光源至 ODF 架待测光纤的法兰端子。

Ⅱ . 在邻站信号 ODF 架侧，将光功率计接入相对应的光纤法兰端子，测量收光功率。

Ⅲ . 邻站收光功率减去本站光源发光功率，即为两站单个光纤通道的功率衰耗。

Ⅳ . 通道的理论链路衰耗为：1310 nm 为 0 ~ 10.5 dB，1550 nm 为 8 ~ 20 dB。

③检验使用的仪表：光源光功率计。

④检查验证的测试方法：使用仪表测量。

9.1.2 信号安全数据网网管服务器及终端通道（XH/TX–2）

1. 接口名称

信号安全数据网网管服务器及终端通道。

2. 接口内容

电务段或者车间、RBC 中心 EMS 管理终端与 EMS 服务器之间 1 个 2 M 及以上带宽专用数字通道，接口类型为 FE（o）/FE（e）（电务段或者车间 EMS 管理终端具体设置地点及数量，以具体需求为准，通道需求相应扩展）。

线路 EMS 网管至路局 NMS 网管之间的 2 个 4 M 及以上带宽专用数字通道，接口类型为 FE（o）/FE（e）。

电务段 NMS 客户端至路局 NMS 网管服务器的 2 个 2 M 及以上带宽专用数字通道，接口类型为 FE（o）/FE（e）（电务段 NMS 客户端具体设置地点及数量，以具体需求为准，通道需求相应扩展）。

CTC 和路局网络管理系统 NMS 间时钟同步信息用 1 个 2 M 带宽专用数字通道，接口类型为 FE（o）/FE（e）。

3. 设计分工界面

信号专业向通信专业提出线路 EMS 网管至路局 NMS 网管之间、电务段 NMS 客户端至铁路局 NMS 网管服务器之间、EMS 管理终端至 EMS 服务器之间的通道数量、起止点及参数要求。

通信专业根据信号专业提出的要求，进行信号安全数据网网管通信通道设计。

专业间设计分界为信号安全数据网网管设备接口（用户侧）。

4. 施工接口分工界面

通信专业负责自通信传输设备的通道引出、接续成端及测试，配合设备调试；信号专业负责提供安全数据网网管传输设备（用户侧），并完成用户侧的设备接入。

5. 检查验证

（1）FE（o）检查验证内容

① 根据信号 ODF 架及端子使用分配表，检查通信 ODF 架配线对应关系正确。

② 观察路由器 FE 模块收发指示灯、确认本站至邻站的通信状态。

③ 通过路由连续 ping 包测试两站之间的通道质量。

（2）FE（e）检查验证内容

① 在设备侧观察 FE 接口卡模块是否正常。

② 用网线测试仪测试网线是否正常。

③ 用 ping 包测试本站和邻站之间的通道质量。

④ 检验使用的仪表：网线测试仪。

⑤ 检查验证的测试方法：使用仪表测量。

9.1.3 TSRS-CIC 通道（XH/TX-3）

1. 接口名称

TSRS-CTC 通道。

2. 接口内容

每套 TSRS 与 CTC 系统接口服务器间 2 个不同物理路径 2M 带宽专用数字通道接口类型为 FE（e）或 E1 接口（75Ω 同轴电缆（BNC 口）。

3. 分工界面

信号专业向通信专业提出 TSRS-CTC 间通道要求及接口类型。

通信专业根据信号专业的需求，进行 TSRS-CTC 间通道设计。

专业间设计分界为信号设备网口（用户侧）或信号路由器自带的 BNC 插座。

4. 检查验证

（1）CTC 侧

① 在机柜 DDF 处打开内环，查看路由对应端口上的 looped 状态及误码率。

② 核查同轴配线端子对应关系。

③ 通过路由连续 ping 包测试两站之间的通道质量。

（2）TSRS 侧

① 确认两系统路由器配置、IP 地址、软件信息正确。

② 观察 TSRS 侧的协议转换器，以及 TSRS 维护终端正常显示与 CTC 通道连接状态。

（3）检查使用的仪表

网线测试仪。

（4）检查验证的测试方法

使用仪表测试。

9.1.4　RBC–CTC 通道（XH/TX–4）

1. 接口名称

RBC–CTC 通道。

2. 接口内容

每套 RBC 与 CTC 系统接口服务器间 2 个不同物理路径 2 M 带宽专用数字通道，接口类型为 FE（e）或 E1 接口 [75Ω 同轴电缆（BNC 口）]，距离较近（小于 200 m）时采用网络直连。

3. 分工界面

信号专业向通信专业提出 RBC–CTC 通道要求及接口类型。

通信专业根据信号专业的要求，进行 RBC–CTC 通道设计。

专业间设计分界为信号设备网口（用户侧）或信号路由器自带的 BNC 插座。

4. 施工接口分工界面

通信专业与信号专业 RBC–CTC 系统接口，施工接口在信号路由器自带的 BNC 捕座成设备网口（用户侧）。

（1）通信专业

敷设两条 2 M 线或网线（主备电路走不同的线缆路径）至信号机房信号路由器自带的 BNC 插座或设备网口。负责 BNC 接头（2 M）或网线水晶头的制作。负责传输通道的数据配置及通道的测试、检查、确认。

配合信号专业共同进行设备互联互通对接测试。

（2）信号专业

负责提供信号路由器及自带的 BNC 接头；设备互联互通测试前需将 2 M 或网线连接到信号设备端子上，并进行确认。

负责模拟条件下进行由信号路由器配线端子到本机柜设备连线测试、检查。

进行站与站之间，站与中心之间连通测试。

5. 检查验证

（1）CTC 侧

①在机柜 DDF 处打开内环，查看路由对应端口上的 looped 状态及误码率。

②核查同轴配线端子对应关系。

③通过路由连续 ping 包测试两站之间的通道质量。

（2）RBC 侧

①确认两系统路由器配置、IP 地址、软件信息正确。

②观察 RBC–CTC 接口服务器和 RBC–CTC 接口路由器、协议转换器间，以及 RBC 维护终端正常显示与 CTC 通道连接正常。

9.1.5 GRIS（GSM–R）–CTC 通道（XH/TX–5）

1. 接口名称

GRIS（GSM–R）–CTC 局域网通道。

2. 接口内容

每套 GRIS 与 CTC 系统 GSM–R 接口服务器间 2 个 2M 带宽专用数字通道，接口类型为 FE（e）或 E1 接口［75Ω 同轴电缆（BNC 口）］。

3. 分工界面

信号专业向通信专业提出 GRIS 与 CTC 系统通道要求及接口类型，通信专业根提信号专业的要求，进行通道设计，反馈设计确认资料。

专业间设计分界为信号设备网口（用户侧）或信号路由器自带的 BNC 插座。

4. 检查验证

① 在机柜 DDF 处打内环，查看路由对应端口上的 looped 状态及误码率。

② 核查同轴配线端子对应关系。

③ 通过路由连续 ping 包测试两站之间的通道质量。

9.1.6 PRI（GSM–R）–RBC 通道及 RBC 用户号码（XH/TX–6）

1. 接口名称

MSC–RBC 通道及 RBC 用户号码。

2. 接口内容

MSC 与每套 RBC 接口通道数量为 ISDN PRI 接口数＋1，接口类型为 2 M/FE（e），采用 DSS1 信令方式。RBC 通过专用用户号与 GSM–R 系统连接。

3. 分工界面

信号专业向通信专业提出 MSC-RBC 通道数量及接口类型要求，通信专业根据信号专业的要求，进行通道设计，反馈设计确认资料。

专业间设计分界为信号接口柜内阻抗转换设备 BNC 接口端或设备网口（用户侧）。RBC 用户号码由 GSM-R 系统分配。

3. 检查验证

同 XH/TX-4 中内容，同时，通过利用动车组电台进行呼叫，验证 RBC 用户号码及通信链路的最终验证。

9.1.7 区域计算机联锁（站）联通道（XH/TX-7）

1. 接口名称

区域计算机联锁 / 站联通道。

2. 接口内容

区域计算机联锁 / 站联通道专用光纤。

为车站与被控站间提供不同物理路径的专用光纤通道用于区域联锁控制，光纤芯数根据联锁设备型号确定。

车站与车站间采用光纤通道通过设备间的通信实现站间信息交互，光纤芯数根据联锁设备型号确定。

3. 设计分工界面

信号专业向通信专业提出信号区域计算机联锁（站）联专用光纤通道数量、起止点要求，通信专业根据信号专业的要求，进行区域计算机联锁（站）联专用光纤通道设计、施工。

专业间设计分界为信号 ODF 架（用户侧）。

4. 施工分工界面

通信专业负责光纤布放、接续成端及测试，配合设备调试；信号专业负责提供 ODF 架及安装，并完成用户侧的设备接入。

5. 检查验证

同 XH/TX-1 内容。

9.1.8 CTC/TDCS 系统通道（XH/TX-8）

1. 接口名称

CTC/TDCS 系统传输通道。

2、接口内容:

CTC 系统车站与中心间采用不同物理路径的环状专用网(小环网,不设抽头),通道要求如下:

① CTC/TDCS 车站[包括线路所、动车段(所)]间 2 个不同物理路径 2 M 及以上带宽的专用数字通道,接口类型 FE(o)。

② CTC/TDCS 中心与 CTC/TDCS 车站广域网 2 个不同物理路径 2 M 及以上带宽的专用数字通道、中心采用不同传输系统(光端设备),接口类型根据中心核心交换机建设情况可采用下述方案:

方案 A:车站侧采用 FE(o),中心侧采用 GE(o)/CPOS 口。

方案 B:车站侧采用 FE(e),中心侧采用 GE(o)/CPOS 口。

③ CTC/TDCS 中心与相邻 CTC/TDCS 中心间 2 个 2 M 带宽专用数字通道,接口类型 FE(o)/2 M。

④电务处、电务段调度、RBC 工区、相关车务部门、动车所设置 CTC 远程工作站(或查询终端),与 CTC 中心间采用 2 个 2M 带宽专用数字通道,接口类型 FE(e)/FE(o)。

3. 分工界面

信号专业向通信专业提出 CTC/TDCS 通道需求及接口类型,通信专业根据信号专业的需求,进行 CTC 设备车站与车站及车站与中心的光纤通道设计,反馈设计确认资料。

专业间设计分界为信号 ODF 架(用户侧)。

4. 施工接口分工界面

CTC 系统正线主要相关节点为车站、线路所,中心为路局既有中心。网络结构为双环网(A 网和 B 网承载在不同传输层),承载在通信专业的传输系统,通道类型为点对点业务,站间通道的接口为 FE 光接口。

通信专业与信号专业 CTC/TDCS 系统接口施工界面在信号 ODF 架处。

(1)通信专业

负责通信传输设备至 CTC/TDCS 机柜内 ODF 架间两条不同物理路径的光纤通道敷设,根据信号提供的端子使用分配表进行连接,负责传输通道的数据配置及光通道的测试、检查、确认。配合信号专业共同进行设备互联互通对接测试。

一般情况下要提供 4 个通信接口,对应双方向双层结构(A 网上行,A 网下行,B 网上行,B 网下行)。

(2)信号专业

负责提供信号 ODF 架及端子使用分配表,设备互联互通测试前需将尾纤连接到信号设备端子上，并进行确认。

进行站与站之间，站与中心之间连通测试。

5. 检查验证

同 XH/TX-2 中内容。

9.1.9 电务段调度 CTC 复示终端通道（XH/TX-9）

1. 接口名称

电务段调度 CTC 复示终端通道。

2. 接口内容

路局调度中心与电务段调度 CTC 复示终端之间 2 个 2 M 及以上带宽专用数字通道，接口类型 FE（o）/FE（e）。

3. 分工界面

信号专业向通信专业提出电务段调度 CTC 复示终端通道要求及接口类型。

通信专业根据信号专业的要求，进行电务段调度 CTC 复示终端通道设计。

专业间设计分界为信号 ODF 架或 DDF 架（用户侧）。

4. 检查验证

检查验证内容及方法同 XH/TX-2 中内容。

9.1.10　远程控显终端通道（CTC、CBI）（XH/TX-10）

1. 接口名称

CTC、CBI 远程控显终端通道。

2. 接口内容

车站（包括动车所等）CTC 设备与远程车务终端设备间采用不同物理路径的 6 芯专用光纤通道（4 芯主用，2 芯备用）。

车站（包括动车所等）计算机联锁设备与远程操控终端设备间采用不同物理路径的 6 芯专用光纤通道（4 芯主用，2 芯备用）。

3. 设计分工界面

信号专业向通信专业提出 CTC、CBI 远程控显终端专用光纤通道数量、起止点及参数要求。

通信专业根据信号专业的要求，进行 CTC、CBI 远程控显终端专用光纤通道设计。

专业间设计分界为信号 ODF 架（用户侧）。

4. 施工接口分工界面

通信专业负责光纤布放、接续成端及测试，配合设备调试；信号专业负责提供 ODF 架及安装，并完成用户侧的设备接入。

5. 检查验证

内容及方法同 XH/TX-1。

9.1.11 CCS 系统与相关系统接口通道（XH/TX-11）

1. 接口名称

CCS 系统与相关系统接口通道。

2. 接口内容

根据集中控制系统（CCS）功能及与相关系统接口需求进行设计。

① CCS 系统与每套计算机联锁系统通过不同物理路径的 4 芯（不含备用）光纤通道接口。

② CCS 系统与每套 CTC 分机通过不同物理路径的 4 芯（不含备用）光纤通道接口。

③ CCS 系统与每套动车段（所）安全联锁系统通过不同物理路径的 2 芯（不含备用）光纤通道接口。

④ CCS 系统与动车组管理信息系统［信息＋车次号自动识别系统（AEI）］通过以太网方式］根据距高距离或超五类双绞线或采用不同物理路径的 8 芯（不含备用）光通道］，以双方约定的协议完成接口，设置防火墙设备进行物理隔离。

⑤ CCS 系统主机与终端（调度室）通信采用不同物理路径 24 芯（不含备用）光纤通道。

3. 分工界面

信号专业向通信专业提出 CCS 系统各通道光纤实用芯线要求。

通信专业根据信号专业的要求，进行 CCS 系统专用光纤通道设计并统一考虑光缆备用芯线。

专业间设计分界为用户侧 ODF 架。

4. 检查验证

FE（0）、FE（e）检查验证内容及方法同 XH/TX-2，专用光纤检查验证内容及方法同 XH/TX-1。

9.1.12 信号集中监测（CSM）系统通道（XH/TX-12）

1. 接口名称

信号集中监测系统传输通道。

2. 接口内容

集中检测系统车站与电务段中心间用 1 个环状专用网，5 ~ 12 个站点设 1 迂回通道（抽头），通道要求如下：

（1）信号集中监测车站［包括线路所、中继站、动车段（所）］与车站间 1 个 2 M 及以上带宽专用数字通道，接口类型 FE（o）。

（2）信号集中监测抽头车站与电务段监测子系统 1 个 2 M 及以上带宽专用数字通道，接口类型 FE（o）；工区（保养点）和车间终端与车站或电务段监测子系统 1 个 2 M 带宽专用数字通道，接口类型 FE（o）/FE（e）。

（3）信号集中监测电务段监测子系统与铁路局监测子系统 1 个 2 M 带宽专用数字通道，接口类型 FE（o）/FE（e）。

（4）信号集中铁路局监测子系统与铁路总公司子系统 1 个 2 M 带宽专用数字通道，接口类型 FE（o）/FE（e）。

3. 设计分工界面

信号专业向通信专业提出信号集中监测通道需求及接口类型，通信专业根据信号专业的需求，进行信号集中监测设备的通道设计。

专业间以信号 ODF 架、DDF 架、信号集中监测网络设备处为设计分界。信号专业未设置 ODF 架、DDF 架时，可从信号机房内独立设置的通信尾纤活动连接器或 DDF 架接线端子处分界。

4. 施工接口分工界面

（1）通信专业

负责通信传输设备至信号集中监测机柜内 ODF 架（DDF 架、网络设备）间两条不同物理路径的光纤（或同轴电缆、网线）的敷设，根据信号提供的端子使用分配表进行连接，负责传输通道的数据配置及通道的测试、检查、确认。配合信号专业共同进行设备互联互通对接测试。

（2）信号专业

负责提供信号 ODF（DDF）架及端子使用分配表，设备互联互通测试前须将尾纤（网线）连接到信号设备端子上，并进行确认。

5. 检查验证

检查验证内容同 XH-2 中内容。

9.1.13 监测系统时钟同步通道（XH/TX-13）

1. 接口名称

监测系统时钟同步（监测时钟源服务器与 CTC/TDCS 对外时钟服务器）通道。

2. 接口内容

监测时钟源服务器与 CTC/TDCS 对外时钟服务器网络连接通道采用 2 个 2 M 带宽专用数字通道，接口类型 FE（e），采用 NTP 协议。

3. 分工界面

信号专业向通信专业提出监测时钟源服务器与 CTC/TDCS 对外时钟服务器通道及接口类型要求，通信专业根据信号专业的要求，进行通道设计，反馈设计确认资料。

专业间设计分界为信号设备网口（用户侧）。

4. 检查验证

FE（e）检查验证内容及方法同 XH/TX-2。

9.1.14 道岔视频缺口监测组网通道（XH/TX-14）

1. 接口名称

道岔视频缺口监测传输通道（独立组网时）。

2. 接口内容

道岔缺口视频监测组网采用 IP 数据网专用通道。

（1）道岔视频缺口监测车站［包括线路所、动车段（所）］1 个 4 M 及以上带宽数字通道，接口类型 FE（o）。

（2）道岔视频缺口监测终端设备 1 个 2 M 及以上带宽数字通道，接口类型 FE（e）。

3. 分工界面

信号专业向通信专业提出道岔视频缺口监测通道要求及接口类型。

通信专业根据信号专业的要求，进行道岔视频缺口监测通道设计。

专业间设计分界为信号 ODF 架（用户侧）或信号设备网口。

4. 检查验证

同 XH/TX-2 中内容。

9.1.15 道岔融雪控制终端组网通道（XH/TX–15）

1. 接口名称

道岔融雪系统传输通道（适应于单独组网）。

2. 接口内容

道岔融雪系统车站与车站、远程控制终端之间 1 个 2 M 带宽专用数字通道，接口类型 FE（o）/FE（e）。道岔融雪系统网络抽头车站与远程控制终端之间 1 个 2M 带宽专用数字通道，接口类型 FE（o）/FE（e）。

3. 分工界面

信号专业向通信专业提出道岔融雪系统通道要求及接口类型。

通信专业根据信号专业的要求，进行道岔融雪系统通道设计。

专业间设计分界为信号设备网口（用户侧）。

4. 检查验证

检查验证内容及方法同 XH/TX–2 中内容。

9.1.16 信号机械室（含机房、电源室、防雷分线室）动环监控（XH/TX–16）

1. 接口名称

信号设备用房动环监控。

2. 接口内容

信号机械室（含机房、电源室、防雷分线室）环境工况监控纳入通信专业"通信电源、通信信号机房环境监控"系统设计（包括对信号设备用房的温度、湿度、室内烟雾、明火、门禁、入侵、空调电源等进行监控），由通信专业为信号工区、车间和电务段设置环境监控终端设备以备信号维护人员查询。

3. 分工界面

通信专业根据信号专业的要求，进行相应房屋动环监控设计。

信号专业提出要求，通信专业设计、实施。

9.1.17 专用调机 / 无线机车信号传输（XH/TX–17）

1. 接口名称

STP 系统天线安装及数据传输。

2. 接口内容

STP 数传电台天线安装平台或采用 GSM-R 进行无线数据传输要求。

3. 分工界面

信号专业向无线通信专业提出 STP 数传电台天线在通信铁塔安装的要求或提出采用 GSM-R 进行无线数据传输要求。

通信专业在无线通信铁塔上预留 STP 数传电台天线安装条件，或完成 STP 无线数据传输设计并提供与信号 STP 设备接口通道。

9.2 信号与电力专业接口

9.2.1 信号设备（含远程控显终端、道岔融雪、测试环线发码箱）用电要求（XH/DL-1）

1. 接口名称

信号设备用电要求。

2. 接口内容

依据设计规范和设备厂商提供的设计输入资料提出信号设备用电等级、负荷要求。

①车站［包括线路所、动车段（所）、中继站］信号设备、RBC 中心机房、集中监测中心机房、CCS 机房、CTC 中心机房等用电均为一级负荷，要求有两路独立未经切换的可靠电源互为备用，电源均为三相 AC380 V。信号机房专用空调宜提供两路电源。

②综合维修段、综合车间、综合工区内信号设备用电均为二级负荷，用电量提供给机械专业汇总。

③动车段（所）或机务段（所）内信号测试工区及室内测试设备用电要求均为二级负荷，用电量提供给动车专业汇总。

④道岔融雪装置用电为二级负荷，三相 AC 380 V，50 Hz（TN-S），要求电力供电送至用电点处的融雪控制柜。

⑤动车段（所）或机务段（所）检修线测试环线室外发码箱要求电力供电提供 1 路 220 V、1 A/ 台电源，在发码箱附近设置电源插座。

⑥严禁电力缆线穿越信号电磁屏蔽区。

3. 分工界面

信号专业向电力专业提出信号设备用电容量、电源等级、用电地点等要求。

电力专业根据信号专业的要求，进行信号设备电源设计，并反馈相关设计确认资料。

专业间设计分界信号机械室电源防雷箱（进线侧），其他为信号专用插座箱或电源箱（出线侧）。其中融雪装置的电力接口为室外设备箱（进线侧（设备箱由信号专业提供）。

9.2.2 信号用房照明、插座等设置要求（XH/DL-2）

1. 接口名称

信号用房照明、插座要求。

2. 接口内容

电力专业根据信号室内设备布置进行室内照明和电源插座的设计。

3. 分工界面

信号专业向电力专业提出照明设施和电源插座要求。

电力专业根据信号专业的要求，进行照明设施和电源插座设计。

全部由电力（建筑电气）专业负责设计。

9.2.3 信号楼（室）防雷接地、地网接入贯通地线要求（XH/DL-3）

1. 接口名称

信号楼（室）防雷接地、地网接入贯通地线。

2. 接口内容

①信号楼（室）的环形地网，以及环形地网与贯通地线的连接要求。

②室内预留接地汇集箱或接地汇集线，并与环形地网连接的要求。

3. 分工界面

信号专业向电力专业提出信号楼（室）内信号设备房屋设置、信号设备布置情况以及预留接地汇集箱需求等。

电力专业根据信号专业基础资料和需求，进行环形地网及环形地网与贯通地线的连接、预留接地汇集箱及与环形地网的连接等设计。

上述内容均由电力专业设计。

9.3 信号与牵引供电专业接口

9.3.1 接触网杆里程（确认信号标志牌设置）（XH/JCW-1）

1. 接口名称

接触网杆里程。

2. 接口内容

接触网杆设置避免与转辙机安装位置冲突。

正常情况下信号专业需要在接触网杆安装信号标志牌时，向行车专业提出要求，行车专业在区间布点时统筹考虑。

由于工期等其他因素的影响，在确认信号标志牌设置位置时，需要接触网杆里程。

3. 分工界面

信号专业向牵引供电专业提出需要安装信号标志牌的里程，道岔转辙机位置。

牵引供电专业根据信号专业的需求，提供相应范围的接触网杆里程。

9.3.2 接触网与高柱信号机位置关系确认（XH/JCW-2）

1. 接口名称

接触网与高柱信号机位置关系。

2. 接口内容

确认接触网杆与高柱信号机的位置关系，要求满足高柱信号机显示要求，同时满足距接触网带电体安全距离要求。

3. 分工界面

信号专业向牵引供电专业提供高柱信号机里程，并根据牵引供电专业提供的资料确认和调整高柱信号机里程，必要时与牵引供电专业协商调整接触网杆及下锚位置，确保信号机安装限界、显示距离和距接触网带电体最小距离满足要求。

牵引供电专业根据信号专业的要求，提供相应范围的接触网设置情况（设置里程、接触网结构断面等）。必要时结合实际情况调整接触网杆或下锚里程。

9.4 信号与房建（结构）专业接口

9.4.1 信号用房（含工艺）要求（XH-26）

1. 接口名称

信号设备用房及工艺。

2. 接口内容

信号设备用房位置、面积及工艺要求。

根据车站［包括线路所、动车段（所）、中继站］信号设备、RBC 中心机房、集中监测中心机房、CCS 机房、CTC 中心机房等及生产房屋位置，向房建专业提供信号房屋位置、面积表及布置要求。信号电缆引入室一般设置在一层（或与站场同层），位于建筑物的最外侧并靠近站台或线路，信号机械室与通信机房、弱电井相近设置。

新建信号房屋应采用框架结构，注意预留大修或倒换的要求。当信号房屋采用平房时，在机械室房屋一侧应预留进一步扩建的条件。

信号设备用房工艺布置必须满足信号机房相关国家及铁总规范（或规定）的要求。信号设备用房均装设防静电架空地板（或根据要求安装防静电地砖），并必须满足信号设备的环境要求，如温度、湿度、空气含尘量、震动、防静电、承重、照明等。

3. 设计分工界面

信号专业向房建（结构）专业提供各类信号设备用房面积、位置、房屋结构及用途、相邻关系，机房工艺（含墙面、门窗、吊顶、净高、防尘等），防静电地板（地砖）、房屋均布荷载等要求。

空调设备重量、布置、安装方式、占地面积、用电量等由暖通专业单独向房建（结构）提出要求，空调设备应结合信号设备布置图统筹考虑，合理布置。

房建（结构）应向信号专业提供房屋平立剖面及相关设计资料。

4. 信号设备用房要求

①车站信号设备室、电源与继电器室、机房均设承重型防静电地板（或根据要求设置防静电地砖），按计算机房有关标准装修；控制台室、综合值班室按办公房屋标准装修。

②房屋净高不小于 3 m（装修后吊顶至防静电地板面）。坡顶房屋室内应设吊顶。信号机械室及机房的灯具尽量吸顶安装，布置在机柜之间，距机柜顶部不小于 600 mm。

纳入综合站房的信号设备室在信号计算机房下方各楼层设置同等面积的信号电缆间，并在信号电源与继电器室下方预留一层与信号电源与继电器室同等面积及层高的信号倒替用房屋，信号倒替房屋可统筹用于车站相关生产人员办公用房，不能用于设备用房，各办公用房间应采用非承重墙。新建平房车站在信号电源与继电器室一侧不应设置其他房屋，以预留接建条件。

③信号设备房屋（信号机械室、电源室、计算机房等）应满足：

Ⅰ. 门窗使用材料符合防火、防盗、防鼠要求，并设置防鼠门档，入户设置防盗门，窗外设置金属防盗网；中继站等无人值守房屋不设窗。门的净宽度不小于 1.5 m，净高度不小于 2.7 m。

Ⅱ．楼板均布荷载满足：信号机械室 ≥ 8.0 kN/m2、电源屏区域 ≥ 15 kN/m2、计算机机房 ≥ 8 kN/m2（电源屏区域 ≥ 15 kN/m2）。

Ⅲ．为达到防尘要求，设双层密封窗，墙面设无尘涂料。机房地面需要水泥过油抹平，墙面需刮瓷油平。

④信号房屋设置在桥下或地势较低时，应考虑防洪防潮措施。在 10 年（车站信号设备用房）或 50 年（区间中继站、线路所信号设备用房）一遇高水位之上或在该地址的最高内水位之上 0.5 m；当所址标高不能满足上述要求时，信号楼（室）范围应有可靠的防洪措施，防洪设施标高应高于上述高水位标高 0.5 m。应考虑室内电缆沟底部不低于室外自然场坪标高。

⑤信号机械室避免紧邻水房、卫生间等用水房屋。

⑥信号机械室内的采暖设备标准选择要严格，不能发生跑、漏水，避免信号设备因水溅到设备上发生短路问题、信号机械室内因潮湿设备发霉等问题。

⑦信号值班室尽量考虑与信号机械室同层、相邻布置。

⑧信号房屋入口处应设置台阶。

9.4.2 房屋沟槽管洞预埋、预留要求（XH–27）

1. 接口名称

沟槽管洞预埋、预留。

2. 接口内容

信号设备用房沟槽管洞预埋、预留要求。

信号房屋与其他房屋合建时，应设置相对独立的出入口，在靠近线路侧的一层应设信号电缆引入室，并与室外电缆槽连通。

电缆引入室与信号机械室或防雷分线室间应预留信号线缆走向孔洞。电缆上楼应设爬架固定，固定支架间距不得大于 2 m。

室外电缆引入至防雷分线柜应预留室内电缆沟（不小于 300 mm × 300 mm），满足脏线与净线分开走线的要求。

信号各类生产房屋应毗邻设置，之间考虑截面积不小于 200 mm × 200 mm 的孔洞互联。

3. 设计分工界面

信号专业向房建（结构）专业提供信号设备用房各类沟、槽、管、洞（含室内电缆柜、室外电缆井等）预埋（预留）位置、工艺、相关尺寸要求及沟槽示意图。

房建（结构）专业向信号专业反馈相关设计资料。

9.4.3 站台电缆槽及通站道路要求（XH-28）

1. 接口名称

站台电缆槽及区间信号站点通站道路。

2. 接口内容

①站台范围要求预留信号电缆管槽（或综合廊道）及电缆井、维修手孔。

②各车站、中继站、线路所信号设备房屋应考虑交通道路，在区间中继站、线路所附近应增加进出防护栅栏的工作门或上、下桥梁的通道，以方便信号维修。

3. 设计分工界面

根据信号机械室位置、区间信号中继站、线路所里程及场坪布置，向房建（结构）专业提供站台范围内信号电缆槽位置、电缆井及维修手孔设置、电缆槽尺寸等要求，区间信号站点通站维修道路要求。

房建（结构）专业根据信号专业资料，结合其他专业要求，进行工艺设计。

4. 电缆槽、电缆井和过轨要求

（1）电缆槽要求

车站基本站台需预留管沟，分槽设置时信号电缆槽净尺寸一般为 600 mm（宽）×400 mm（深），信号电缆槽要求靠近线路侧，并与站台电缆槽平滑贯通；当与其他弱电专业合设时，尺寸统一考虑，并将信号电缆槽设于线路侧。站台范围槽道不设置盖板，每间隔 20 ~ 25 m 设置 1 处维修手孔，维修手孔略宽于电缆槽，深度不小于电缆槽，设置盖板，盖板顶面距离站台面不小于 300 mm，电缆敷设完毕后盖板、填土夯实后实施站台面处理；站台贯通电缆槽应与信号楼电缆间电缆引入口贯通连接，连接电缆槽规格不小于 600 mm（宽）×600 mm（深）。

线下式站房电缆槽从站台两端沿站台外侧预留 600 mm（宽）×400 mm（深）电缆槽，并引入站房。

站台至站线分界点，上、下行双侧设信号电缆槽，槽道一般不小于 400 mm（宽）×400 mm（深）（或根据站场规模设计），要求靠近线路侧，并与区间路肩电缆槽平滑贯通。

根据车站规模和电缆数量，电缆槽尺寸应适当调整。全线带盖板的电缆槽设沙袋防护。

（2）电缆井、手孔设置要求

上、下行站台两端电缆槽道径路设Ⅲ型电缆井，站台贯通电缆槽与信号楼电缆间电缆引入口贯通连接，设Ⅲ型电缆井1处。过轨管位置在最外侧路肩上设Ⅰ型电缆井、股道间处设电缆井（或手孔）［规格：600 mm（宽）×860 mm（长）×900 mm（深）］沟通两侧干线电缆槽，深度不小于过轨钢管底部埋深。

强、弱电电缆同井通过时，应进行物理隔离防护。

（3）过轨要求

根据信号系统电缆径路设计提出过轨预埋要求，一般应包括：

① 在站台中心预埋过轨热浸塑钢管 Φ100 mm×4；

② 在进站信号机和出站信号机处分别预埋过轨热浸塑钢管 Φ100 mm×6；

③ 在出站信号机有源应答器组处分别预埋过轨热浸塑钢管 Φ100 mm×2；

④ 站台端部Ⅲ型电缆井处过轨2处，每处预埋过轨热浸塑钢管 Φ100 mm×10；

⑤ 在上、下行咽喉区根据需要预埋热浸塑钢管 Φ100 mm×2若干处；设置道岔融雪装置时每道岔应另预埋热浸塑钢管 Φ100 mm×2；

⑥ 过轨钢管尺寸及规格：热浸塑（或热镀锌）钢管，内径为 Φ100 mm（壁厚不小于 4.0 mm），刚管内预穿 Φ4.0 mm 铁丝2根、两端各预留1 m。并用土工布或配套塑料盖封端。过轨管两端应与路基两侧信号电缆槽相通。

⑦ 过轨钢管弯曲半径不小于 0.8 m（或弯曲角度不小于120°），埋深位于基床表层顶面以下 0.7 m，过轨钢管沿线路方向并行排列。

⑧ 站前工程设计时需考虑过轨管保护措施（例如：水泥包封等措施），保证过轨钢管在施工后不断裂、不变形、不堵塞。

⑨ 强、弱电过轨钢管间应保证一定间距（不小于60 cm）。

9.4.4 信号设备用房综合防护及接地要求（XH-29）

1. 接口名称

信号设备用房接地要求。

2. 接口内容

①信号设备用房（计算机房、继电器室、电源室、防雷分线室）电磁兼容、防雷及接地应满足设计、验标等文件的规定。

②金属房门、铝合金隔断、防护隔栅等金属物均应做电气连接。

③信号用房的防雷应考虑天网、地网及引下的设计，设备用房还应进行屏蔽设计，其要求如下：

Ⅰ．信号房屋结构应采用钢筋混凝土框架，在外墙混凝土内用不小于 Φ12 mm 的钢筋焊成不大于 3 m×3 m 的同格竖向主筋，上部应与避雷带焊接、下部应与基础接地网焊接、露出端体部分应做防腐处理。

Ⅱ．信号设备用房根据相关验标要求，室内法拉第笼屏蔽还应满足：

ⅰ．室内法拉第笼屏蔽层应采用镀锌铁板型电磁屏蔽材料，板材厚度不应小于 0.6 mm，镀层厚度 20 ~ 60 μm。

ⅱ．门窗屏蔽材料应采用截面不小于 9 mm^2、网孔小于 80 mm×80 mm 的铝合金网。

ⅲ．防静电地板在地面用铜箔带敷设成与防静电地板方格相同的网格时，铜箔带材料应采用 0.2 mm（厚）×20 mm（长）。

Ⅲ．采用综合楼或与其他专业设备同一栋房屋时，应结合其他专业的雷电、电磁兼容等防护要求统筹考虑（尤其是地网和室外环形接地体），要求通信机房接地与信号设备室（含机房）接地分别与基础地网相连（不应直接连接），但总体设计不应低于信号设备综合防护的要求。

（4）设备用房内要求设置接地网的汇接端子排，接地电阻 ≤ 1 Ω。

具体设置：在电缆引入室（1 个）、防雷分线室（2 个）、电源室（1 个）、信号机械室（1 个）及机房（1 个）设置等电位汇集板（30×3 mm 紫铜条，高度距离静电地板（砖）0.15 ~ 0.25 m，每个接地汇集线用 2 根截面积 50 mm^2 的绝缘电缆或多股铜缆（下称接地汇集线）绑扎后就近连接至地网的水平接地体（等电位汇聚板侧采用冷压线环单点栓接；水平接地体处采用单点焊接，其接长度不小于 100 mm），接地汇集线与主筋（引下线）、避雷带引下线在地网的水平接地体的焊接间距应不小于 5 m。

（5）基础环形地网应与贯通地线连接。

3. 设计分工界面

信号专业向房建（结构）专业提出信号楼（室）内信号设备房屋设置、信号设备布置情况以及预留法拉第笼、接地汇集箱 / 端子、接地汇集线与环形地网的连接要求等。

房建（结构）专业根据信号专业基础资料和要求，进行法拉第笼及法拉第笼与环形地网的连接、预留接地汇集箱 / 端子、接地汇集线及与环形地网的连接等设计。

4. 设备房屋内法拉第笼屏蔽层的施工控制

室内法拉第笼：需在信号机械室、计算机房、信号电源室、通信机械室设置室内法拉第笼屏蔽。由符合防雷专业资质要求的公司进行施工。

（1）施工流程

施工准备→墙内预留膨胀螺栓→焊接固定主钢筋笼→焊接固定拉筋网格→与综合地网连接→抹灰覆盖→接地电阻测试

（2）接口施工要求

① 信号机械室、计算机房、信号电源室、通信机械室、屏蔽室由六面体（四面墙体＋屋顶＋地面）构成全屏蔽空间，墙体四周及顶面屏蔽材料采用镀锌圆钢，圆钢直径不小于 8 mm，采用焊接方式构成不大于 60 mm×60 mm 的网格。

② 机房法拉第屏蔽笼由房间 6 面金属蔽层构成，互相可靠连接形成一个整体，然后用 $2×25$ mm² BVR 铜电缆与机房法拉第笼接地汇集线栓接，最后用 $2×25$ mm² BVR 铜电缆把机房法拉第笼接地汇集线与地网连接。

③ 静电地板下地面用 0.2 mm×20 mm 铜箔带焊成 600 mm×600 mm 网格，网格不少于 4 处与墙面屏蔽层连接成整体的法拉第笼。地面网格不少于 4 处与防静电地板支架连接。金属屏蔽层与地面网格连接采用 10 mm² 铜编织带，一端压铜线鼻与屏蔽层栓接，一端与网格焊接。静电地砖下使用 8 mm 圆钢铺设为 600 mm×600 mm 地面钢筋网格屏蔽，交叉处进行点焊。

④ 机房的玻璃隔断、门窗用 9 mm×80 mm×80 mm 铝合金网屏蔽。机房内的金属门框、金属门（非金属门的屏蔽层）、金属隔断、隔断玻璃屏蔽网、内窗屏蔽网就近与屏蔽层连接，连接用不小于 10 mm² BVR 铜电缆或铜编织带。金属隔断、隔断玻璃屏蔽网不少于 2 处与屏蔽层连接。

⑤ 法拉第笼采金属接地排用 $2×25$ mm² 的 BVR 铜线与综合地网使用铜铁转换器单点冗余连接，并与室内屏蔽层连接。信号机械室及机房内要求设置接地网的汇接端子排，电缆引入室要求预留接地端子排，接地电阻小于 1 Ω。

（3）施工注意事项

① 房建施工单位需在信号机械室、计算机室内防静电地板下方和天花板上方，从立柱或横梁引出与主筋焊接的热镀锌扁钢接地端子，每间房各不少于 4 处。该端子与柱内和基础连接的通长主筋焊接，用 40×4 的热镀锌扁钢，露出长度不小 100 mm，供法拉第笼连接。

② 房建单位待墙面、天花板屏蔽完工后进行抹灰作业，抹灰厚度应完全遮

盖钢筋屏蔽笼。

③铜箔网的安装时间，应与相邻工序做好协调配合，防止后续工序损坏。

④屏蔽层施工应注意墙面开关、插座等位置留孔，不影响其使用与外观。

⑤静电屏蔽及室内接地预埋未尽事宜参照通号〔2019〕9201 要求实施。

9.5 信号对暖通专业的接口要求

9.5.1 机房工作环境要求（XH-30）

1. 接口名称

信号设备用房工作环境。

2. 接口内容

信号设备用房设置专用空调设施的要求。

（1）车站包括线路所、动车段（所）、中继站信号设备用房、RBC 中心机房、集中监测中心机房、CCS 机房、CTC 中心机房等均需要装设独立可控的工业级机房专用空调（不得采用上挂式空调），并保证 24h 不间断工作。

（2）信号设备用房长期工作条件需要保证：温度 15 ~ 28 ℃，相对湿度 35% ~ 75%；温度变化率 < 10℃/h；尘埃浓度 < 18000 粒/dm3，尘埃粒度 < 0.5μm。

3. 分工界面

信号专业向暖通专业提供信号设备用房长期工作环境，包括温度、相对湿度、温度变化率、尘埃浓度，尘埃粒度大小等要求。暖通专业根据信号专业要求设置空调、通风等设施，满足信号专业要求。

9.5.2 机房消防设置要求（XH-31）

1. 接口名称

信号设备用房消防。

2. 接口内容

信号生产房屋要求设灭火设备。信号电源室、继电器室、机房、防雷分线室内应设置无管网气体灭火装置，并与电力专业设计的火灾自动报警系统联动。

信号用房内不得有暖气管道经过、不得有消防栓出口。

3. 分工界面

信号专业向暖通专业提出在信号设备用房设置消防设施，并与火灾自动报警系统联动等要求。

暖通专业根据信号专业要求及设计规范设置相应的消防设施，反馈设计确认资料。

9.6 信号与机械、车辆专业接口

1. 接口名称

综合维修车间（工区）信号机构、用房、定员、动车段（所）电缆槽设置。

2. 接口内容

（1）信号专业提出综合维修车间（工区）信号机构、用房面积、定员、电源电量等要求，并提交给机械专业汇总设计。

（2）信号专业提出动车段（所）信号机构、用房面积、定员、电源电量等要求，并提交给动车专业汇总设计。

（3）信号专业根据动车段（所）站场平面提出电缆槽、电缆井（或手孔）、过轨管预留要求，并提交动车专业汇总设计。

3. 分工界面

根据维修体制，向机械专业提供信号专业在综合维修车间（工区）维修机构组成、生产用房面积、维修定员要求；向车辆专业提维修机构组成、生产用房面积、维修定员要求，向车辆专业提动车段（所）电缆槽设置、电缆槽尺寸以及过轨防护管设置等要求。

机械专业、车辆专业向信号专业反馈相关设计资料。

第 10 章　电力工程接口

10.1 电力与通信接口

10.1.1 电力远动通道（DL/TX-1）

1. 接口名称

电力远动通道及接口要求。

2. 接口内容

（1）通道要求

电力控制站（铁路局调度所供电调度系统或供电段电力远动系统）与电力被控站（电力变配电所内的电力综合自动化系统、10/0.4 kV 箱变内的 RTU，10/0.4 kV 室内低压变电所内的 RTU）之间的电力远动通道采用两条互为备用的通信通道，通道带宽为 2 Mbit / s。

注：高铁铁路电力控制站与供电调度系统合设（SCADA）于铁路局调度所，350 km/h 客货共线铁路电力控制站可单独设置于供电段。

（2）接口要求

电力专业与通信专业在铁路局调度所、供电段（所）、被控站处接口要求如下：

① 铁路局调度所供电调度系统：通信数据网的接入路由器与供电调度系统的路由设备（三层交换机）分别通过 2 个 GE（o）接口互连，并启用 LACP（链路聚合协议）。

② 供电段电力远动系统：通信传输设备的两块以太网板分别与供电段电力远动系统的路由设备（三层交换机）通过两个 FE（e）接口互连。

③ 被控站：被控站远动通道主、备接口分别与传输设备两块以太网板上的以太网接口连接。当被控站电力调度系统设备与传输设备之间为室内布线且布线距离小于 100 m 时，采用 FE（e）接口连接。

当被控站电力调度系统设备与传输设备之间为室外布线或室内布线距离大于

100 m 时，采用工作在 1310 nm 窗口的单模光纤以 FE（o）接口连接。当传输设备支持光口直连时，传输设备直接通过 FE（o）与被控站设备互连。

3. 分工界面

（1）设计分工界面

电力专业将被控站的设置位置提供给通信专业。

当采用光接口连接时，分工界面位于控制站或被控站的光纤终端盒，光纤终端盒至通信设备的光缆或尾纤以及光纤终端盒由通信专业负责，电力专业预留安装位置，光纤终端盒至电力调度系统设备的跳纤、尾纤由电力专业负责，光纤终端盒内的光纤接头为 FC。

当采用 FE（e）互联时，分工界面位于通信机房 RJ45 配线架出线端，RJ45 配线架及其至通信设备的配线由通信专业负责，RJ45 配线架出线端至电力调度系统设备的配线由电力专业负责。

（2）施工分工界面

① 电力远动通道 FE 电接口施工界面：通信专业与电力专业施工界面在通信机房 RJ45 配线架出线侧。通信专业负责提供 R45 配线架并做好标签说明，电力专业负责从电力机房至通信机房网线布放及设备与网线的连接。

② 电力远动通道 FE 光接口施工界面：通信专业与电力专业施工界面在光缆终端盒侧，光缆终端盒由通信专业提供并对端口做好标签说明，从终端盒到电力远动设备光口的尾纤由电力专业提供并负责连接。

4. 检查验收

①在通信基站用光功率计测试电力箱变设备发光功率，应符合通信设备接受光灵敏度范围内。

②电力专业进行设备自检测试，在设备连接正常情况下利用便携式终端调试箱变至电调中心通道。打开电源至 ON（S 为慢速测试挡，M 为手动挡）将网线插头分别插入主测试器和远程。测试端主机指示灯按顺序闪亮。

③检验使用的仪表：光功率计。

④检查验收的测试方法：使用仪表测量。

10.1.2 电力远动维护通道（DL/TX-2）

1. 接口名称

电力远动维护通道及接口要求。

2. 接口内容

（1）通道要求

铁路局供电段与被控站（电力变配电所、10/0.4 kV 箱变，10/0.4 kV 室内低压变电所）之间的远动维护通道以及控制站（调度端）至供电段的专用复示通道共用一条通信通道，通道带宽为 2 Mbit/s。

（2）接口界面要求

电力专业与通信专业在供电段、被控站处接口要求如下：

① 供电段：通信数据网设备或传输设备与电力调度系统设备通过 FE 接口互连。

② 被控站：被控站维护通道与传输设备一块以太网板上的以太网接口连接。当被控站电力调度系统设备与传输设备之间为室内布线且布线距离小于 100 m 时，采用 FE（e）接口连接。

当被控站电力调度系统设与传输设备之间为室外布线或室内布线距离大 100 m 时，采用工作在 1310 nm 窗口的单模光纤以 FE（o）接口连接。当传输设备支持光口直连时，传输设备直接通过 FE（o）与被控站设备互连。

当传输设备不支持光口直连时，需增设可纳入传输系统统一网管的光电接口转换设备。

3. 分工界面

当采用光接口连接时，分工界面位于控制站或被控站的光纤终端盒，光纤终端盒至通信设备的光缆或尾纤以及光纤终端盒由通信专业负责，电力专业预留安装位置，光纤终端盒至电力调度系统设备的跳纤、尾纤由电力专业负责，光纤终端盒内的光纤接头为 FC 当采用 FE（e）互联时，分工界面位于通信机房 RJ45 配线架出线端，RJ45 配线架及其至通信设备的配线由通信专业负责，RJ45 配线架出线端至电力调度系统设备的配线由电力专业负责。

4. 检查验收

同 DL-1 中内容。

10.1.3 隧道防灾远动通道（DL/TX-3）

1. 接口名称

隧道防灾远动通道及接口要求。

2. 接口内容

（1）通道要求

监控主机（铁路局防灾救援指挥中心）与主控制器之间的隧道防灾远动通道采用两条互为备用的通信通道，通道带宽为 2 Mbit/s。

（2）可靠性要求

防灾救援设备监控系统采用通信传输系统承载的以太总线组网方案。监控主机与主控制器间的主、备远动通道，监控主机与监控终端的通道，均利用通信传输系统以太网通道；隧道内主控制器与远程站间的主、备远动通道由电力专业单独组网。

3. 接口要求

电力专业与通信专业在防灾救援指挥中心（铁路局调度所）、行车调度台和车间、主控制器处接口要求如下：

（1）防灾救援指挥中心（铁路局调度所）

通信传输设备的两块以太网板分别与防灾救援设备监控系统的服务器通过 2 个 FE 接口互连。

（2）行车调度台和车间

行车调度台监控终端利用调度所综合布线系统采用 1 个 FE 接口接入防灾救援指挥中心服务器；车间监控终端由通信系统提供通道，采用 1 个 FE 接口接入防灾救援指挥中心服务器。

（3）主控制器

由通信传输设备的两块以太网板各提供 1 个 FE（o）接口，主控制器对防灾救援指挥中心服务器的远动通道主、备接口分别与通信传输设备的两块以太网板通过 2 个 FE（o）接口互连。

4. 分工界面

电力专业将被控站的设置位置提供给通信专业。

当采用 FE（o）连接时，分工界面位于通信基站内的光纤终端盒，光纤终端盒至通信设备的跳纤、尾纤由通信专业负责，光纤终端盒至电力设备的光缆或尾纤以及光纤终端盒由电力专业负责，通信专业预留安装位置，光纤终端盒内的光纤接头为 FC。

当采用 FE（e）连接时，分工界面位于通信 RJ45 配线架出线端，RJ45 配线架及其至通信设备的配线由通信专业负责，RJ45 配线架出线端至防灾救援设备监控系统设备的配线由电力专业负责。

5. 检查验收

同 DL–1 中内容。

10.1.4 电力变、配电所视频监控设置要求（DL/TX-4）

1. 接口名称

电力变、配电所视频监控设置要求。

2. 接口内容

在各 110/10 kV、35/10 kV 变配电所、10 kV 配电所、10/0.4 kV 变电所设视频监控装置，通信专业依据相关要求进行设计。

3. 分工界面

通信专业负责电力变配电所视频监控系统的设计，变配电所内提供通信机房（通信也要要求），满足通信设备安装要求。

10.2 电力与变电接口

1. 接口名称

电力远动系统纳入 PSCADA 的要求（DL/BD-1）。

2. 接口内容

牵引供电远动系统和电力远动系统控制站合设于铁路局调度所，电力远动系统作为一个子系统纳入 PSCADA 系统。

3. 分工界面

电力专业完成相关被控站远动采集点设置及对通信专业的要求；牵引变电专业依据电力专业被控站采集信息完成控制主站（SCADA）设计。

10.3 电力与供电段接口

1. 接口名称

定员及维修工器具配置要求（DL/GDD-1）。

2. 接口内容

电力专业依据相关规定、要求将电力定员提供给供电段专业，由供电段专业统一考虑人员办公及住宿条件。

电力专业依据设计及验标规定，完成电力专业检修设备设置，并将相关设置提供给供电段专业，由供电段专业统筹设置工区、配备设备工器具。

3. 分工界面

电力专业完成电力定员及检修设备的确定，由供电段专业依据全线供电检修设置统筹完成全线供电定员及检修设备的确定。

10.4 电力对房建（结构）专业的接口要求

10.4.1 电力对房屋布置要求（DL-7）

1. 接口名称

电力房屋布置要求。

2. 接口内容

电力专业提供以下图纸和要求：

①总平面布置图、室内设备平面布置图、室外设备平面布置图、室内设备布置断面图、室外设备布置断面图。如设备负载、设备运输通道、设备与室内墙、屋面、地面间的相对距离等信息。

②电力变配电所场坪高程及排水的相关要求；建筑物室内地坪标高与室外场坪标高的相对关系；围墙及大门的相关要求；所区内道路及绿化的相关要求。

③建筑物的耐火等级。如主控制室耐火等级不低于二级等信息。

④墙、屋顶、门、地面以及窗户的相关要求。如配电装置室设防火门，并向外开启，防火门装设弹簧锁，严禁用门闩等信息。

⑤变压器事故油池的相关要求。如主体建筑物内的附设变电所的可燃油油浸变压器室，设置容量 100% 变压器油量的贮油池等信息。

3. 分工界面

（1）设计界面

电力专业向房建（结构）专业提出电力房屋相关图纸和要求，房建（结构）专业根据电力专业提供的图纸和要求根据相关规范开展设计。

（2）施工界面

土建专业负责场坪施工及电力设备安装条件如设备基础、槽钢、电缆沟槽、门窗等的施工，电力专业配合完成基础及槽钢预埋；土建专业负责房屋内配电箱安装，电力专业负责进线端电源引入。

10.4.2 房屋沟槽管洞预留、预埋要求（DL-8）

1. 接口名称

房屋沟槽管洞预留、预埋要求。

2. 接口内容

电力专业向房建（结构）专业提出电力房屋沟槽管洞预留、预埋要求，房建

（结构）专业根据电力专业提供要求在施工图中落实、确认，反馈给电力专业。

3. 分工界面

（1）设计界面

由房建（结构）专业设计。

（2）施工界面

土建专业负责电力房屋沟槽管线预留、预埋施工、室外的电缆沟，电力专业做好接口配合。

4. 检查验收

①变配电所设备及构架基础的施工偏差应符合表 10-1 要求。

表 10-1 混凝土基础允许施工偏差（mm）

项目名称		设备基础	构架基础
轴线（纵横中心位置）		±10	±10
基础面高程	独立电气设备	0 ~ 20	—
	三相联动设备	0 ~ 10	—
	构支架基础	—	0 ~ 10
外形尺寸		+200	+200

②配电屏、成套柜、控制台基础预留型钢的安装误差应符合表 10-2 要求。

表 10-2 开关柜基础型钢安装误差（mm）

检验项目		垂直度	水平度	位置误差及不平行度
允许偏差	mm/m	1	1	—
	mm/ 全长	5	5	5

③与基础或构件间的连接固定牢靠，排列整齐。

④基础表面平整、棱角完整，无跑浆、露筋等缺陷。

10.4.3 防雷接地对房建（结构）接口要求（DL-9）

1. 接口名称

防雷接地对房建（结构）接口要求。

2. 接口内容

电力专业向房建（结构）专业提出以下接口要求：

①是否利用金属屋面板作为接闪器。

②是否利用结构内筋作为引下线。

③接地测试卡子设置位置和距离要求。

④接地连接板设置位置以及接地装置埋深等预留要求。

3. 分工界面

房建（结构）专业根据电力专业的要求及相关规范开展设计。

（1）设计界面

电力变、配电所设备接地预留由房建（结构）专业设计。

（2）施工界面

房建（结构）专业负责室外防雷接地网、室内接地干线、等电位盒等防雷接地装置的安装和预埋施工，并负责设备基础槽钢、支架至接地干线的连接，电力专业负责完成电力设备金属外壳和保护至接地装置的连接。

4. 施工流程

施工准备→现场检查、测量→接人接地系统→填写施工记录。

5. 施工工艺

（1）变、配电所设备接地

① 变、配电所应设室内接地 PE 干线，室内 PE 干线沿墙敷设，过门处沿地敷设，室内 PE 干线底部沿墙敷设距地 0.3m。

② PE 干线与基础槽钢之间宜采用镀锌扁钢连接，镀锌扁钢沿地敷设，每根基础槽钢至少两处与 PE 干线连接。

③ 为方便检查接地电阻值，设备金属外壳及保护接地接入连接处宜采用线鼻子连接。

④ 室内除槽钢外电缆支架等金属器均应用等电位联接线与 PE 干线联结。

⑤ 变、配电所设备接地应按设计要求与等电位箱连接。

⑥ 室内等电位连接应可靠，熔焊、钎焊或机械紧固应导通正常。

⑦ PE 干线接地电阻值应满足设计要求。

（2）区间箱变、电抗器的接地

① 距正线 20 m 以内的区间电力设备需与综合贯通地线相连接，埋深和接地电阻应满足设计要求。

② 箱式变电站、箱式电抗器采用二根镀锌扁钢分别在箱体正面和背面对角线处预留端子接引。

③ 接地扁钢的一端通过螺栓连接在箱式变电站、箱式电抗器箱体上的两处接地端子，另一端就近与地网进行火泥熔接，镀锌扁钢沿地敷设部分采用直埋方式，埋设深度不小于 600 mm。

6.施工注意事项

①为保护自然环境，在施工中，应减少使用化学降阻剂。

②接地装置连接前应清除表面的附着物和铁锈。

7.检查验收

①接地装置水平及垂直接地体所用的材料规格、型号、质量应符合设计要求。当设计无要求时，接地体装置的导体截面应符合相关规定。

②在爆炸和火灾危险场所内除照明设备以外的其他电气设备应采用专用的接地线。爆炸危险环境内与接地干线相连的接地线应采用多股软绞线，其最小截面铜线直径应为 4 mm。易受机械损伤的部位应装设保护管。

③接地装置水平及垂直接地体敷设的位置和埋设深度应符合设计要求。当设计无规定时，接地体埋设深度距地面不应小于 0.6 m。

④电气装置的金属部分均应按设计规定可靠接地或接零。接地装置的接地电阻值必须符合设计要求。

⑤人工接地装置或利用建筑物基础钢筋的接地装置必须在地面以上按设计要求位置设置测试点。爆炸危险环境内接地或接零用的螺栓应有防松装置。

⑥防雷接地的人工接地装置接地干线埋设，经人行通道处埋设深度不应小于 1 m，且应采取均压措施或在上方铺设卵石或沥青地面。

⑦接地线与公路、铁路或管道等交叉及其他可能使接地线遭受损伤处，穿过墙壁和地坪处均应加套钢管或其他坚固的保护套管，钢套管应于接地线间焊接金属跨接线。

⑧明敷接地线及室内接地干线的支持件间距应均匀，水平直线部分应为 0.5 ~ 1.5 m，垂直部分应为 1.5 ~ 3.0 m，转弯部分距转角应为 0.3 ~ 0.5 m，跨越建筑物伸缩缝、沉降逢处应有补偿装置。明敷的引下线应平直无急弯，与支架焊接处油漆防腐，且无遗漏。

⑨电气装置的接地应以单独的接地线与接地干线相连，不得在一个接地线中串接几个需要接地的电气装置。在爆炸危险环境内的接地干线在不同方向与接地体相连，连接处不应少于两处。

⑩供连接临时接地线用的连接板的数量和位置应符合设计规定，并做标记。

⑪利用各种金属构件、管道接地时，应在连接部位焊金属跨接线。铠装电缆引入电气设备，其接地线或接零线应与内接地螺栓连接，钢带及金属外壳与外接地螺栓连接。

⑫所测得的接地电阻值必须符合设计要求。

10.5 电力对暖通专业的接口要求

1. 接口名称

变配电所内采暖、通风的要求（DL-10）。

2. 接口内容

电力专业向暖通专业提出电力设备间各电力设备的发热量、房屋的采暖、通风及防火需求，暖通专业根据电力专业提供的要求以及相关规范开展设计。

3. 分工界面

由暖通专业设计。

通风设备布置不得影响电力设备安装，通风设备平面布置与电力专业会签。

10.6 电力对地方供电公司接口要求

1. 接口名称

电力外电源与地方电源接口（DL-11）。

2. 接口内容

（1）外电源要求

向沿线一级负荷供电的 10 kV 配电所和 35 kV 及以上变电所，当一级负荷的两路电源均由本所供电时，应有两路独立电源。当电源电压为 10 kV 及以下时，其中一路宜为专盘专线，另一路亦应可靠。

（2）接口内容

外电源与地方电源接口内容主要包括：用电申报、电源接入点位置、线路规划及接引、保护整定配合、电能计量方式等方面。

3. 分工界面

外电源线路施工界面一般以电力公司变电站的馈线间隔断路器的下端口或架空出线站外隔离开关负荷侧为界，上至电源侧由电力公司实施（费用由铁路单位承担），以下至负荷侧由铁路单位实施。

外电源线路产权界面一般以供电公司变电站的馈线间隔断路器的下端口或架空出线站外隔离开关负荷侧为界，以《供用电合同》约定的界面为准，调度设备管辖范围以《调度协议》约定的界面为准。

4. 工作流程

用电报装→现场调查→路径规划→设计审查→外电线路施工→变配电所施工→保护整定计量配合→送电验收→变、配电所受电启动。

5. 工作要点

（1）用电报装申请

建设单位根据设计提供的变配电所施工图及用电负荷统计表，编制《用电报装申请报告》，并携带有关上级批准和立项文件、建设单位营业执照、组织机构代码证、税务登记证明、法人身份证及经办人身份证复印件及授权委托书、用电设备清单、地理位置图和用地区红线图复印件到供电公司办理报装业务。

（2）现场调查

外电源现场调查应包括电源接引变电站间隔、电源线路、进出电力部门变电站及铁路变配电所路径等方面，现场调查时应与外电源线路，拟采用的路径图核对。

（3）外电规划许可

取得供电方案批复后，建设单位组织设计单位到外电源施工所在地城乡规划部门办理规划审批手续，取得规划部门批准的电源路径红线图，开展施工图设计。

（4）设计审查

外电源线路施工图设计完毕后，建设单位向电力公司递交设计审查申请报告，电力公司按国家有关法规组织召开设计审查会，设计单位准备外电源设计说明书、施工图，设计院资质等文件，设计审查最终确定外电源线路运行方式、保护配合、电能计量等方案，以便于后期变配电所内设备配置。

（5）外电线路及配电所施工

施工单位的相关资质文件送外电源所在地电监会审查备案，施工单位根据施工图开展施工。

（6）保护整定计量配合

在变配电所整组试验前，供电公司向铁路设计提供变电站母线系统容量及系统阻抗、电网总单相接地电容电流，铁路设计向供电公司提供变配电所保护定值，供电公司根据新安装的变压器、地方电力线路的相关参数，对铁路设计院提供的继电保护整定值进行修正。

因电能计量方案涉及线路损耗问题，具体方案由建设单位与供电公司协商在合同协议中确定，计量方案有：

专用线路方案 A：计量点设置在国家电网变配电站的馈线间隔断路器出口，则由建设单位承担外电线路损耗，铁路变、配电所内电能计量仅作为铁路内部考核用。

专用线路方案 B：计量点设置在变、配电所的进线计量柜，外电源线路的电能损耗，根据线路长度及参数确定，在《供用电合同》中明确由建设单位承担。

公用线路方案：计量点设置在变配电所的进线计量柜，供电公司承担外电源线路的电能损耗。

（7）送电验收

施工完成后，施工单位向供电公司递交验收申请，同时提供变、配电所受电启动方案、设计保护定值、试验报告和竣工资料报送供电公司审核；验收合格后建设单位与供电公司签订《供用电合同》和《调度协议》。建设单位向供电公司报送送电申请。供电公司组织召开送电启动会议，确定启动送电时间。

（8）变、配电所受电启动

① 外电源线路带电后，检查线路带电情况，为所内设备冲击受电做好准备。

② 变配电所送电采取铁路电调或现场调度下令操作方式，由铁路电调或现场调度直接向地方电调申请要令，地方电调向铁路电调或现场调度下达启动命令，由现场指挥组按倒闸操作卡片指挥送电工作。

10.7 FAS（BAS）对通信、信息、房建、暖通和给排水专业接口要求

10.7.1 FAS（BAS）对通信专业接口要求（DL-12）

1. 接口名称

FAS（BAS）系统对通信专业的接口要求。

2. 接口内容

电力专业向通信专业提出消防控制室设置用于火灾报警的外线电话要求，以便于确认火灾后及时向消防队报警。

电力专业向通信专业提出消防电话及传输通道要求，当沿线火灾报警信息需要上传至局、段时，电力专业向通信专业提供相关上传点及采集信息，由通信专业根据数据信息及管理部门的不同纳入综合信息网。

3. 分工界面

通信专业根据电力专业需求完成设计。

10.7.2 FAS（BAS）对信息专业接口要求（DL-13）

1. 接口名称

FAS（BAS）系统对信息专业的接口要求。

2. 接口内容

当消防广播与正常广播共用时，电力专业向信息专业提出消防广播共用要求，由信息专业完成广播设置。

当消防控制室与信息专业综合监控室合设时，由电力专业提出消防控制室设置要求。

3. 分工界面

信息专业根据电力专业需求完成设计。

10.7.3 FAS（BAS）对房建、暖通、给排水专业接口要求（DL-14）

1. 接口名称

FAS（BAS）对房建、暖通、给排水接口要求。

2. 接口内容

（1）对房建专业接口要求

电力专业向房建专业提出预留设备基础及沟槽、管、洞要求，房建专业根据电力专业提供的要求以及相关规范完成预留设计。

由房建专业向电力专业提出设备运行及监控要求（电动门、电动排烟窗、扶梯、电梯），电力专业根据房建专业提供的要求以及相关规范完成 FAS（BAS）设计。

（2）对暖通专业接口要求

暖通专业向电力专业提出设备运行及监控要求，电力专业根据暖通专业提供的要求以及相关规范完成 FAS（BAS）设计。

（3）对给排水专业接口要求

给排水专业向电力专业提出设备运行及监控要求，电力专业根据暖通专业提供的要求以及相关规范完成 FAS（BAS）设计。

3. 分工界面

由房建专业完成土建预留；房建、暖通、给排水专业提供设备运行参数、信息采集点位置及形式，由电力专业完成信息采集及上传，界面设于信息采集点处。

第11章 牵引供电工程接口

11.1 牵引供电、牵引变电与相关专业接口

11.1.1 牵引供电与牵引变电专业接口（GD/BD-1）

1. 接口名称

牵引供电与牵引变电接口。

2. 接口内容

牵引供电系统资料：牵引供电方案、馈线数目和分布、牵引变压器容量（AT供电分 T / F 绕组）、牵引变电所 20 min 电流和瞬时最大负荷电流（AT供电分 T / F / N 线）、分区所 20 min 电流和瞬时最大负荷电流（AT供电分 T / F / N 线）、AT 所 20 min 电流和瞬时最大负荷电流（AT供电分 T / F / N 线）、牵引变电所进线相序、馈线相序、牵引供电分段示意图、牵引变电所供电臂及母线短路电流、并（串）联电容补偿装置、动态补偿装置的设置位置及容量等。

3. 分工界面

由牵引供电专业提供给牵引变电专业上述数据。

11.1.2 牵引供电与接触网专业接口（GD/JCW-1）

1. 接口名称

牵引供电与接触网专业接口。

2. 接口内容

牵引供电系统资料：牵引供电方案、馈线数目和分布、牵引变压器容量（AT供电分 T / F 绕组）、牵引变电所 20 min 电流和瞬时最大负荷电流（AT供电分 T / F / N 线）、分区所 20 min 电流和瞬时最大负荷电流（AT供电分 T / F / N 线）、AT 所 20 min 电流和瞬时最大负荷电流（AT供电分 T / F / N 线）、分区所进线相序、馈线相序、牵引供电分段示意图、接触网网上补偿措施等。

3. 分工界面

由牵引供电专业提供给接触网专业上述数据。

11.1.3 牵引供电与信号专业接口（GD/XH–1）

1. 接口名称

牵引供电与信号专业的接口。

2. 接口内容

供电方案、扼流变位置、干扰阶梯电流。

3. 分工界面

由牵引供电专业向信号专业提供供电方案、干扰阶梯电流。

由信号专业向接触网专业提供扼流变位置。

11.1.4　牵引供电与电网公司接口（GD–1）

1. 接口名称

牵引供电与电网公司接口。

2. 接口内容

外电基础资料：牵引变电所分布、进线相序、牵引变压器容量、年用电量、年平均功率、年最大负荷功率、瞬时最大负荷功率、整定计算所需外电资料需求、外电源的接引、信息采集系统。

3. 分工界面

由供电专业向电网公司提供牵引变电所分布、进线相序、牵引变压器容量、年用电量、年平均功率、年最大负荷功率、瞬时最大负荷功率等相关资料，以及整定计算所需外电资料需求等。

由电网公司根据供电专业的需求，提供相关资料。

供电、变电专业配合建设单位完成外电源的接引工作。

变电专业与电网公司的施工接口分界在所内进线杆塔的拉环上，电源进线至拉环包括绝缘子由电网公司负责，进线杆塔及拉环的施工由铁路牵引变电施工单位负责。此处的接口工作主要是，外电源的相序相位与变电所的相序相位须进行核对，核对完毕，在杆塔内侧需悬挂变电所的相位标识牌，在杆塔外侧需悬挂外电源的相位标识牌。

信息采集系统的施工分界一般以铁路牵引变电所进线架构处的光缆接盒为分界点。

4.工作流程

申请电网系统接入→设计与地方电网设计互提资料→接入系统设计审查→用电报装→设计图纸审查→外电源线路施工→牵引变电所施工→保护整定计量配合→信息直采系统调试→工程竣工验收→送电启动方案报审→牵引变电所受电启动→配合极性测试。

（1）申请电网系统接入

根据项目可行性研究和初步设计批复相关文件等，建设单位给供电公司公文衔接明确牵引变电所相关接入事宜，委托办理牵引变电所接入系统设计方案和电能质量评估工作。

（2）铁路设计与电网公司设计互提资料

铁路设计方应及时将牵引变电所所址位置、用电容量、电源相别、电源进线方向、电源进线架构受力要求、动车组（机车）型号及额定功率，电源进线流互、压互变比以及继电保护配合报电网公司（电力设计院）确认。

（3）接入系统设计审查

由省电力公司组织相关单位对牵引变电所接入系统设计方案和电能质量评估进行评审，并出具报告。

（4）用电报装

建设单位根据用电负荷统计表，编制《用电报装申请报告》，并携带有关上级批准和立项文件、建设单位营业执照、组织机构代码证、税务登记证明、法人身份证及经办人身份证复印件及授权委托书、用电设备清单、地理位置图和用地区红线图复印件到供电公司办理报装业务。

（5）设计图纸审查

施工图设计完毕后，建设单位向电力公司递交设计审查申请报告，电力公司组织召开设计审查会，设计单位准备设计说明书、施工图（含一次、二次），设计院资质等文件，牵引变电所运行方式、保护配合、电能计量、信息直采等方案。

（6）外电源线路施工

外电源线路施工由地方供电公司负责，铁路方确认牵引变电所门架与终端铁塔距离和角度。

（7）牵引变电所施工

施工单位的相关资质文件送外电源所在地电监会审查备案，施工单位根据施工图开展施工。

（8）保护整定计量配合

在牵引变电所整组试验前，供电公司向铁路设计提供变电站母线系统容量及系统阻抗、电网总单相接地电容电流，铁路设计向供电公司提供牵引变电所保护定值，供电公司根据新安装的变压器、地方电力线路的相关参数，对铁路设计院提供的继电保护整定值进行修正。

计量接口主要是与地方供电公司就进线计量 CT、PT 的计量回路的精度与试验、计量电缆的截面，计量盘安装位置，27.5 kV 所变计量 CT 的回路的精度与采购、计量电缆的截面，计量仪表的安装位置，计量盘面的开孔及盘面的加锁方式进行核实。

（9）信息直采系统调试

根据国铁集团与国家电网公司会议纪要相关要求，完成信息直采信息上传工作，要求牵引变电所用于信息直采通信设备与地方电业局调度端通信设备匹配。

（10）工程竣工验收

施工完成后，施工单位向供电公司递交验收申请，验收合格后建设单位与供电公司签订《供用电合同》和《调度协议》。建设单位向供电公司报送送电申请。

在《供用电合同》中明确产权分界点，一般以牵引变电所围墙外 1 m 作为产权分界点；在《调度协议》中明确调度设备管辖范围和停送电程序，以及相关职责与权力。

（11）送电启动方案报审

施工单位将批准的牵引变电所送电启动方案，报供电公司审查，供电公司组织召开送电启动会议，确定启动送电时间。

（12）牵引变电所受电启动

① 外电源线路带电冲击试验后，检查线路带电情况，为所内设备冲击受电做好准备。

② 牵引变电所送电采取铁路电调或现场调度下令操作方式，由铁路电调或现场调度直接向地方电调申请要令，地方电调向铁路电调或现场调度下达启动命令，由现场指挥组按倒闸操作卡片指挥送电工作。

（13）配合极性测试

铁路牵引变电所受电启动后，按照地方供电公司要求在有载状态下，对上级变电站不同间隔供电母线进行极性测试，主要包含母线相位、相序、互感器接线极性、计量测量、继电保护、自动化监测监控等功能的检查、试验、确认，以保证上级地方变电站正确、不间断、可靠地向铁路牵引变电所一级负荷供电，同时确保整个区域电网持续可控安全稳定地运行。

为了达到有载条件，目前普遍采用牵引变低压侧移动电容器法（简称移动电容器法）进行负荷试验。由铁路施工单位配置一台（或两台）移动箱式电容器和相应的高压电缆及连接工具，接于牵引变压器 27.5 kV 侧，产生一定的负载电流。地方上级变电站测试组人员进行测试工作，做出正误判断，若出现错误，电网中调值班员随即做出改正的系列指令举措，直至极性测试结果正确。

考虑到牵引变压器一次侧断路器的开断能力较二次侧更强，若采取将电容器直接加载到二次侧，则建议采取分合一次侧断路器实现电容器的投入与退出，以免发生断路器的重燃现象损坏绝缘等级低的设备。

5. 注意事项

（1）牵引变电所高压设备编号设置

牵引变电所的高压（进线侧至主变部分）设备编号不仅要遵循铁路供电部门的运行编号原则，还要遵循地方供电公司调度编号原则（简称双重编号）；铁路电调内部下达调度命令执行铁路编号，地方电调给铁路电调下达调度命令执行地方供电公司调度编号。

（2）高压供电设备试验

按照相关规范以及地方供电公司的要求，所内电气设备由具有相应资质的单位进行交接试验；涉及计量有关的设备，一般委托地方供电公司进行试验。

（3）信息直采系统施工

① 光电缆引入：地方供电公司敷设至所内进线架构的通信光缆一般采用 OPGW 光缆（又称光纤复合架空地线）。在制作进线架构处的光缆接头盒时，铁路施工方须与地方供电公司协商确定预留量。

② 系统调试：系统调试阶段，牵引变电所现场应指派一名总体负责人，负责协调各设备厂家、地方供电公司进行协调。

A. 通道调试：光通道调试，由光传输设备厂家在地方变电站和铁路牵引站分别指派技术人员完成接线、测试等工作。

B. 信息传输调试：设备编号点表，并由地方供电公司调度等相关部门会审确定。待地方供电公司调度完成数据库后，现场组织各设备厂家（主要为综合自动化厂家）配合地方供电公司进行互联调试。

（4）在外电源施工过程中，铁路施工方须审核外电施工方设计图纸，同时监督其施工进度、质量，避免由于地方电力的施工错误导致返工影响送电进程。

在现场施工过程中，铁路施工人员要定期对外电源施工进行检查，及早发现问题并有效解决。

（5）变电所施工方电度计量表采购及安装接线需提前与电力公司对接，并满足电力公司的要求。

6. 检查验收

①外电源进线与牵引变电所内门型架构之间线路夹角不宜过大，一般不大于 10°。

②两路牵引变电所电源进线相序必须与施工图纸一致。

检查相序：三相外电源线路逐相送电，每送一相后，在进线压互二次侧测量是否有电或者在综合自动化系统模拟屏上观察电压显示，以此判断相序引入是否符合设计要求。

检查两路电源进线相序一致性：两路电源线路均带电后，分别测量 1YH、2YH 二次侧同名端子间、同名端子和非同名端子的电压差值，如相别测量关系符合表 11-1，则证明两路电源相序一致。

表 11-1　相序测量对照表

电压值 / V	U_{a1}	U_{b1}	U_{c1}
U_{a2}	0	100	100
U_{b2}	100	0	100
U_{c2}	100	100	0

11.1.5 牵引供电与行车专业接口（GD-2）

1. 接口名称

牵引供电与行车专业接口。

2. 接口内容

牵引供电专业提供牵引供电方案，接触网专业据此结合线路条件设计分相位置并提交行车专业检算，根据检算结果，供电专业配合接触网专业进一步调整优化分相设置方案。

3. 分工界面

供电专业提供供电方案，接触网专业提供具体分相里程，行车专业检算，供电配合调整优化分相设置方案。

11.1.6 牵引变电与房建（结构）专业接口（BD-1）

1. 接口名称

牵引变电房屋及定员要求。

2. 接口内容

（1）定员

各牵引变电所、开闭所、电力调度所内定员要求。

（2）生产房屋要求

① 主控制室／二次设备室、通信机械室、灾害监测室、信息直采室房屋平面布置单线图；采暖设施类型、设备发热量及室温要求；采光及通风要求；开门种类、大小、位置、开启方向的要求；设置玻璃窗及纱窗的要求；地面要求；内墙及顶棚要求；屋内净空要求；屋内外标高要求；自动灭火要求。

② 27.5 kV 高压室及电缆夹层：27.5 kV 高压室及电缆夹层平面布置图；采光及通风要求；开门种类、大小、位置、开启方向的要求；排水要求；设备的尺寸、重量、动、静荷载等要求。

③ 电容器、电抗器室：电容器室、电抗器室平面布置图；采光及通风要求；开门种类、大小、位置、开启方向的要求；设置玻璃窗、百叶窗及纱窗的要求；内墙及地面要求；室内净空要求；室外标高要求；设备的尺寸、重量、动、静荷载等要求。

④ 调度所房屋要求：牵引供电调度所（调度室、机房）平面图；采光及环境要求；设置活动地板及地面防静电等要求；室内隔音要求；门的设置要求及开启方向；室内净空；自动灭火要求。

（3）辅助房屋

① 辅助房屋平面图。

② 除有特殊要求者外，应按所在地区等级标准执行。

（4）牵引变电所所区

① 牵引变电所总平面布置图。

② 所区围墙类型及高度。

③ 所区内道路要求及场坪标高。

④ 所区内设置事故储油池要求。

⑤ 其他室内事故排油设施要求。

⑥ 所区里室内外电缆沟布置。

⑦ 所区大小门设置。

⑧ 所区场坪及室外电缆沟自然排水等要求。

⑨ 室外设备及架构基础要求。

（5）分区所、开闭所、AT 所所区参照牵引变电所所区要求

（6）所区里各室内外设备荷载要求的技术资料

（7）相关说明及其他

3. 分工界面

牵引变电专业提出总平、房屋、定员等要求，房建（结构）、暖通专业负责实施。

11.1.7 牵引变电与暖通专业接口（BD-2）

1. 接口名称

牵引变电对暖通专业要求。

2. 接口内容

采暖要求、送排风要求、生产房屋散热量要求、室内给排水要求、夹层内排水要求、消防要求和空调要求、暖通设备用电要求。主控室采用机房专用空调。

3. 分工界面

牵引变电专业提出暖通要求，暖通专业负责实施。暖通提出设备用电要求，变电专业负责实施。

11.1.8 牵引变电与给排水专业接口（BD-3）

1. 接口名称

牵引变电对给排水专业要求。

2. 接口内容

提出有生产、生活用水的牵引变电所、开闭所的正线里程、坐标方位及工艺要求；有污水处理要求的设施，污水性质、日排污水量；牵引变电所值班方式；隧道内洞室消防要求。

3. 分工界面：

牵引变电专业提出给排水要求，暖通与给排水专业负责实施。

11.1.9 牵引变电与电力专业的接口（BD/DL-1）

1. 接口名称

牵引变电的用电要求。

2. 接口内容

各牵引变电所、分区所、开闭所、AT 所以及接触网开关控制站设置位置及需要的电压等级、回路数；提出各所用电电量、电压等级；房屋防雷要求、调度所机房 UPS 电源要求。

3. 分工界面

牵引变电专业提出用电要求，电力专业负责实施。

10 kV 电源由铁路电力专业提供的 10 kV 综合贯通线接引，变电与电力专业施工接口在牵引变电各所室外场地设置的箱式开关站馈线出口端子，箱式开关站及电源接引由电力专业负责，箱式开关站至室内 10 kV 环网柜的电缆敷设及电缆附件制作均由变电专业负责。或者接口在室内 10 kV 环网柜进线端子，一般开关柜侧的 10 kV 电缆头由变电专业随开关柜一起采购、施工。

变电专业负责牵引变电各所 1.5 km 范围内接触网开关的电源。而对于单独设置的接触网远动开关站，由电力专业提供电源，分界点在开关站屏体电源接口处。

4. 施工流程

牵引所亭内安装箱式开关站（电力）→电力贯通线电缆引入箱式开关站（电力）→箱式开关站内电缆头制作（电力）→箱式开关站至室内空气开关柜电缆敷设（电力）→室内空气开关柜内电缆头制安（变电）→电力电缆接引（电力）

5. 施工工艺

（1）10 kV 箱式开关站的位置选择

一般设置在牵引变电所内，统一进行设备布置及基础设计。

（2）室内 10 kV 空气环网柜内电缆连接

电力专业负责电缆敷设并进行预留，变电专业负责电缆头制作、耐压试验和电缆头接引等工作。

（3）牵引变电各所内电力电缆的敷设

进出所 10 kV 电缆均在所内设置的馈线电缆沟进行敷设。在房建专业进行馈线侧电缆沟施工过程时，在电缆沟内预埋箱式开关站至所用变压器之间高压电缆的 PVC 保护管。

6. 施工注意事项

〔1〕施工图纸会审

电缆型号是否一致，10 kV 空气环网柜内电缆头一般由变电专业采购，要求与电力专业敷设的电缆规格匹配。

（2）电缆接地

由于箱式开关站至 10 kV 空气环网柜电缆为三芯电缆（两端直接接地），两端电缆头分别由电力、变电专业实施，要求两个专业做好各自电缆头侧的电缆接地。

（3）10 kV 电源引入

在牵引变电各所内交直流系统安装调试完成后，变电专业根据所内施工情况可向电力专业提出带电申请。在施工或者正式运营期间，综合贯通线的停送电时间、范围须及时告知所内值班人员。

7. 检查验收

按照《高速铁路电力牵引供电工程施工质量验收标准》的要求进行检查验收。

11.1.10 调度设置地点（BD–4）

1. 接口名称

调度设置地点。

2. 接口内容

本线调度区划、调度方式、调度系统设置地点、供电调度台相关显示终端要求。

3. 分工界面

牵引变电专业提出调度设置地点要求，供电段、电力、信号、信息、通信等专业负责实施。

4. 施工流程

设计现场调查→施工图纸设计→施工图纸审核→现场施工调查→与调度所接洽→设备采购→设备安调。

5. 施工工艺

接入既有调度所牵引供电远动系统时，应采用与既有系统设备统一，调度台显示器外形尺寸应与既有调度大厅调度台统一。新建系统机房环境应满足相关电子信息机房规范要求。

6. 施工注意事项

在进行设备采购时，要保证新采购设备与主站系统的兼容性，确保通信传输、储存功能正常。

按照设计院调度所系统组网图，检查调度所内是否与设计图纸相符，接入设备的配置及技术参数要满足接入要求。

进行复示终端安装前，应仔细审核图纸并积极与运营站段（供电段）沟通，根据供电调度值班场所安排，确定复示终端具体安装位置。

11.1.11 牵引变电设施用地要求（BD-5）

1. 接口名称

牵引变电设施用地要求。

2. 接口内容

（1）各所在线路里程的位置（包括边墙距正线中心里程距离）

（2）各所场坪标高要求

所区标高在 100 年（变电所）或 50 年（分区所、开闭所及 AT 所）一遇高水位之上或在该所址的最高内滞水位之上 0.5 m；当所址标高不能满足上述要求时，所区应有可靠的防洪措施。

防洪设施标高应高于上述高水位标高 0.5 m。建议考虑所内电缆沟底部不低于所外自然场坪标高。电缆沟与室外排水沟相连处设防小动物爬行装置。

（3）各所所区占地面积

牵引变所提供资料描述的占地面积为本专业需要的净面积，另外还需要房建及排水专业考虑填方后的边坡占地及排水占地等。

（4）各所设备运输方式

牵引变电所设铁路专用线方式：所区内专用线要求及位置。所区内专用线轨顶标高要求。

（5）各所区外设道路接引方式

各所设接引道路宽度、位置、转弯半径及载重量的要求；各所设接引道路的等级及技术标准等要求。

（6）各所区围墙外设排水设施。

3. 分工界面

牵引变电专业提出通所道路、场外排水等要求，线路或站场专业负责实施。

4. 施工流程

（1）室外场坪

设计图纸审核→测量与放样→房建专业场坪施工→房建向变电场坪交接→设

备安装完成后场坪恢复→房建专业所内道路施工→场地平整施工→场地硬化卵石填筑。

（2）进所道路

设计图纸审核→现场测量放线→道路施工→道路养护→变电设备运输。

5. 施工注意事项

（1）施工交桩

在施工过程中，对于房屋或围墙四角坐标及场坪的基准 ±0 点，接入铁路测量坐标及高程体系，由房建专业确定后交桩给变电专业，双方应有交接桩记录，在变电所双方共同认可的部位，做永久基准点直到变电所验收完毕。

（2）场坪交接

变电所的场坪存在两次交接。第一次，由房建专业在场坪夯实、换填、平整等处理之后，由房建专业交付给变电专业，变电专业可以进场进行设备基础浇筑；第二次，当变电设备基础、接地网等完成之后，变电专业将场坪夯实之后，交付给房建专业，由房建专业完成所内道路、整体场坪处理的工作。

（3）进所道路

①进所道路的设计应满足变电所主变等大件设备的运输以及故障时抢修、维护要求，合理设置回车道、缓和坡段。

②所址应尽可能选择在已有或规划的铁路、公路等交通线附近，便于今后运营维护。

6. 检查验收

（1）场坪检查验收

①场地承载力满足设计要求；

②场坪排水坡度满足设计要求；

③变电所的场地设计坡度满足设计要求。

（2）进所道路检查验收

① 施工设计阶段牵引变电所通所道路应有详细设计，合理规划线路，宜接入地方公路。

② 牵引变电所通所道路宽度不小于 4.5 m，路肩宽度每边均为 0.5 m。通所道路两边根据需要设置排水沟。

③ 牵引变电所通所道路最大限制纵坡应能满足牵引变压器的运输车辆的爬坡要求，一般为 6%。

11.1.12 牵引变电与隧道专业接口（BD-6）

1. 接口名称

牵引变电对隧道专业要求。

2. 接口内容

牵引变电设施隧道内布点位置、隧道内洞室及设备布置平面图、电缆沟要求、装修要求、门、开孔、排水、消防、通风等配套要求。

3. 分工界面

牵引变电专业提出隧道内洞室相关要求，隧道、建筑、暖通、给排水专业负责实施。

11.1.13 变电对钻探要求（BD-7）

1. 接口名称

牵引变电对地质钻探专业要求。

2. 接口内容

牵引变电设施布点位置、土壤电阻率测试、室外大型设备荷载及位置等钻探要求。

3. 分工界面

牵引变电专业提出钻探等要求，物探和地质专业负责实施。

11.1.14 牵引变电与通信专业接口（BD/TX-1）

1. 接口名称

牵引变电对通信专业要求。

2. 接口内容

（1）电话要求

提供设置直通、自动、地方电话台数及安装位置。

（2）通信通道要求

提供调度所调度区划及调度方式，提出远动装置通信通道回路数目及组网示意图，内容包括：通信接口类型、带宽、信息点位置；对远动通道的其他要求；复示要求。

（3）视频等其他要求

视频要求；信息直采相关要求。

3. 分工界面

牵引变电专业提出通信要求，通信专业负责实施。分工界面在通信机械室传输设备出口端，变电专业负责缆线敷设。

4. 施工流程

（1）通信机房电源接引

图纸会审→配电箱预留检查→配电箱安装→电缆接引→电缆标识→绝缘测试→通电测试。

（2）通信通道

通信线缆敷设→通信线缆连接检查→通信线缆测试→SCADA 通道测试。

5. 施工工艺

（1）通信设备电源接引

① 图纸会审：审核电源接引位置、配电箱是否设置双电源切换、上下级空气开关的选型配置是否匹配、设计图纸接口设计等内容。须确认通信配电箱内空气开关的选型与上级交流屏回路开关、下级通信电源屏内电源开关配套。

② 通电测试：变电专业和通信专业技术人员需同时到场，并准备图纸、万能电表、备用电缆等工具、资料。

配电箱受电：变电专业闭合交流屏回路断路器，用万用表检查断路器出口、配电箱开关进线端电压是否正常。

通信设备受电：由通信专业依次向通信设备送电。完成后通信专业检查两路交流输入自动切换功能，上电检查交流输入电压是否在＋7% ~ ＋10% 范围内，检查配电柜面板的指示是否正确，核对读数的准确性。

（2）牵引变电各所 SCADA 系统通信通道

① 通信线缆连接：根据设计图纸，变电专业与通信专业现场确定通信线缆敷设路径，明确线缆敷设的起点（综合自动化系统网络交换机）、终点（通信机械室相应 FE 口）。当线缆接入设备 ODF、DDF 等应留有一定的余量，且预留长度应统一。敷设好的线缆两端应粘贴标签。

② SCADA 通信通道测试：通道调试具备的条件：全线 SCADA 通信光通道已拉通；从调度端的主机房至调度通信机械室的网线敷设并联通；网络节点 IP 地址及被控制站信息点表应按照设计要求进行分配；被控端牵引所亭通信机械室至各所亭综合自动化系统、网开关控制站的传输通道连通。

6. 施工注意事项

①尽早为通信专业提供两路电源，保证通信专业完成设备调试后提供远动通

道、电调电话等后续工作。

②SCADA 系统通信通道测试以及电力远动调试期间，应尽量避免以下事项：

Ⅰ.光缆被毁坏，出现断裂；

Ⅱ.光纤熔接质量不高，导致光纤的衰耗指标不稳定，影响光纤的正常运行；

Ⅲ.光纤活接头或光纤尾纤连接器积灰造成通道衰耗增加，进而造成传输数据丢包严重或者直接导致通道阻断；

Ⅳ.出现 2 M 屏蔽双绞线的水晶头压接质量不高，接触不良，造成通道运行不稳定；

Ⅴ.尾纤连接质量不高，接触不良，造成保护不稳定；

Ⅵ.网络交换机配置错误；

Ⅶ.IP 分配错误，出现冲突；

Ⅷ.光纤接口收发位置不对应，可通过收发等显示是否正常判断；

Ⅸ.通信板件损坏。

7. 检查验收

①在被控端连接正常情况下利用便携式终端调试被控端至电调中心通道。打开电源至 ON（S 为慢速测试挡，M 为手动挡）将网线插头分别插入主测试器和远程。测试端主机指示灯按顺序闪亮。

②检验使用的仪表：OTDR、光功率计。

③检查验收的测试方法：使用仪表测量。

11.1.15 牵引变电沟、管、槽、洞及预埋件接口（BD-8）

1. 接口名称

牵引变电室内沟、管、槽、洞及预埋件预留要求。

2. 接口内容

各室内沟、管、槽、洞平面布置图，各室内、外预埋件位置（墙上、地面）平面布置图及其要求，各室内外电缆沟及沟内预埋件位置布置图。

3. 分工界面

牵引变电专业提出沟槽管洞要求，建筑、桥梁、站场等专业负责实施。

4. 施工流程

施工准备（施工图核对）→房建施工 – 变电接口检查→电缆敷设→电缆沟盖

板安装。

5. 施工工艺

（1）所内电缆沟

① 施工准备：

变电专业的变电所平面布置图与房建专业的施工图纸，双方应互审、核对，主要内容有：房屋的位置及整体布置是否一致，电缆沟的位置、宽度，电缆沟进出房屋的位置是否满足变电专业的需要等，应确保双方图纸吻合。

② 电缆支架固定件预埋：

电缆沟内电缆支架由变电专业与房建专业配合安装。电缆支架在电缆沟内的安装方式主要有两种，可根据不同安装方式进行安装。

电缆沟为钢筋混凝土结构上安装电缆支架，可由变电专业使用膨胀螺栓固定支架。

当使用预埋件或预制混凝土砌块时，与房建工程配合施工预埋，用焊接固定支架。

（2）室内沟槽管洞预留

① 基础孔洞预留：开工前，变电专业技术人员对房建结构设计图与下道工序相关的设备安装等图纸进行对照审核，对各类图纸中反映的预埋件、预留孔洞进行详细对接，确定预埋件、预留孔洞的位置、规格、数量等无误。

② 基础槽钢预埋：预埋槽钢要用经纬仪及钢卷尺对基础进行核对尺寸，检查基础槽钢长度、宽度、标高及相对位置是否符合设计要求，以及检查基础槽钢的直线度、水平度及平行度是否符合设备安装允许偏差，满足要求后方能进行设备安装。

6. 施工注意事项

（1）所内电缆沟

① 电缆沟测量放样时应与变电专业沟通端子箱的位置，变电专业提供端子箱底部安装尺寸图，便于房建专业在电缆沟施工时统筹考虑。

② 房建专业进行电缆沟开挖时，应与变电专业确定地网、接地线等地埋件，避免交叉施工带来的影响。

（2）室内设备基础

① 模板拆除时禁止使用撬棍沿孔边缘硬撬，对接地体或易破坏的预埋件、预留孔洞应采取保护措施，防止被损坏。

② 当设计的结构层中预埋有预埋件时，基础槽钢安装前须要全面复测预埋

件的高度，确保能符合设备安装的要求；当发现预埋件标高超出设计标高时，必须要求房建单位进行处理，最终确保基础槽钢的顶面与室内地面的高度差符合设计图纸的要求。

③ 预留房屋墙体孔洞，施工过程中需注意以下问题：

穿墙板漏埋；

高压室穿墙板内预留孔数量不足，电缆无法全部由室外进入高压室；

高压室、控制室穿墙板设置高程高于室外电缆沟高程，不符合设计要求，造成电缆弯曲半径不足，无法从室外电缆沟进入穿墙板。

高压室穿墙板内电缆防护管管径、材质不满足设计要求。27.5kV 电缆为单芯电缆，电缆防护管应为非导磁材质。

7. 检查验收

（1）室外电缆沟检查验收

① 电缆沟的位置、宽度，电缆沟进出房屋的位置是否满足变电专业的需要。

② 电缆支架全长均有良好的接地，接地线应在电缆敷设前与支架进行可靠焊接。

③ 电缆沟盖板应沿沟纵向从一端向另一端安装，余下最后一块或转角处的空隙在现场量取实际尺寸，加工成异型盖板，不能缺少或不盖盖板。

（2）室内设备基础检查

① 室内高压设备基础槽钢、综合自动化盘柜基础安装误差及不平行度应满足要求。

② 屏、柜等基础预埋槽钢的顶部要高出抹平的地面 10 mm。

③基础预埋槽钢应涂有防锈漆，防止锈蚀。

11.1.16 牵引变电与接触网专业的供电线接口（BD/JCW–1）

1. 接口名称

牵引变电与接触网供电线接口。

2. 接口内容

供电线的接引。

3. 分工界面

牵引变电所架空出线：以牵引所亭围墙分界，围墙外供电线及设备由接触网专业负责。电缆转架空门架，放入所亭围墙内。

牵引变电所电缆出线：以所内 GIS 开关柜电缆插拔头为界，电缆头由变电专业负责，电缆头以下引出至接触网由接触网专业负责。

4. 施工流程

变电与接触网图纸会审。

接触网专业：施工准备→供电线电缆敷设→悬挂临时电缆标牌→正式电缆标牌悬挂。

变电专业：接触网专业供电线电缆敷设→变电专业 GIS 柜内电缆头制作→电缆耐压试验→电缆头安装→接触网专业正式电缆标牌悬挂。

5. 施工工艺

（1）变电与接触网图纸会审

变电专业与接触网专业施工人员均相应准备好 27.5 kV 高压室柜排列图纸、供电线平面布置图并进行会审，图纸审核过程中，要注意审核供电线馈线相序、电缆的排列有无出现交叉、电缆头接地方式等问题。

（2）供电线电缆敷设

在接触网专业进行出所 27.5 kV 电力电缆敷设时，变电专业和接触网专业现场技术人员应提前到现场规划电缆敷设路径。

（3）悬挂临时电缆标牌

每根电缆敷设后，都要及时、正确悬挂临时电缆标牌，防止变电专业、接触网专业同根电缆识别不一致，导致电缆头安装错误。

（4）电缆头的制作与接引

根据各项目电缆头施工任务的划分，主要由变电专业负责，或采取 GIS 柜端由变电专业负责，转换杆处由接触网专业负责方式。

电缆头进行接引时，根据本电缆的属性按照要求接引至相应的高压开关柜内，转换杆处的电缆头与转换铜排连接时，同时要现场确认线路方向、行别与临时电缆标识一致方可固定。

6. 施工注意事项

施工过程中，经常出现接触网供电线 T 线和 F 线接反、上行和下行接反、所亭内馈线柜排列不正确、馈线开关编号错误等状况，并且在向接触网送电前，未对供电线电缆进行导通试验，导致问题未被发现。为杜绝此现象的发生，应注意以下几方面问题：

①在设计阶段，由接触网专业提供馈线排列顺序资料，变电专业确定最终出线顺序，并与接触网专业会签。

②施工阶段，施工单位的变电专业与接触网专业须进行图纸审核并进行专业

对接，确认馈线回路双方向及上下行回路一致。

③供电线电缆敷设完成后，及时在电缆两端设置临时标签，标签上需表明方向、行别、电缆标号，如××（小里程）方向上行T1。电缆头制作完成后，制作正式电缆标识并及时准确悬挂于电缆两端。

④现场实物核对，对变电所和接触网连接完毕的馈线回路的连接情况进行核对，确保双方向及上下行不串接、不错接，特别是电缆形式的馈线回路，在变电所开关柜下方的左右两侧，电缆连接须正确无误。

⑤送电前，接触网进行导通试验时，可以与变电专业合作对所内供电线纳入导通试验，以确认供电线接续无误。

⑥送电时，T、F线分开送电，在供电臂末端进行验电，同样可以检查是否有接续错误。

11.2 接触网与相关专业接□

11.2.1 接触网与房建（结构）专业接口

11.2.1.1 接触网同路基段基础结构设计要求（JCW-1）（略）

11.2.1.2 接触网与雨棚柱、站房柱合架要求（JCW-2）

1. 接口名称

雨棚柱、站房柱接触网合架。

2. 接口内容

接触网与雨棚柱、站房柱合架所需要的预留（埋）件。

3. 分工界面

接触网专业向房建（结构）专业提供接触网与雨棚柱、站房柱合架的形式、结构尺寸及结合部受力参数。

房建（结构）专业根据接触网形式和受力参数设计接触网合架用预埋件或连接件。

4. 施工流程

专业间施工图核对→预埋件检查→预埋施工→测量检查。

5. 施工工艺

车站雨棚柱预留接触网连接件的接口主要体现在连接件预埋完毕后，不仅满足接触网线索下锚件、支撑装置连接件安装的基本要求，还须保证接触网线索下锚件、支撑装置连接件安装完毕后各项参数满足相关规范要求，如标高要求、位置要求、与周围建筑物距离要求等。

（1）专业间施工图核对

在预埋件施工前，应首先核对雨棚柱预埋施工图纸，同时也应与雨棚柱接触网布置施工图进行核对，核对无误后进行下一步施工。

（2）预埋件检查

预埋件材质、型号、镀锌情况应满足设计要求，同时也应与接触网连接件进行试连接，核实匹配性。

（3）预埋施工

站房雨棚施工单位控制。

（4）测量检查

站房雨棚施工单位与接触网施工单位共同进行，检查预埋件位置、标高、预留质量（或焊接质量）应满足设计要求。

6. 施工注意事项

雨棚柱预留或预埋接触网连接件时，比较容易发生的问题：一是易出现漏埋现象。二是易预埋方向性错误，如应该在预埋雨棚柱的大里程方向，结果预埋在支柱的小里程方向。

对于漏埋现象，应在预埋施工前与站房施工单位对接图纸，确保接触网预埋件的预埋位置及数量能够满足接触网安装需要，并且在预埋施工期间，接触网施工单位应予以盯控，避免漏埋现象的发生。

对于预埋方向性错误问题，应在预埋施工前，接触网施工单位针对易出现预埋方向的点（如中锚、附加线及接触网下锚点）予以特殊交底，并且在预埋施工过程中予以重点盯控，确保预埋位置正确。

7. 检查验收

预埋件施工完毕后，可参照接触网预留图纸对预埋件的预埋位置及质量进行验收，主要验收其预埋件型号、预埋件位置、标高以及预埋件的方向性、预埋件的焊接质量等要素，是否满足设计图纸要求，如不满足，及时通知雨棚柱施工单位整改。

11.2.1.3 天桥等跨线建筑物净空要求（JCW-3）

1. 接口名称

跨线建筑物净空。

2. 接口内容

依据建筑限界和接触网设计方案进行设计净空高度设计。净空高度应满足接触网最小结构高度要求以及正馈线、保护线、架空地线通过时的绝缘距离要求。

3. 分工界面

接触网专业向房建（结构）专业提供天桥等跨线建筑净空高度要求。

房建（结构）专业根据接触网专业要求在天桥、高架站房设计时考虑轨面以上净空高度。

11.2.1.4 动车所（段）内各库房上接触网合架要求（JCW-4）

1. 接口名称

动车所（段）库房接触网合架。

2. 接口内容

接触网与库房合架的预埋（留）件。

3. 分工界面

接触网专业向房建（结构）专业提供接触网与库房合架的形式及结合部受力参数。

房建（结构）专业根据接触网形式和受力参数设计接触网合架用预埋件或连接件。

4. 检查验收

参照接触网雨棚柱、站房柱合架要求（DH3-3）内容。

11.2.1.5 特殊接触网支柱、硬横跨设计要求（JCW-5）

1. 接口名称

特殊接触网支柱或硬横跨。

2. 接口内容

特殊接触网支柱或硬横跨结构设计。

通用参考图适用范围内的接触网支柱和硬横跨由接触网专业直接选用，外部条件超出通用参考图适用范围的由房建（结构）专业进行详细设计。

3. 分工界面

接触网专业向房建（结构）专业提供接触网支柱或硬横跨上悬挂的接触网及附加导线的受力参数。

房建（结构）专业根据接触网专业提供的支柱或硬横跨外部受力参数设计接触网支柱或硬横跨结构。

11.2.2 接触网与电力、牵引变电专业接口

1. 接口名称

接触网隔离开关电源（JCW/DL-1）。

2. 接口内容

接触网开关操作电源设计及远动控制。

3. 分工界面

接触网专业向电力和变电专业提供接触网隔离开关具体位置及隔离开关用电负荷，向变电专业提供隔离开关远动要求。

电力和变电专业根据接触网专业提供的隔离开关位置及负荷进行电源线设计，变电专业须要将远动的隔离开关纳入远动系统。

4. 施工工艺

（1）网开关电源接引及远动控制的接口

牵引所亭附近接触网开关位置及电源要求由接触网专业设计提供，变电专业设计负责设置远动控制设备、光纤及牵引所附近接触网开关的电源电缆。施工接口一般设置在接触网开关机构箱端子排处，现场由接触网专业施工单位负责机构箱安装，变电专业负责机构箱的电源接引及远动控制线的连接。

（2）网开关机构箱及控制箱的安装

网开关机构箱由接触网专业安装，网开关控制箱由变电专业安装，安装时两个箱体一般在同一根接触网支柱上安装，安装时均顺线路方向安装，隔离开关机构箱与控制箱采用背靠背抱箍的形式固定，尽量采取控制箱与机构箱共用同一抱箍。

（3）接触网隔离开关的电动及远动调试

接触网隔离开关的操作电源以及远动控制电缆敷设完毕后，应进行电动及远动调试。在调试前，首先完成手动调试，满足开合要求后，进行电动及远动调试。

电动调试：接触网人员配合，变电人员在控制点操控，首先确认隔离开关操作箱开关档位状态，如为手动则搬至电动档，再按动开关内按钮开，并关是否打开，如打开正常，则电源线连接正常，否则需查找原因，及时纠正。

远动调试：电动调试完毕后进行远动调试，即通过接触网支柱的光纤控制箱将信息采集到控制点的操作，要求与网开关控制屏显示开合状态、开关编号一致，接触网人员配合，变电人员在所内操控某一编号的开关，开合与现场一致，

则当地远动无问题，否则需查找原因，解决后再次重复以上内容。

5. 施工注意事项

①网开关安装位置应与站前单位沟通，要求 CP Ⅲ 桩避开安装位置。

②网开关的位置应提前与电力变电专业进行核对，以确保对应一致，如涉及路基段需要过轨提前预留。

③网开关的电源电缆及控制电缆采用套管固定，以免影响行车安全。

④网开关控制箱安装后不得侵入建筑限界和人员逃生通道。

6. 检查验收

①电源线及控制线接线是否正确（开关编号）、牢固，并且固定可靠。

②电源线及控制线在路基边坡或上桥的防护是否符合设计要求。

③开关控制箱安装后是否满足建筑限界要求，安装是否牢固可靠。

④开关控制箱及操作箱接地是否良好。

11.2.3 接触网与行车、信号专业接口

11.2.3.1 接触网电分相形式、位置（正反断标位置）（JCW/XH-1）

1. 接口名称

接触网分相设置检算。

2. 接口内容

电分相的设置应经过列车过分相能力检算而确定，应避免设在变坡点、大电流和加速区段，宜设置在 6‰ 及以下坡度的区段。列车过分相断电区距最近信号机不宜小于 50 m。采用应答器提供过分相信息时，信号专业应根据电力牵引供电专业提供的分相区位置，设置自动过分相应答器。受条件限制，信号机、调谐区、应答器设备不能符合规定时，应与牵引供电专业协商调整分相区的设置位置，并经行车专业检算。

3. 分工界面

接触网专业向行车和信号提供接触同分相形式及位置（正反断标位置）。

行车和信号专业根据接触网专业提供的分相位置进行检算和信号区间布点设计，根据检算及布点结果向接触网专业提出调整意见，由接触网专业根据调整意见进行调整并与行车和信号专业再次确认分相位置。

4. 施工流程

接触网"断（T 断）、合"，禁止双弓标安装工序流程。

施工准备→与信号专业共同测量安装位置→安装标志牌及地面感应器→
结束。

5. 施工工艺

（1）测量安装位置

按设计要求测量标示牌及地面感应器安装位置，并做好标记。检查确认标示
牌安装点前方有无障碍物阻挡视线。

（2）安装标识牌、地面感应器

检查核对标识牌、地面感应器安装位置与设计位置是否相符。

采用螺栓将标志牌、地面感应器固定在设计位置，并用力矩扳手按标准紧固
螺栓。

6. 施工注意事项

分相标志牌安装时应保证任何部位不得侵入行车限界。

11.2.3.2 吸上线设置要求（JCW/XH-2）

1. 接口名称

接触网吸上线。

2. 接口内容

接触网吸上线及扼流变压器设置。

①信号专业根据牵引供电方式、牵引电流等资料选择轨道电路扼流变压器
类型。

②信号专业根据吸上线设置间隔原则、ZPW-200（UM）系列轨道电路完全
横向连接设置原则、牵引变电所（亭）位置等设计信号完全横向连接（含吸上
线）并将完全横向连接（含吸上线）位置提供给接触网专业。

3. 分工界面

①设计分工界面设置资料

牵引供电专业向信号专业提供接触网吸上线设置间距和牵引电流值、牵引变
电所（亭）位信号专业根据牵引供电专业提供的资料，进行轨道电路完全横向连
接（含吸上线）位置及空扼流变压器规格设计，接触网专业反馈设计确认资料。

专业间设计分界为空扼流变压器中点或轨道电路空心线圈中点接线端子。

②施工分工界面

区间接触网专业与信号专业施工接口在信号扼流变压器中点连接端子处。

站内接触网专业与信号专业施工接口在信号两台扼流变压器中点连接板处。

信号专业：扼流变压器及中点连接板安装。

接触网专业：敷设吸上线至扼流变压器，并连接至扼流变压器中点连接端子或中点连接板。

4. 施工流程

（1）扼流变施工工序流程。

施工准备→扼流变压器定位→扼流变压器安装→吸上线接入→静态验收。

（2）吸上线施工工序流程

施工准备→吸上线测量→吸上线预制→吸上线安装固定→结束。

5. 施工工艺

根据扼流变压器安装的地点和地形、吸上线接入方式不同：

（1）机械绝缘节处扼流变压器及吸上线安装

① 扼流变压器最突出边缘距钢轨内缘不应小于 1500 mm。

② 吸上线接入中点连接板时，信号专业提供带有吸上线安装孔（1500 mm）的中点连接板，连接螺栓由接触网专业提供，连接螺栓须采用不锈钢材质，连接牢固并有防松措施。

③ 吸上线与扼流变压器或中点连接时，不得影响信号专业的防松施工工艺及标准。

④ 吸上线安装时不得破坏中点连接板的防锈层。

（2）空扼流变压器及吸上线安装

① 信号专业提供扼流变压器端子型号，客专线路一般采用 M16 接线螺栓，吸上线连接用铜端头必须满足信号设备的防腐、防锈的要求。

② 吸上线直接与扼流变压器连接时，不得影响信号专业的防松脱施工工艺及标准。

6. 施工注意事项

①信号专业的钢轨连接线、横向连接线施工完毕后，接触网专业方能进行吸上线的接入，必要时增加 T 形连接板以满足多支连接线连接的需要。

②接触网专业吸上线敷设与安装，不得与信号专业的线缆相接触，吸上线固定牢固，禁止与信号设备发生卡磨现象，当吸上线与信号线缆交叉时，由接触网专业进行物理隔离防护。

③吸上线连接所用的材料，线夹规格、型号及安装形式应符合设计要求。

④吸上线与扼流箱连接端应采用压接方式，并按工艺要求压接。

⑤各种连接螺栓紧固力矩符合设计要求。

7. 检查验收

①检查流程：安装位置检查→设备及材料的规格、型号检查→施工工艺检查。

②检查使用的工具：卷尺。

③检查验收的方法：目测、测量检查。

11.2.3.3 接触网闪络保护接地的要求（JCW-6）

1. 接口名称

接触网网络保护接地。

2. 接口内容

距接触网带电体 5 m 范围以内的各专业设备应可靠接地。沿线构筑物和设备接入综合接地系统。接触网设备接地满足与信号设备的距离要求。

3. 分工界面

接触网专业向房建（结构）专业提出站台、雨棚、天桥接地要求，向信号专业提出沿线信号设备的接地要求。

房建（结构）专业根据接触网专业要求做好站台、雨棚、天桥等临近接触网设施的等电位连接设计。

信号专业根据接触网专业要求做好信号设备的等电位连接。

信号专业提出接触网设备接地与信号设备的距离要求，接触网设计按照要求进行接触网设备接地布置。

11.2.4 接触网对环评专业接口要求

1. 接口名称

接触网下锚和开关与声屏障接口（JCW-7）。

2. 接口内容

声屏障避让接触网相关设施的设计。

3. 分工界面

接触网专业向环评专业提供接触网下锚和开关位置及外形尺寸。

环评专业根据接触网专业提供的下锚和开关位置及外形尺寸考虑局部声屏障绕避设计。

4. 施工流程

施工准备→施工对接→现场检查→填写检查记录→施工。

5. 施工工艺

（1）施工准备

声屏障施工前，接触网专业应与声屏障施工单位进行图纸对接，确保声屏障施工后不影响接触网开关及下锚安装。

（2）现场检查

重点检查接触网下锚、开关处声屏障安装的避绕情况，如未采取避绕，则联系设计进行更改。以下为声屏障安装与接触网下锚、开关位置易出现的问题。

①声屏障距离支柱过近，导致下锚坠砣不能自由活动。

②隔离开关操作机构无法安装或安装后手动摇柄不能正常操作。

11.2.5 接触网与航察专业接口

1. 接口名称

CP Ⅲ柱避让接触网要求（JCW-8）。

2. 接口内容

CP Ⅲ柱避让接触网下锚和开关等相关设施的设计。

3. 分工界面

接触网专业向航察专业提供接触网下锚和开关位置及外形尺寸。

航察专业根据接触网专业提供的下锚位置及外形尺寸考虑 CP Ⅲ柱设计，CP Ⅲ柱应设置在接触网支柱基础和拉线基础之间，避免冲突。CP Ⅲ桩应设在接触网拉线侧。

11.3 供电段专业与其他专业接口

11.3.1 供电段对站场专业接口要求（GDD-1）

1. 接口名称

对站场接口要求。

2. 接口内容

供电段、供电车间、供电工区选址、场坪要求。

3. 分工界面

①综合维修：供电段专业提交机械专业汇总。

②专业维修：供电段专业向站场专业提出需求。

11.3.2 供电段对房建专业接口要求（GDD-2）

1. 接口名称

供电段对房建接口要求。

2. 接口内容

供电段、供电车间、供电工区所需生产、办公房屋面积要求。

3. 分工界面

①综合维修：供电段专业提交机械专业汇总。

②专业维修：供电段专业向房建专业提出需求。

11.3.3 供电段对电力专业接口要求（GDD-3）

1. 接口名称

供电段对电力接口要求。

2. 接口内容

供电段、供电车间、供电工区生产用电负荷要求。

3. 分工界面

（1）综合维修：供电段专业提交机械专业汇总。

（2）专业维修：供电段专业向电力专业提出要求。

11.3.4 供电段对给排水专业接口要求（GDD-4）

1. 接口名称

供电段对给排水接口要求。

2. 接口内容

供电段供电车间、供电工区给排水要求。

3. 分工界面

①综合维修：供电段专业提交机械专业汇总。

②专业维修：供电段专业向给排水专业提出需求。

11.3.5 供电段对暖通专业接口要求（GDD-5）

1. 接口名称

供电段对暖通接口要求。

2. 接口内容

供电段、供电车间、供电工区环境、消防要求。

3. 分工界面

①综合维修：供电段专业提交机械专业汇总。

②专业维修：供电段专业向暖通专业提出需求。

11.3.6 供电段对通信专业接口要求（GDD-6）

1. 接口名称

供电段对通信接口要求。

2. 接口内容

供电段、供电车间、供电工区铁路电话、调度电话、录音电话等通信要求。

3. 分工界面

①综合维修：供电段专业提交机械专业汇总。

②专业维修：供电段专业向通信专业提出需求。

11.3.7 供电段对信息专业接口要求（GDD-7）

1. 接口名称

供电段对信息接口要求。

2. 接口内容

供电段、供电车间、供电工区牵引供电信息系统需求。

3. 分工界面

①综合维修：供电段专业提交机械专业汇总。

②专业维修：供电段专业向信息专业提出需求。

第 12 章　信息工程接口

12.1 信息专业与建筑专业接口

12.1.1 信息专业对设备用房的要求（XX-1）

1. 接口名称

信息机房等工艺要求。

2. 接口内容

信息机房、信息配线及设备间、综合监控室位置、采光、通风、面积、净高、门高、门宽要求。

各信息用房面积应满足设备布置、使用维护要求。

信息机房、信息配线及设备间不能设置于站房边缘或靠近玻璃幕墙等通透处，其中信息机房与通信机械至相邻，信息配线及设备间应设在信息机房的对侧；综合监控室与信息机房靠近，其位置应设于站房边缘，便于瞭望、易通风处，并设置窗户。

3. 分工界面

信息专业提出要求，由建筑专业设计、施工。

12.1.2 信息机房等安装防静电活动地板要求（XX-2）

1. 接口名称

信息机房等安装防静电活动地板要求。

2. 接口内容

旅客车站信息机房、信息配线及设备间、综合监控室、售票室安装防静电活动地板要求。

防静电活动地板安装应符合《计算机房用活动地板技术条件》（GB 6650）的规定。活动地板的金属支撑及桁梁与共用接地系统相连接。机房装修材料和构架应符合消防防火及环保要求。

3. 分工界面

信息专业提出要求，由建筑专业设计、施工。

4. 检查验证

信息专业测量静电，地板高度是否按照设计要求实施，并确保设备安装底座与静电地板持平。

12.1.3 信息专业对旅客车站内预留的物理通道位置及空间要求（XX-3）

1、接口名称

旅客车站桥架，钢管，地埋线槽位置及空间要求。

2、接口内容

旅客车站预留桥架、钢管、地埋线槽的位置及空间要求：

①墙面、楼板面预留桥架钢管敷设孔洞。

②混凝土柱内、地板内预埋客运服务信息系统各子系统所需钢管。

③进、出站闸机位置地板内预留金属线槽。

④安检仪位置地板内预留金属线槽。

3. 分工界面

信息专业提出要求，由建筑专业设计、施工及防火封堵。

4. 检查验证

由数据终端，语音终端开始检查，依次检查信息出口，水平缆线，楼层配线架，主配线架，垂直缆线，确认建筑专业预留物理通道大小及深度满足信息设计施工要求。

12.1.4 信息专业对旅客车站嵌入式显示屏预留安装要求（XX-4）

1. 接口名称

旅客车站综合显示系统嵌入式显示屏预留安装位置及尺寸要求。

2. 接口内容

建筑专业预留嵌入式显示屏安装位置、长、宽、深尺寸要求（注：显示屏尺寸为厂家深化设计后数据）。

3. 分工界面

信息专业提出要求，由建筑专业设计、施工及缝隙收边工作。

4. 检查验证

信息专业根据厂家深化设计之后的设备尺寸核查预留孔位的长、宽、深尺寸，确保满足设备安装及装修专业规划。

12.1.5 信息专业旅客车站自动售（取）票机尺寸、安装位置要求（XX-5）

1. 接口名称

自动售（取）票机尺寸、安装位置要求。

2. 接口内容

自动售（取）票机尺寸、安装位置要求：

自动售（取）票机应采用嵌入墙体式安装，与人工窗口并行设置。由建筑专业预留嵌入式安装条件：自动售（取）票机墙体开洞尺寸依设备厂家而定，相邻两墙洞之间距离 ≥ 200 mm，墙洞与主墙体之间的距离 ≥ 450 mm。自动售（取）票机后门距离墙体（或障碍物）> 1200 mm。

自动售（取）票机安装完成后缝隙要求收边。

3. 分工界面

信息专业提出要求，由建筑专业设计、施工及缝隙收边工作。

4. 检查验证

核查设备开孔安装位置尺寸是否满足设备安装要求，要求设备安装过后缝隙宽度应满足建筑专业规划。

12.2 信息专业对房建（结构）专业的接口要求

12.2.1 机房等均布荷载要求（XX-6）

1. 接口名称

机房等均布荷载要求。

2. 接口内容

旅客车站信息机房、信息配线及设备间、综合监控室均布荷载要求，地（楼）面荷载 8 kN/m，设置电源设备区域应根据设备荷载计算确定。

3. 分工界面

信息专业提出要求，由房建（结构）专业设计、施工。

12.2.2 信息沟槽管洞预留要求（XX-7）

1. 接口名称

信息沟槽管洞预留要求。

2. 接口内容

旅客车站预留楼层板洞、侧墙孔洞、有柱雨棚挑梁孔洞要求，具体孔洞尺寸根据桥架及钢管尺寸确定。

3. 分工界面

信息专业提出要求，由房建（结构）专业设计、施工。

4. 检查验证

信息专业检查房建（结构）专业预留位置尺寸是否正确，预留孔洞是否满足桥架及管槽安装要求。

12.2.3 嵌入式显示屏安装预留要求（XX-8）

1. 接口名称

嵌入式显示屏安装预留要求。

2. 接口内容

旅客车站综合显示系统嵌入式显示屏安装位置、方式、荷载要求（根据车站实际情况确定，室内嵌入式显示屏荷载一般按照 50 ~ 80 kg/m，雨棚处嵌入式显示屏应根据安装高度、吊杆长度、地域适当考虑冗余）。

3. 分工界面

信息专业提出要求，由房建（结构）专业设计、施工。

4. 检查验证

信息专业待显示屏厂家完成深化设计后，应由房建（结构）专业设计对深化后的设备安装方式、荷载进行审核确认。

12.2.4 信息设备荷载要求（XX-9）

1. 接口名称

信息设备荷载要求。

2. 接口内容

安检仪、自动售（取）票机、检票机安装位置处地板均布载荷要求 800 kg/m^2。

3. 分工界面

信息专业提出要求，由房建（结构）专业设计、施工。

检查验证

信息专业检查地板均布载荷是否满足要求。

12.2.5 信息专业对非旅客车站内预留的物理通道位置及空间要求（XX-10）

1.接口名称

非旅客车站桥架、钢管位置及空间要求。

2.接口内容

非旅客车站预留桥架、钢管的位置及空间要求；墙面、楼板面顶预留桥架钢管敷设孔洞。

3.分工界面

信息专业提出要求，由房建（结构）专业设计。

4.检查验证

信息专业检查房建（结构）专业预留位置尺寸是否正确，预留孔洞是否满足桥架及管槽安装要求。

12.3 信息专业对电力专业的接口要求

12.3.1 旅客车站信息机房等电源要求（XX-11）

1.接口名称

旅客车站信息机房电压等级、用电量等要求。

2.接口内容

旅客车站信息机房、信息配线及设备间、综合监控室负荷等级、电压、用电量、电源插座要求。

均按一级负荷供电（切换后电源设置专用配电箱，带防雷单元），根据信息专业设备用电需求，可要求电力专业输入电压为 380 V 或 220 V。

综合监控室分别设置维修及测试用电源插座各 3 个 1 kW／个，信息机房设置维修用电源插座 4 个（1 kW／个），其余机房各设置维修用电源插座 2 个（1 kW／个）。维修和测试用电源插座两者应有明显区别标志，测试用电源插座由信息机房或信息配线及设备间专用电力配电箱供电。

3.分工界面

信息专业提出要求，由电力专业设计。

4.检查验证

信息专业确认电力专业供电点是否到位，供电电压及负载容量是否需满足机房设备要求，机房电源插座点位是否满足机房维修测试要求。

12.3.2 旅客车站信息机房等接地端子预留要求（XX–12）

1. 接口名称

旅客车站信息机房等接地端子预留要求。

2. 接口内容

旅客车站信息机房、信息配线及设备间防雷接地端子要求：

信息机房（含区间房屋）、信息配线及设备间预留 2 组接地铜排，2 组接地铜排分别为工作保护接地铜排和电源防雷接地铜排。接地电阻值 ≤ 1Ω。

3. 分工界面

信息专业提出要求，由电力专业设计。

12.3.3 非旅客车站信息机房等电源要求（XX–13）

1. 接口名称

非旅客车站信息机房等电源要求。

2. 接口内容

非旅客车站信息机房、信息配线及设备间负荷等级、电压、用电量、电源插座要求：

均按一级负荷供电（切换后电源设置专用配电箱，带防雷单元），根据信息专业设备用电需求，可要求电力专业输入电压为 380 V 或 220 V。

信息机房设置维修用电源插座 4 个（1 kW／个），其余机房各设置维修用电源插座 2 个（1 kW／个）。维修和测试用电源插座两者应有明显区别标志，测试用电源插座由信息机房或信息配线及设备间专用电力配电箱供电。

3. 分工界面

信息专业提出要求，由电力专业设计。

4. 检查验证

信息专业确认电力专业供电点位是否到位，供电电压及负载是否满足机房设备要求，机房电源插座点位是否满足机房维修测试要求。

12.3.4 非旅客车站信息机房等接地端子预留要求（XX–14）

1. 接口名称

非旅客车站信息机房等接地端子预留要求。

2. 接口内容

非旅客车站信息机房、信息配线及设备间防雷接地端子要求：

信息机房（含区间房屋）、信息配线及设备间预留 2 组接地铜排，2 组接地铜排分别为工作保护接地铜排和电源防雷接地铜排。接地电阻值 ≤ 1Ω。

3. 分工界面

信息专业提出要求，由电力专业设计。

12.3.5 票务系统、客运广播系统与火灾自动报警系统、机电设备监控系统联动要求（XX-15）

1. 接口名称

票务系统、客运广播系统与火灾自动报警系统、机电设备监控系统联动要求。

2. 接口内容

火灾自动报警系统与票务系统联动，实现火灾情况下进站、出站检票闸机的紧急释放。

火灾应急广播系统利用客运广播系统的控制设备、馈电线路和扬声器等装置，当接收到火灾信号后播放消防音源至相应的防火分区。

预留与机电设备监控系统接口。

3. 分工界面

票务系统、客运广播系统由信息专业设计，火灾自动报警系统、机电设备监控系统由电力专业设计。火灾自动报警系统与票务系统联动，相关配套线缆及紧急按钮由信息专业负责实施。

4. 检查验证

火灾自动报警系统、机电设备监控系统下发联动报警信号，车站广播应自动切换到消防报警模式，与消防广播同步预警，同时自动检票机联动开启所有检票通道。

12.4 信息专业对暖通专业的接口要求

12.4.1 旅客车站信息机房等对暖通的接口要求（XX-16）

1. 接口名称

旅客车站信息机房等对暖通的接口要求。

2. 接口内容

旅客车站信息机房、信息配线及设备间、综合监控室以及自动售（取）票区域空调性能、温度、温度变化率、湿度、散热量要求。

信息设备用房以及自动售（取）票区域的房屋具体技术要求应符合《铁路房屋建筑设计标准》（TB 101–2012）中附录 D 的规定。

3. 分工界面

信息专业提出要求，由暖通专业设计。

12.4.2 非旅客车站信息机房等对暖通的要求（XX–17）

1. 接口名称

非旅客车站信息机房等对暖通的要求。

2. 接口内容

非旅客车站信息机房、信息配线及设备间空调性能、温度、温度变化率、湿度、散热量要求。信息设备用房以及自动售（取）票区域的房屋具体技术要求应符合《铁路房屋建筑设计标准》（TB 1011–2012）中附录 D 的规定。

3. 分工界面

信息专业提出要求，由暖通专业设计。

12.5 信息专业与通信专业接口

1. 接口名称

信息对通信广域网接口（XX–18）。

2. 接口内容

①旅客车站旅客服务信息系统广域网通道要求：

设置有 IP 数据网的铁路一般利用 IP 数据网承载；未设置 IP 数据网的铁路利用通信传输网承载。

②旅客车站票务系统或客票发售与预订系统广域网通道要求（利用通信传输网承载）。

③办公管理信息系统广域网通道要求（根据路局要求确定）。

④公安管理信息系统广域网通道要求（利用通信传输网承载）。

⑤货物运输管理信息系统广域网通道要求（根据路局要求确定）。

⑥动车管理信息系统广域网通道要求（利用通信传输网承载）。

⑦行包管理信息系统广域网通道要求（接入外网考虑）。

⑧车站视频监视系统需求。

综合视频监控平台（服务器、存储、编码设备等）由通信专业设置，本专业仅考虑前端设备（摄像机、视频光端机）、显示设备（视频终端）及相关缆线。

3. 分工界面

信息专业提出要求，由通信专业设计。

4. 检查验证

检验使用的仪表：网线测试仪、万用表、电脑终端。

①用网线测试仪测试网线是否正常；万用表测试 2 M 线路是否正常；

②在设备侧观察 FE 接口及路由 2 M 接口指示灯是否正常；

③如都正常，用 ping 包测试本站和邻站及路局中心之间的通道质量。

第 13 章　灾害监测工程接口

13.1 灾害监测与通信专业接口

1. 接口名称

灾害监测对通信通道要求（ZJ／TX–1）。

2. 接口内容

（1）灾害监测现场监测设备至中心通道要求

灾害监测专业提供本专业组网需求给通信专业，包括通道带宽、接口类型等。通信专业根据需求与灾害监测专业协商共同确定灾害监测系统的组网方案，根据不同的组网需求可采用以下三种组网方式：

①星形组网方式：灾害监测专业监控单元采用星型组网方式接入灾害监测中心系统，通信专业根据需求将多个监控单元数据进行汇聚，再上传至灾害监测中心系统，汇聚点位置由通信专业设置，监控单元至通信汇聚点采用主、备各 $1×2M$ 专用通道（FE 电口，分别由二块接口板提供），通信汇聚点至灾害检测中心系统来用主、备各 $n×2M$ 专用通道（FE 电口、带宽由通信专业根据灾害监测专业提供各监控单元实际数据带宽量确定）。

②环形组网方式：灾害监测专业监控单元至相邻监控单元之间组成双环形网络，每个环带宽为 2M（FE 电口，分别由二块接口板提供），环形网络中抽头站由灾害监测专业确定，抽头站和端头站监控单元至灾害监测中心系统设主、备 $2×2M$ 专用通道（FE 电口，分别由二块接口板提供）。

③总线型组网方式：灾害监测专业监控单元至相邻监控单元之间组成双总线网络，每个总线带宽为 2 M（FE 电口，分别由二块接口板提供），总线形网络中所带监控单元数最后汇聚点位置由通信专业确定，汇聚点至灾害监测中心系统设主、备各 $2×2 M$ 专用通道（FE 电口，分别电二块接口板提供）。

（2）灾害监测终端通道

灾害监测中心系统至各维护管理单位监测终端设置地点根据通信通道情况设主、备各 $1×2M$ 专用通道（FE 电口，分别由二块接口板提供）或主备各 $1×2M$

专用通道（E1 口）（在条件不具备时，至工务段、通信段、电务段监测终端可采用 1×2M 专用通道）。

（3）灾害监测时钟要求

灾害监测中心系统至通信时钟／时间分配系统，接口为 FE 电口。

（4）灾害监测互联互通要求

灾害监测中心系统至既有灾害监测数据处理设备设主、备各 1×2M 专用通道（FE 电口，分别由二块接口板提供）。

灾害监测中心系统至相邻铁路局灾害监测中心系统设备设主、备各 1×2 M 专用通道（FE 电口，分别由二块接口板提供）。

3. 分工界面

设计界面：灾害监测专业向通信专业提出通道需求及接口类型，通信专业根据灾害监测专业的需求，进行通道设计，反馈设计确认资料。

上述通道要求灾害监测专业与通信专业设计分工界面均在通信机房配线架外侧。由灾害监测专业负责敷设线缆至通信机房。

施工界面：通信专业与灾害监测专业施工接口在通信机房配线架外侧。

（1）通信专业

负责提供通信机房配线架及端子使用分配表，设备互联互通测试前需将跳线连接到通信机房配线架灾害监测端子上，并进行确认。负责传输通道的数据配置及通道的测试、检查、确认。配合灾害监测专业共同进行设备互联互通对接测试。

（2）灾害监测专业

负责通信机房配线架外侧至灾害监测机柜内子框间线缆的敷设，根据通信专业提供的端子使用分配表进行连接。

4. 施工流程

施工准备→缆线敷设→通道测试→检查验证。

5. 检查验证

（1）依据灾害监测专业与通信专业接口设计图纸，核对通信专业端口位置。

（2）对通道的连通性进行测试，从中心核心交换机使用"ping"命令，直接"ping"站机，如能"ping"通可证明通道正常。

13.2 灾害监测与信号专业接口

13.2.1 异物监测报警输出接口（ZJ ／ XH–1）

1. 接口名称

异物监测与信号接口。

2. 接口内容

灾害监测专业提供设置公跨铁异物侵限监测点的里程位置、蓝测网防护范围、桥梁宽度，信号专业返回相关列控中心的控制范围、轨道区段名称、分线柜端子号及调度范围。

3. 分工界面

设计界面：灾害监测专业向信号专业提出公跨铁异物侵限监测点要求（含分线柜防雷模块设置需求），信号专业根据灾害监测专业的需求，进行设计，反馈公跨铁异物侵限监测点接入列控中心资料。

灾害监测专业与信号专业设计分工界面在信号防雷分线柜端子外侧。由灾害监测专业负责敷设线缆至防雷分线柜。

施工界面：异物侵限监测设备与信号系统接口界面在防雷分线柜端子外侧，由信号专业实施；防雷分线柜端子外侧的电缆敷设及引入由灾害监测专业实施。

灾害监测专业：防雷分线柜至室外设备电缆的敷设、引入、成端及电缆接地，配线、试验。

信号专业：防雷分线柜至灾害监测组合的配线、安装、试验。防雷分线柜、防雷模块由信号专业提供。

灾害监测和信号专业间共同完成两个专业间的接口调试和试验。

4. 施工流程

施工准备→电缆敷设→电缆引入→导通／测试→单机调试→联合试验。

5. 施工工艺

（1）施工准备

根据设计图组织施工技术人员进行图纸核对，对现场实际情况进行调查、测量，与信号专业技术人员确认电缆引入点，接口端子实际位置。

（2）电缆敷设及引入

① 电缆敷设要求：

灾害监测专业电缆与通信、信号专业电缆宜同步敷设。

电缆敷设完毕后，灾害监测专业与通信、信号专业共同确认后，进行电缆槽盖板铺设施工。

电缆槽盖板铺设过程中，灾害监测专业与相关专业分别安排人员现场监督检查，以防损伤电缆。

② 电缆引入施工要求：

灾害监测专业与信号专业电缆宜同步引入。

灾害监测专业电缆引入必须严格执行信号专业工艺要求。

信号专业制作电缆固定支架时预留灾害监测电缆位置，灾害监测专业按照信号专业策划好的电缆排列进行施工。

灾害监测专业的电缆、接地、芯线等标识宜与信号电缆相一致。

灾害监测专业电缆的成端、配线绑扎及配线工艺等宜与信号专业相一致。

6. 施工注意事项

（1）电缆故障处理时，相关专业必须相互通知，并派员现场监督及配合。

（2）灾害监测专业与信号专业共同确定现场电缆引入防火、防鼠施工方案。

（3）灾害监测专业的单项试验不得影响信号专业列控系统的试验和测试。

7. 检查验证

①与信号专业共同确定防雷分线柜接口位置。

②在异物监测设备与信号专业接口防雷分线柜端子处测量上、下行异物继电器（SYWJ、XYWJ）线圈驱动电压正常后，并确认相应继电器正常工作。

③当存在多个异物监测点时，应分别进行室内继电器与室外监测点的对应试验。监控单元回采信号专业异物侵限接口继电器状态正确。

④检查使用的仪表：万用表。

⑤检查验收的测试方法：使用仪表测量。

13.2.2 灾害监测地震报警输出接口（ZJ ／ XH–2）

1. 接口名称

地震报警与信号接口。

2. 接口内容

灾害监测专业向信号专业提供地震监测点里程、地震报警处置范围。信号专业返回相关列控中心的控制范围及轨道区段名称、防雷分线柜端子号。

3. 分工界面

设计界面：灾害监测专业向信号专业提出地震报警范围要求（含分线柜防雷

模块设置需求），信号专业根据灾害监测专业的需求，进行设计，反馈地震报警监测点接人列控中心资料。

灾害监测专业与信号专业设计分工界面在信号防雷分线柜端子外侧。由灾害监测专业负责敷设线缆至防雷分线柜。

施工界面：地震监测设备与信号系统接口界面在防雷分线柜编于外侧，由信号专业实施；

防雷分线柜端子外侧的电缆敷设及引入由灾害监测专业实施。

灾害监测专业：防雷分线柜至室外设备电缆的敷设、引入、成端及电缆接地，配线、试验。

信号专业：防雷分线柜至灾害监测组合的配线、安装、试验，防重分线柜，防雷模块由信号专业提供。

灾害监测和信号专业间共同完成两个专业间的接口调试和试验。

① 灾害监测专业：

灾害监测电缆的敷设、引入、成端及电缆接地，灾害监测单元电缆的通道防雷提供和安装。

专业施工单项调试以防雷分线柜配线端子为界。

验收范围及竣工资料移交等以防雷分线柜端子为界。

② 信号专业：

防雷分线柜至灾害监测组合的配线，地震报警继电器安装。

专业施工单项调试以防雷分线柜配线端子为界。

验收范围及竣工资料移交等以防雷分线柜端子为界。

4. 施工流程

同 ZJ / XH-1 中内容。

5. 施工工艺

（1）施工准备同 ZJ / XH-1 中内容。

（2）电缆敷设及引入同 ZJ / XH-1 中内容。

6. 施工注意事项

同 ZJ / XH-1 中内容。

7. 检查验证

① 灾害监测地震报警与信号系统接口试验。

② 与信号专业共同确定防雷分线柜接口位置。

③ 在地震监测设备与信号专业接口防雷分线柜端子处测量地震继电器线圈驱

动电压正常后，并确认相应继电器正常工作。

④确认监控单元回采信号专业的地震监测接口继电器状态正确。

⑤检查使用的仪表：万用表。

⑥检查验收的测试方法：使用仪表测量。

13.3 灾害监测与电力专业接口

1. 接口名称

灾害监测系统机房用电要求（ZJ / DL–1）。

2. 接口内容

全线各个车站、中继站、通信基站设置灾害监测专业专用电力配电箱：双路 220 V / 3 kVA 交流电源（含双电源自投自复装置），一级负荷。

接入中心时，灾害监测专业现场核查是否满足接入条件，如不满足向电力专业提出需求。

3. 分工界面

灾害监测专业向电力专业提出用电容量、电源等级、配电箱设置地点等需求。电力专业根据要求，进行电源设计。

上述用电要求灾害监测专业与电力专业分工界面均在灾害监测系统专用电力盘下端口外侧（输出侧）。

13.4 灾害监测与牵引变电专业接口

13.4.1 灾害监测地震系统与牵引供电系统接口（ZJ / GD–1）

1. 接口名称

地震报警与牵引供电系统接口。

2. 接口内容

灾害监测专业向牵引变电专业提供设置地震监测点的牵引变电所、分区所的里程、地震报警处置范围。牵引变电专业返回分线盘或柜端子号。

3. 分工界面

设计界面：灾害监测专业向牵引变电专业提出地震报警范围要求（含防雷模块需求），牵引变电专业根据灾害监测专业的需求，进行设计。

灾害监测专业与牵引变电专业设计分工界面在牵引变电分线盘 / 柜端子外

侧，由灾害监测专业负责敷设线缆至分线盘。

4. 施工界面

牵引变电专业提供地震监测设备与牵引供电系统接口界面在分线盘／柜端子外侧，由牵引变电专业实施；防雷分线柜端子外侧的电缆敷设及引入由灾害监测专业实施。

5. 施工流程

灾害监测专业：施工准备→电缆敷设→电缆引入→导通／测试→单级调试；

牵引供电专业：施工准备→防雷分线柜安装→线缆敷设→导通／测试→单级调试；

联合试验。

6. 施工注意事项

地震监测子系统与牵引供电系统接口采用 AX 型继电器（常态吸气），并应符合牵引供电系统要求。地震监测子系统应准确、可靠判定地震报警、确定地震报警联动触发范围，并将地震报警联动触发信息通过继电器接口传送给牵引供电系统。

7. 检查验证

牵引变电专业施工完毕后，可参照灾害监测专业与牵引供电系统接口设计主要验证其预留端口位置及数量等要素，及是否满足设计图纸要求。

13.4.2 灾害监测地震设备用电要求（ZI／BD–1）

1. 接口名称

灾害监测系统地震用电要求。

2. 接口内容

全线各牵引变电所、分区所灾害监测机房（灾害监测设备室）内设置灾害监测专业专用电力配电盘：2 路 220 V ／ 3 kW 交流电源（含双电源自投自复装置），一级负荷。所有灾害监测机房供电回路，均要求从变电所（站）单独引出回路，不与其他专业共用。

3. 分工界面

灾害监测专业向牵引变电专业提出用电容量、电源等级、配电箱设置地点等需求。牵引变电专业根据要求，进行电源设计。

上述用电要求灾害监测专业与牵引变电专业分工界面均在灾害监测机房电力配电盘下瑞口外侧。

13.4.3 灾害监测设施与接触网专业接口（ZJ / JCW–1）

1. 接口名称

灾害监测系统与接触网要求（ZJ–8）。

2. 接口内容

灾害监测专业提供风、雨、雪现场监测设备的安装位置。接触网专业返回相关位置附近的可安装接触网杆里程。

3. 分工界面

灾害监测专业提出需求，接触网专业根据灾害监测专业要求提供接触网杆里程资料。注意规避网开关、坠砣或避雷器，避免相互影响。

13.5 灾害监测对房建（结构）专业的接口要求

1. 接口名称

灾害监测对房建（结构）要求（ZJ–8）。

2. 接口内容

①区间通信基站应在通信机械室预留灾害监测系统现场监控单元设备所需房屋面积，通常按预留 2 个 600 mm × 600 mm 机柜面积设置（使用面积不小于 5 m^2），并为灾害监测设备电缆引入预留独立的电缆井（不与通信电缆合用电缆井，电缆井尺寸 1200 mm × 1200 mm × 1000 mm）。

②设置灾害监测设备的机房，需单独设置面积不小于 15 m^2 的灾害收测机房，按机房标准装修，设置机房专用空调。

③设置灾害监测中心系统时，需设置面积不小于 200 m^2 的灾害监测机房（可与信息机房合设），按机房标准装修，设置机房专用空调。

④所有设置灾害监测设备的机房内均应在灾害监测电缆井设置接地汇流排，在机房内还应设置灾害监测设备专用的接地汇流排，接地电阻 ≤ 1 Ω。

⑤设置地震监测设备的牵引变电所、分区所、AT 所等地方预留两处室外地震观测室（3 m × 3 m），两处地震观测室距离不小于 40 m。依据《地震台站建设规范强震动台站》（DB/T 17–2018）的设计要求，在地震观测室内设置地震仪器墩，地震仪器墩及观测室由房建专业设置。

第14章　防雷与接地工程

14.1 综合站房及电子信息机房的防雷与接地

14.1.1 既有信号机房直击雷防护措施

按电子机房建筑物的法拉第笼电磁屏蔽布设。

①法拉第笼由屋顶避雷网、避雷带和引下线、机房屏蔽和接地系统构成。

②避雷网由不大于 3 m×3 m 的方形网格构成，每隔 3 km 与避雷带焊接连通。网格由 40 mm×4 mm 的热镀锌扁钢交叉焊接构成。热镀锌钢材的镀层厚度为 20 ~ 60 μm。

③避雷带采用不小于 Φ8m 热镀锌圆钢沿屋顶周边设置一圈，距墙体高度 0.15 m，并用热镀锌圆钢均匀设置避雷带支撑柱，支撑柱间距不大于 1 m。

④引下线是避雷带与接地装置的连接线，沿机房建筑物外墙均匀垂直敷设 4 ~ 6 根，安装应平直，并与其他电气线路距离大于 1 m。引下线的固定卡钉布置均匀牢固，间距宜小于 2 m。

⑤引下线宜采用 40 mm×4 mm 热镀锌扁钢或不小于 Φ8 mm 热镀锌圆钢，上端与避雷带焊接连通，焊接处不得出现急弯，弯角不小于 R900，下端与地网焊接。

⑥引下线与分线盘（柜）间距不小于 5 m。

14.1.2 既有信号楼装有电子设备的机房法拉第笼屏蔽布设

①屏蔽层选用铁板或铝板等电磁屏蔽材料，板材厚度应不小于 0.6 mm；可在墙体内用钢筋网设置屏蔽层。钢筋网应采用不小于 Φ8 mm 的圆钢焊接成不大于 60 mm×600 mm 网格，并与主筋焊接连通，窗户设有防盗网的还应与防盗网钢筋焊接。

②门窗屏蔽采用截面积不小于 9 mm² 网孔小于 80 mm×80 mm 的铝合金网，并用不小于 16 mm² 的软铜线与地网或屏蔽层可靠连接。

③金属板间每间隔 50 mm 必须焊接或用不小于 2 mm² 的软铜线可靠连接。

④屏蔽层必须在引下线与地网连接处用不小于 25 mm² 的软铜线可靠连接，可多处连接。

⑤机房已经预留钢筋接地端子板的，屏蔽层还应与钢筋接地端子板栓接。

⑥机房地面宜采用防静电地板，其金属支架间应互相可靠连接，或在金属支架底部采用 0.2 mm×20 mm 铜箔带构成与支架一致的网格，铜箔带交叉处用锡焊接。

⑦互相连接的金属支架或网格铜箔带应采用 10 mm² 的扁平铜网编织带与地网或屏蔽层连接，至少 4 处，铜带一端加线鼻后与地网或屏蔽层栓接，另一端用锡焊接。

14.1.3 新建信号机房建筑物引下线、避雷带与法拉第屏藏笼布设

①房屋结构为钢筋砼框架，在外墙砼柱内用不小于 Φ12 mm 的钢筋为主筋（引下线），引下线设置间距不大于 18 m，主筋间用相同规格圆钢焊成不大于 5 m×5 m 的网格、竖向主筋上部应与避雷带焊接、下部应与基础接地网焊接，露出墙体部分应做防腐处理。

②放置信号设备房间的六面（墙、顶、地面或楼面）应在砼墙内用不小于 Φ8 mm 钢筋焊成不大于 0.6 m×0.6 m 的网格作法拉第屏蔽笼。0.6 m×0.6 m 的钢筋网格与 5 m×5 m 的钢筋网格结合处应焊接，门应采用带金属屏蔽的门，门窗屏蔽采用截面积不小于 9 mm². 网孔小于 80 mm×80 mm 的铝合金网，并用不小于 1 6mm² 的软铜线与地网或屏蔽层可靠连接。

③机房地面宜采用防静电地板；其金属支架间应互相可靠连接，或在金属支架底部采用 0.2 mm×20 mm 铜箔带构成与支架一致的网格，铜箔带交叉处用锡焊接（TB 10180 技术规范中新建信号楼无此要求，地板下已安装了钢筋网）。

④当设备房地面未做 0.6 m×0.6 m 的钢筋网格时，至少应在墙内侧每个墙角处从墙内钢筋引出接地端子（供静电地板连接使用，引出的接地端子间距不大于 5 m，接地端子引出点距地面高度 0.1 m，并应铺设防静电地扳。

⑤信号设备设置于不同楼层时，信号设备各层屏蔽网用截面不小于 50 mm² 绝缘电线、电缆焊接，连接处不少于 2 处。

⑥电子机房内法拉第屏蔽笼与直击雷防雷引下线连接在一起，室内设备、设施的各种接地线不能再与建筑物预留钢筋或扁钢进行连接，防止大电流或高电压反击，室内电子电气设备各种防雷接地、等电位接地及安全保护接地应直接引接到设备接地网（感应雷防护桩基或人工环形地网）。

14.1.4 新建信号楼地网布设

①建筑物地网由各接地体、建筑物四周的环形接地装置、基础钢筋构成的接地体相互连接构成（地网由基础地网和房屋四周环形地网组成）。

②新建建筑物混凝土基础的钢筋必须焊接成基础接地网，网格宽度不大于 3 m；既有建筑物为钢筋混凝土基础的，可利用混凝土基础钢筋作为基础接地网。

③环形接地装置一般由水平接地体和垂直接地体组成，应环绕建筑物外墙闭合成环，受条件限制时可不环周敷设，但应尽可能沿建筑物周围设置，以便与地网连接的各种引线就近连接。水平接地体距建筑物外墙间距不小于 1 m，埋深不小于 0.7 m。

水平接地体可采用以下材料：

A. 40 mm × 4 mm 热镀锌扁钢；

B. 镀层厚度大于 250 μm、直径大于 14 mm 的镀铜圆钢；

C. 不小于 50mm^2 铜带或缠绕的电缆；

D. 与贯通地线材质相同。

④在避雷带引下线处应设垂直接地体，垂直接地体必须与水平接地体可靠连接。接地电阻不满足要求时，可增设垂直接地体，其间距不宜小于其长度的 2 倍并均匀布置。

⑤接地体应设置永久性明显标志。

⑥环形接地装置必须与建筑物四角的主筋连接（断接卡处或测试板处栓接，以便定期检测接地电阻），并应在地上每隔 5 ~ 10 m 就近与建筑物基础接地网钢筋在断接卡或测试盒内连接一次。

⑦垂直接地体可采用石墨电极，铜包钢材、铜材、热镀锌钢材钢管、圆钢、角钢、扁钢或其他新型接地材料，电力牵引区段宜采用石墨接地体。

A. 采用热镀锌钢管时，钢管壁厚不小于 3.5 mm；

B. 采用热镀锌角钢，角钢不小于 50 mm × 50 mm × 5 mm；

C. 采用热镀锌扁钢时，扁钢不小于 40 mm × 4 mm；

D. 采用热镀锌圆钢时，圆钢直径不小于 8 mm。

14.1.5 垂直接地体采用接地材料、型材和焊接工艺

垂直接地体可采用石墨电极、铜包钢材、铜材、热镀锌钢材钢管、圆钢、角钢、扁钢或其他新型接地材料，电力牵引区段宜采用石墨接地体。具体要求：

①采用热镀锌钢管时，钢管壁厚不小于 3.5 mm；

②采用热镀锌角钢，角钢不小于 50 m× 50 m×5 mm；

③采用热镀锌扁钢时，扁钢不小于 40 mm ×4 mm；

④采用热镀锌圆钢时，圆钢直径不小于 8 mm；

⑤接地装置的焊接应采用搭接焊，搭接长度、焊接形式等应符合下列要求：

A. 扁钢与扁钢搭接为其宽度的 2 倍，不应小于三面施焊；

B. 圆钢与圆钢搭接为其直径的 6 倍，应双面施焊；

C. 圆钢与扁钢搭接为圆钢直径的 6 倍，应双面施焊；

D. 扁钢与钢管，扁钢与角钢焊接，应紧贴 3/4 钢管表面或角钢外侧两侧，上下两面施焊；

E. 除埋设在混凝土中的焊接接头以外，焊接部位应做防腐处理。

14.1.6 水平接地体采用接地材料、型材和焊接工艺要求

1. 水平接地体可采用的材料

A. 40 mm×4 mm 热镀锌扁钢：

B. 镀层厚度大于 250 μm、直径大于 14 mm 的镀铜圆钢；

C. 不小于 50 mm² 铜带或缠绕的电缆；

D. 与贯通地线材质相同。

2. 工艺要求

A. 扁钢与扁钢搭接为其宽度的 2 倍，不应小于三面施焊；

B. 圆钢与圆钢搭接为其直径的 6 倍，应双面施焊；

C. 圆钢与扁钢搭接为圆钢直径的 6 倍，应双面施焊；

D. 扁钢与钢管，扁钢与角钢焊接，应紧贴 3/4 钢管表面或角钢外侧两侧，上下两面施焊；

E. 除埋设在混凝土中的焊接接头以外，焊接部位应做防腐处理。

14.1.7 接地装置接地电阻达不到要求时采取措施

接地装置接地电阻难以达到要求时，可采取深埋接地体、设置外延接地体、换土，在接地体周围添加经环保部门认可的降阻剂或其他新技术、新材料等措施。

14.1.8 接地装置的接地体难以避开污水排放和土壤腐蚀性强的地点时处理措施

接地体难以避开污水排放和土壤腐蚀性强的地点时，垂直接地体应采用石

墨接地体；水平接地体应选用耐腐蚀性材料，采用热镀锌扁钢时，镀层不宜小于 $60\mu m$。

14.1.9 铁路沿线建筑物如信号楼的网格地线、环形地网、贯通地线接地连接方式

铁路沿线建筑物，如信号楼在《铁路车站信号设备防雷、电磁兼容及接地》（通号〔2008〕9201）设计图中要求：

① 网格地线每间隔 5 ~ 7 m 与环形地网用 25 mm² 电缆线就近（预留连接板处）连接一次；

② 贯通地线在信号机房建筑物一侧每隔 2 ~ 3 m 用 50 mm² 裸铜线（同材质贯通地线 4 根或 40 mm × 4 mm 镀锌扁钢 4 根）与环形接地装置连接，两端各连接两次。

③ 环形地网应设置垂直接地体，垂直接地体必须与水平接地体可靠焊接。接地电阻不满足要求时，可增设垂直接地体，间距不宜小于其长度的 2 倍并均匀布置。

④ 环形地网必须与建筑物四角的主筋连接（断接卡处），并应在地上每隔 5 ~ 10 m 就近与建筑物基础接地网钢筋连接一次。

⑤（通号〔2008〕9201）设计图中要求与《建筑物防雷设计规范》（GB 5057—2010）、《建筑物电子信息系统的防雷技术规范》（GB 50343—2012）及《铁路防雷与接地工程技术规范》（TB 10180—2016）等相关要求不一致：外墙下电阻测试盒无法检测环形接地装置接地电阻值，因室外环形地网与建筑物地网在地下已多处连接（焊接）；未明确要求设置专用防雷引下线，若设有专用引下线，但专用引下线不能连接到结构物内的钢筋上；若利用结构物柱内钢筋作引下线，室内各层需设专用等电位镀锌扁钢作接地干线，且底层需设总等电位接地端子板 MEB（安装底座与低绝缘），再用 2 根 Φ25 mm 绝缘导线把 MEB 冗余连接到室外环形接地装置上。

14.1.10 安装电子信息系统的建筑物防雷引下线、断接卡、总等电位端子板及环形地网设置技术要求

1. 安装专用防雷引下线的情况

当建筑物安装专用防雷引下线（有金属骨架构筑物和无金属骨架构筑物）时，专用防雷引下线不与结构物钢筋连接。

① 金属结构物或钢筋混凝土建筑物，整个建筑物钢筋互相连接为三维网状

立体等电位连接网络，预留各层接地钢筋接地端子，各层等电位端子板直接连接到预留接地钢筋上即可，底层不需设置总等电位接地端子板 MEB，但重要电子机房可单设电子电气总等电位接地端子板 MEB，再单独用 $2 \times 25 \ mm^2$ 绝缘导线冗余连接到基础地网接地装置上。

② 非金属结构物（既有电子机房），需要布设专用等电位接地钢筋或钢板及接地引下线，底层需设总等电位接地端子板 MEB，再用 $2 \times 25 \ mm^2$ 绝缘导线连接线冗余连接到基础地网或室片人工接地体上。

2. 未安装专用防雷引下线的情况

当建筑物未设专用防雷引接线而是利用建筑物结构钢筋或钢柱作自然引下线时，室外安装人工装置和不安装人工接地装置的情况。

① 楼层间或垂直竖井内设置接地干线（绝缘铜导线、扁钢或铜带与墙绝缘）与各层等电位接地端子板（LEB）连接后接入底层总等电位端子板 MEB，再用两根 $2 \times 25 \ mm^2$ 绝缘导线接入共用地网（0.7 m 以下）桩基接地钢筋上。

② 设置专用等电位接地钢筋或扁钢，且此专用钢筋或扁钢不能与用做引下线的钢筋连接，底层设总等电位接地端子板 MEB，在 MEB 端子板上再用两根绝缘导线（或镀锌扁钢用 PVC 管防护）接入共用地网中（单点冗余连接到 0.7 m 以下地网连接钢筋上）。

3. 引接线上断接卡或测试盒的设置

① 专用防雷引下线需设断接卡（地面以上 0.3 ~ 1.8 m 处）。

② 利用结构钢筋做防雷引下线且采用埋于地下土壤中的人工接地装置（无基础地网）作接地网时，应在每根引下线上距地面不低于 0.3 m 处设接地连接板，且设断接卡（做法：连接板与上部钢筋焊接，下部与接地装置连接线栓接）。

③ 当利用混凝土内钢筋或钢柱作为自然引下线并同时采用基础（桩基或地网）接地体时，可不设断接卡，但需设测试用连接板。

4. 总等电位端子板 MEB 及人工接地体的设置

① 室内底层设有电子电气总等电位接地端子板（MEB）时，可直接连接到自然接地体上（0.7 m 以下基础地网或地网桩基上），不须设置室外环形地网；当室外设置有环形地网（人工接地体）时，室内可不设 MEB 总等电位接地端子板（室外环形地网的水平扁钢就起到了电子电气等电位连接端子板的作用）。

② 特别重要的电子信息系统机房，当室内底层安装了总等电位接地端子板 MEB，室外又布设了人工环形接地网时，室内底层安装的总等电位接地端子板

MEB 用作室内金属构筑物（吊顶龙骨、暖通、水管、楼层等电位接地干线等）汇集连接，再单独接入室外环形地网；室内的电子电气设备可在底层设置专用总等电位接地端子板 MEB，然后接入室外环形地网，也可从电子电气机房用 2×25 mm^2 绝缘导线把各种不同性能的接地端子板直接接入室外环形地网，但间距不小于 5 m。室外环形接地体（防感应雷）与电子信息建筑物的基础地网（防直击雷）在墙外预留连接板处（不少于 4 处）连接，以便定期断开建筑物地网测试人工接地装置接地电阻。

根据《铁路防雷及接地工程技术规范》（TB 10180—2016）中 3.5.8 条第 1 款要求，在同一建筑物内的电力、牵引供电及电子信息系统设备房屋等电位连接时，各系统应分别设置总等电位连接带（即端子板），同一系统设备应连接各自的总等电位连接带，并采用单独的接地干线或接地支线：各系统的总等电位接地端子板接入共用接地网（环形地网）时，不同系统与接地网的连接点间沿接地体距离不宜小于 5 m。

14.1.11 建筑物接地装置测试盒及断接卡设置

1. 既有信号楼（非钢筋混凝土框架结构）

房顶避雷网用引接线从墙外引下时，在测试盒内与地网栓接，环形地网在测试盒内栓接，同时测试盒起断接卡作用。

2. 新建信号楼

若利用结构物钢筋作防雷引下线时，柱内预留钢板焊接在结构物钢筋上，进雷网与结构物地网无法断开，但环形地网可以栓接在柱内预留钢板上，对环形地网起断接卡作用，电子电气设备的各种接地汇集线（排）用绝缘导线冗余引接至环形地网上；若将专用接地钢筋设作防雷引下线，专用接地钢筋断开处焊接在预留钢板上部，断开的专用钢筋卡接或栓接在预留钢板下部。

14.1.12 信号楼室内不同功能接地汇集线（端子板）布设

①室内设备同一功能接地汇集线可相互连接，但不得构成闭合回路。

②电源防雷箱电源引入处和防雷分线柜处的接地汇集线宜单独设置，分别与环形接地装置单点冗余连接，其余接地汇集线应采用截面积不小于 2×25 mm^2 的带绝缘外护套的多股铜芯线或 30 mm × 3 mm 的铜排相互连接铜排可连接成条形、环形或网格形（与地面绝缘），但不得构成闭合回路，接地汇集线受制造长度的限制需使用多根铜排时，铜排间直接连接的接触部分长度不少于 60 mm，接触面

应打磨后用 3 个铜螺栓双螺帽连接后与环形接地装置单点冗余连接。

③当房屋面积较大时，宜设置与地网单点冗余连接的总接地汇集线。运转室、继电器室、电源室、设备机房的接地汇集线应分别与总接地汇接线单点连接；当信号设备房屋分布在几个楼层时，各楼层应分别设置局部接地汇集线，局部接地汇集线间应采用不小于 25 mm² 的带绝缘外护套的多股铜芯线栓接。

④接地汇集线及接地汇集线间的连接导体、总接地汇集线与地网的连接线必须与墙体绝缘。接地汇集线应在距地面 200 mm ～ 300 mm 处设置；有防静电地板的机房，接地汇集线可在底板下方距地面 30 mm ～ 50 mm 处设置，距墙面宜为 100 mm ～ 150 mm。接地汇集线上每隔 1000 mm ～ 1500 mm 应预留接地螺栓供连接使用。

⑤总接地汇集线与地网的连接线应采用不小于 2 × 25 mm² 的带绝缘外护套的多股铜芯线。电源室防雷箱处电源引入处接地汇集线在环形接地装置上的连接点与分线柜处接地汇集线在环形接地装置上的连接点之间，以及与其余接地汇集线在环形接地装置上的连接点之间距离宜大于 5000 mm。

⑥楼内电子电气设备接地汇集线连接入环形地网。

14.1.13 电子信息机房室内外信号设备防雷元件安装技术要求

① 防雷元件的规格、型号、数量符合设计和订货合同的要求。

② 防雷元件应有合格证等质量证明文件齐全。

③ 防雷元件的安装位置、方式符合设计（或规范）要求。

④ 防雷元件的安装应牢固可靠、便于检测，其他设备不得借用防雷设备的端子。

⑤ 防雷元件表面无变形、无损伤。

⑥ 防雷元件与被防护设备之间的导线应采用阻燃线，路径应短捷、不留余长。

⑦ 并联型防雷保安器与被保护设备端子连接线截面积不小于 1.5 mm²，连接线长度不宜超过 500 mm，受条件限制时可适当延长，但严禁超过 150 mm。采用凯文接线法时，防雷保安器接地线长度不应大于 1000 mm。

14.1.14 室内电源防雷技术要求

①单相稳定电流小于 10 A 的机房，电源线与防雷箱的连接线长度不宜大于 500 mm，受条件限制连接线长度在 500 mm ～ 1000 mm 时，应采用凯文接线法连

接。防雷箱接地线与电源保护地线 PE 连接，并就近与接地汇集线连接。

②连接线采用塑料外护套多芯铜线，第 I 级连接线截面积不小于 10 mm²，第 II 级不小于 6 mm²，第 III 级不小于 2.5 mm²。

14.1.15 室内外信号传输防雷单元安装技术要求

①电缆金属护套和屏蔽层应与分线盘接地汇集线连接，使用中的电缆芯线经防雷保安器接地端子与接地汇集线连接，电缆备用芯线直接与接地汇集线连接。

②信号传输线上设置的防雷保安器接地线必须与被保护设备金属外壳连接，连接线采用标称截面积不小于 1.5 mm² 多股铜芯塑料绝缘软线，长度不大于 200 mm，并就近与接地汇接线连接。

③室外的信号设备防雷保安器接地端子应就近与接地体可靠连接，连接线采用标称截面积不小于 1.5 mm² 多股铜芯塑料绝缘软线。

④应答器室内防雷单元应固定安装在机房分线柜上或专用防雷柜内，具体位置应符合设计要求（防雷分线柜上层或下层组合架），泄流接地芯线接入通道防雷汇集线板或 FLE 接地汇集板，但室内室外只能单端接地。若室内端接地时，室外应答器电缆盒内泄流线及金属护套或屏蔽网悬空，不能连接在一个端子上形成室外短路，也造成室内的二次成端防护通道短路。

⑤接地线采用截面积不小于 1.5 mm² 黄绿色多股铜芯塑料绝缘线。

14.1.16 室内信号设备接地不同功能的接线盒（或端子板）及技术要求

室内信号设备的四种不同用途的接地端子板式排应单独设置，并用 2×25 mm² 软芯铜导线直接与室外环形地网连接，它们分别为电缆金属护套接地、电源防雷接地（含电源屏一次侧防雷接地）、传输通道防雷接地、安全保护的等电位接地端子板式排；室内屏蔽笼接入自建大法拉第笼。具体技术要求如下：

（1）室内设备必须与墙体绝缘

其安全地线、防雷地线、工作地线等应以最短距离分别就近与接地汇集线连接。

（2）电源防雷箱接地

① 电源引入防雷箱外壳与防雷箱内接地端子连接，连接线应采用截面积不小于 6 mm² 铜导线；

② 当室内设有电源引入防雷接地汇集线时，电源引入防雷箱内接地端子可直接与电源引入防雷接地汇集线连接，连接线应采用截面积不小于 50 mm² 铜

导线。

③ 电缆引入防雷箱内接地端子可直接就近与综合接地端子或环形地网单点冗余连接，连接线应采用截面积不小 50 mm² 铜导线（2×25 mm² 铜导线冗余连接）。

（3）电源屏接地（分两部分接地）

① 电源引入屏内变压器一次侧输入加装的浪涌保护器（验标为：首个电源屏引入侧浪源保护器）接地端子板式排就近与电源防雷箱接地端子板式排连接，连接线应采用截面积不小于 50 mm² 铜导线。通过电源防雷箱接地端子板式排引入室外环形地网，引接线为 2×25 mm² 多股铜芯软线，

② 电源屏变压器（稳压器）二次侧输出侧浪涌保护器接地线与电源屏外壳接地端子板式排连接，与室内等电位端子板式排连接，连接线应采用截面积不小于 6 mm² 多股铜芯软线。

③ 信号设备电源屏背面底部有二组接地端子，输入电源屏的电源防雷接地端子装有绝缘子；电源屏输出侧浪涌保护器接地与屏内机架等电位环连接地端子连接，此端子不需加装绝缘子，直接就近接入屏后等电位接地端子板式排，连接线应采用截面积不小于 6 mm² 多股铜芯软线。（对上述 "②" 的进一步解释）

（4）传输通道防雷接地（防雷分线柜）

① 室内防雷分线柜浪涌保护器与柜内的（柜底）接地端子板式排连接，连接线应采用多股铜芯软线，截面积不小于 6 mm²。

② 防雷分线柜浪涌保护器接地端子板式排与传输通道防雷接地端子板式排连接，连接线应采用多股铜芯软线，截面积不小于 50 mm²；在传输通道防雷接地端子板式排上再用 2×25 mm² 多股铜芯绝缘软线与室外环形地网进行冗余连接。

③ 电缆四芯组绝缘保护层应保留至移频综合柜引入口处，电缆四芯组内屏蔽层在移频综合柜引入口处用双根扁平网与柜内屏蔽接地汇流排（DLE）连接，截面积不小于 1.5 mm²；DLE 与柜体等电位分支接地铜排连接，连接线应采用多股铜芯软线，截面积不小于 16 mm²；移频综合柜内电缆芯线浪涌保护器接地线接到柜内防雷接地汇集排（FLE）上，FLE 与传输通道防雷分支接地铜排连接，连接线应采用多股铜芯软线，截面积不小于 50 mm²，再把传输通道防雷分支接地铜排连接到传输通道防雷接地端子板式排。

说明：现场实际出厂布线为，电缆四心组内屏蔽层在移频综合柜引入口处用双根 1.5 mm² 扁平网与预留的 DLE 连接，因为柜内侧面内部线缆屏蔽层已连

接到了 DLE 接线板上了，而 DLE 外引线应接到室内机柜的等电位汇集线式排上［《高速铁路信号工程施工质量验收标准》（TB10756—2018）4.5.7 的第 4 款要求］；移频防雷分线柜上的浪涌保护器接地通过柜内配线已接到 FLE 防雷汇集端子板上了，此板外引线只能接到传输通道防雷接地端子板上，再用不小于 50 mm^2（$2 \times 25 \ mm^2$）多股铜芯软线接到室外环形地网上。

建议：设计图中 DLE 与 FLE 端子板名称调换，就可符合现场实际出厂配线情况（多年运用一直这样定型），也达到了信号验标要求，否则生产厂家需重新对 DLE 与 FLE 端子板进行配线。

（5）室内安全保护接地（设备外壳、机柜、槽、架等等电位接地）：

① 柜内电子设备金属外壳、屏蔽线缆金属外层等应做等电位连接。

② 设备门与柜体、机柜式架顶部金属线缆槽间或桥架接缝处应连接，连接线应采用多股铜芯软线，截面积不小于 6 mm^2。

③ 机柜式架下部的金属槽或桥架、机柜式架主体、移频综合柜内屏蔽接地汇集板与安全保护分支接地铜排栓接，连接线应采用多股铜芯软线，截面积不小于 16 mm^2。

④ 机柜式架下应设置尺寸不小于 30 mm × 3 mm 的安全保护分支接地铜排，与安全保护接地等电位接地端子板式排连接，连接线应采用不小于 50 mm^2（分支连接线采用截面积不小于 16 mm^2）多股铜芯线或 30 mm × 3 mm 铜排；室内总等电位接地端子板式排引接到室外环形地网，连接线应采用 $2 \times 25 \ mm^2$ 多股铜芯软线，与环形地网冗余连接。

14.1.17 建筑物电子信息系统防雷设计与施工中不同的电子电气（器）系统总等电位连接端子板设置及接线端子板上接线端子数量

①根据《铁路防雷及接地工程技术规范》（TB 10180—2016）中 3.5.8 条第 1 款要求，在同一建筑物内的电力、牵引供电及电子信息系统设备房屋等电位连接时，各系统应分别设置总等电位连接带（即端子板），同一系统设备应连接各自的总等电位连接带，并采用单独的接地干线或接地支线。

②各系统的总等电位接地端子板接入共用接地网（环形地网或建筑物地网）时，不同系统与接地网的连接点间沿接地体距离不宜小于 5 m，接地引接线用 $2 \times 25 \ mm^2$ 多股铜芯软线，与共用接地网冗余连接。

③接线端子板上接线端子数量根据不少于引入引出线数量确定。

14.1.18 室外电缆引入电子机房接地措施

（1）设备房屋引入口电缆金属护套接地（一次接地）：

① 设备房屋引入口与分线柜间距离大于 5 m 时，应在电缆间或电缆引入口处进行电缆金属护套接地；

② 电缆金属护套接地应采用成端接地盒；

③ 电缆钢带（断开）、铝护套（不断）通过成端盒接地端子与 30 mm × 3 mm 分支接地铜排连接：

④ 分支接地铜排与引入口处电缆金属护套接地等电位接地端子板式排连接；端子板用 2×25 mm² 多股铜芯软线引接到室外环形地网。

（2）室内设备柜处的电缆金属护套接地（二次接地）：

① 电缆金属护套接地应采用成端接地盒；

② 钢带、铝护套及泄流线通过成端盒接地端子与 30 mm × 3 mm 分支接地铜排连接；

③ 分支接地铜排与室内电缆金属护套接地等电位接地端子板式排连接；端子板用 2×25 mm² 多股铜芯软线引接到室外环形地网。

④ 电缆四芯组绝缘保护层应保留至移频综合柜引入口处。

（3）电缆钢带、铝护套直接（不采用成端接地盒和分支接地铜排）接地时，应分别采用截面积不小于 1.5 mm² 铜导线连接，并与电缆金属护套接地等电位接地端子排连接；电缆剥开处应采用热缩管或冷封胶等方式进行处理。

（4）分支接地铜排与电缆金属护套接地等电位接地端子板式排间连接，连接线应采用铜导线，截面积不小于 50 mm²。

14.1.19 电子信息机房内机柜式架等电位连接具体要求

①机柜架外壳、各种屏蔽线的屏蔽网、ZPW—200 模拟网络接地等共用一个接地汇集线，并采用栓接方式连接。

②机柜架的门体、槽道与机柜架主体部分应进行等电位连接，连接线应采用截面积不小于 6 mm² 铜导线。连接后就近与电源屏等电位接地汇集线连接。

③屏蔽线应采用单端接地，屏蔽层宜从横向出线处剖开。同架屏蔽线间采用截面积不小于 0.75 mm² 铜导线连接后接至零层接地端子，每架零层接地端子分别与接地汇集线单独连接。

④走线架不得布置成环型，已构成闭合回路的可加装绝缘。在不构成闭合回

路的前提下，必须保持走线架在电气上的连续性可利用剥开的 25 mm² 铜导线，敷设在电缆走线架内，并将每段走线架至少在两点进行连接，并用 30 m×3 mm 紫铜排与接地汇集线栓接，连接螺栓采用 Φ8 mm 铜质或不锈钢质，并不得少于 3 枚。

⑤室内同一排不同的金属机架、柜之间用大于 10 mm² 多股铜导线栓接后再用不小于 50 mm² 有绝缘外护套的多股铜线或 30 mm×3 mm 紫铜排就近与接地汇集线连接。

⑥接地汇集线应就近与综合接地端子（环形地网）相连接，连接线应采用截面积不小于 50 mm² 铜导线。

14.1.20 建筑物内所有不带电的自来水管、暖气及消防管道等金属物体接地防护

建筑物内所有不带电的自来水管、暖气管道等金属物体都必须与环形接地装置做等电位接地连接，不能在建筑物屋内地面以上连接，端子板用 2×25 mm² 多股铜芯软线引接到室外环形地网。

14.1.21 室内设备地线连接后接地电阻要求

室内设备地线连接后，应进行接地电阻测试，接地电阻不得大于 1 Ω，测试结果填写测试记录。

14.1.22 通信信号（信息）设备接地连接线要求

①需用多股铜芯绝缘软线（黄绿彩线），若用紫钢带或镀锌扁钢时与地间加装绝缘子防护。

②信号设备接地导线上严禁设置开关、熔断器或断路器。

③接地引接线与压接端子的连接应牢固可靠，增子无松动，引接线无破损。

④同接地线连接的室内端子板式排与地（墙）间须绝缘。

⑤各接地端子应设置用途及去向铭牌。

14.1.23 室外信号设备防雷接地原则

①信号设备的金属外边缘距接触网带电部分 5 m 范围内的信号设备，其金属外壳应采用 50 mm²，既有线采用 25 mm² 铜质接地线与综合接地端子或贯通地线连接。

②室外设备接地均采用并联接地方式如图 14-1，设备集中处设置分支接地引接线。接地引接线与贯通地线连接，有预留端子时可采用栓接方式连接，与分支接地引接线连接可采用 T 形压接方式。

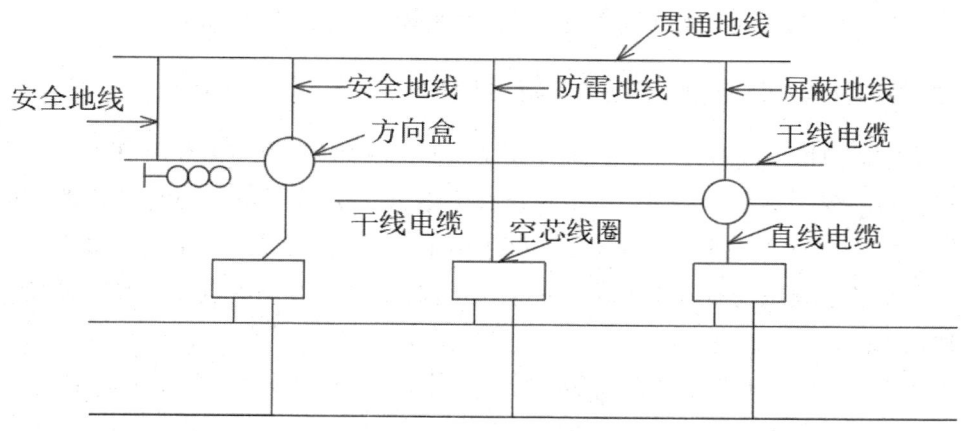

图 14-1 室外设备接地图

14.1.24 室外信号电缆的屏蔽和接地技术要求

①信号电缆的钢带、铝护套、内屏蔽护套应单端接地，单端接地的电缆长度不得超过 3000 m，当电缆总长度超过 3000 m 时，中间应采用地面接续盒方式单端接地连接一次。

②引入箱盒的电缆钢带、铝护套采用 U 形卡加固牢靠，环接后用两根 7×0.52 mm 铜芯绝缘软线连接至方向盒内接地端子，内屏蔽层用 1.5 mm^2 扁平铜网环接后接至方向盒内接地端子。

③箱盒的接地端子应就近与综合接地端子或贯通地线连接，连接线应采用截面积不小于 50 mm^2 铜导线，既有线采用 25 mm^2 铜导线。

14.1.25 室外信号机及梯子的接地技术要求

①高柱信号机必须进行安全接地防护，采用不小于 50 mm^2（既有线采用 25 mm^2）软铜缆将各个机构分别与信号机梯子连接后就近与综合接地端子或贯通地线连接。

②矮型信号机的金属基础，采用不小于 50 mm^2（既有线采用 25 mm^2）软铜缆连接后，就近与综合接地端子或贯通地线连接。

14.1.26 室外转辙装置的转搬机、密贴检查器、下拉装置的金属外壳接地连接

室外转辙装置的转辙机、密贴检查器、下拉装置的金属外壳应采用 50 mm^2（既有线采用 25 mm^2）铜导线就近与综合接地端子或贯通接地线连接。

14.1.27 ZPW—200 轨道电路防雷接地技术要求

①在简单横向连接或不设横向连接时，在空心线圈中点与地线间串联浪涌保护器；浪涌保护器与空芯线圈中点连接线采用 10 mm^2 铜导线；浪涌保护器就近与综合接地端子或贯通地线连接，应采用 50 mm^2（既有线采用 25 mm^2）铜导线。

②空芯线圈完全横向连接时，不设防雷单元，空芯线圈中点直接就近与综合接地端子或贯通地线连接。

③在 ZPW—200 轨道电路调谐匹配单元的 V1、V2 端子上，用 10mm^2 铜导线并接一个调谐匹配防雷单元，且不应接地。

④完全横向连接时，空扼流变压器或空芯线圈的中点用 50 mm^2 铜导线分别连接到上下行就近的综合接地端子或贯通地线上。

14.1.28 扼流变压器、信号机、转辙装置等设备与综合接地端子或贯通地线连接方式及技术要求

①扼流变压器、信号机、转辙装置等设备距综合接地端子较近时，分支地线与综合接地端子连接采用栓接方式；距综合接地端子较远时，分支地线与贯通地线采用 T 形线连接方式，每个 T 形连接采用两个压环，两个压环间距为 45 mm ~ 50 mm，并采取防腐保护措施。

②各接地地线连接端子应牢固可靠，引接线露出地面部分应进行防护。

14.1.29 信号设备接地处的接地标识要求

①信号设备接地处应增加接地标识，路基地段标识在电缆槽盖板上，桥梁地段标识在防护墙上，隧道地段标识在隧道壁上。

②标识符号如图 14-2。

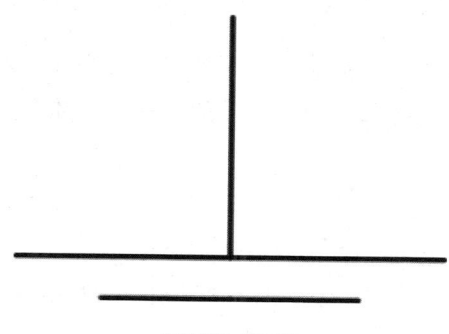

图 14-2　接地符号

14.1.30 电光缆引入接地技术要求

①光缆引入室内时，应在引入井或室内上机架前金属护层及金属加强芯应断开处理，内外绝缘。

②室外光缆的金属护套及金属加强件应使用截面积不小于 16 mm² 的多股铜芯软线接至引入口处电缆金属护套接地等电位接地端子板式排，由等电位接地端子板式排引接到室外环形地网。

③光缆引入室内应成端在光配线架或光纤终端盒上，光配线架和光纤终端盒的安装位置及光配线架板面排列应符合技术规范要求。

④引入室内的光缆应固定牢固整齐。

14.1.31 通信光缆接续技术要求

①芯线按光纤色谱排列顺序对应接续；光纤接续部位应进行热缩加强管保护，加强管收缩均匀、无气泡。

②光缆的金属外护套和加强芯应紧固在接头盒内，同一例的金属外护套与金属加强芯在电气上应连通，接头盒两侧的金属外护套、金属加强芯应相互绝缘。

③接头盒体应安装牢固、密封良好。

④光纤收容时的弯曲半径应不小于 40 mm；接续后的光纤收容余长单端引入引出应不小于 800 mm，两端引入引出应不小于 1200 mm。

⑤光纤接头接续衰减限值应特合《铁路通信设计规范》TB 10006 的有关规定。

⑥接头盒盒体应密封、无漏气／水。

14.1.32 芯线电缆接续技术要求

①电缆接续时芯线应线位正确、线序对应、无交叉、连接牢固，扭绞均匀。

②穿越铁路、公路及道口时，在距铁路钢轨、公路和道口的边缘 2 m 范围内不得接续。

③距地下热力、煤气及燃料管道 2 m 范围内不得接续。

④接头应水平，接头两端各 300 m 内不应弯曲。

⑤ A 端与 B 端相接，相同的芯组内颜色相同的芯线相接。

⑥接续后应进行芯线导通和芯线对地、芯线间绝缘电阻检测。

⑦备用芯线应全部连通，电缆铠装、金属护套、内屏蔽层应进行屏蔽连接。

⑧长度不大于 300 m 的电缆不得接续，长度不大于 1 km 的电缆不得多于 2 次接续，接续位置距离所接入的箱盒不得小于 30 m。

⑨同径路的两根电缆接续位置间距不应小于 1 m。

⑩接头盒体应安装牢固、密封良好；电缆地下接续采用免维护接续盒时，接续盒冷封腋灌筑应饱满、密实，胶体无溢出。

14.1.33 光电缆引入技术要求

①光电缆引入室内时应固定牢固整齐。

②室内光电缆引入孔应采用阻燃材料封堵严密。

③轨道电路用数字电缆和应答器电缆严禁盘成闭合圈。

④光电缆转弯及余留量的布放应均匀圆滑、整齐美观，不得有硬弯或背扣现象，并符合光电缆弯曲半径的要求。

⑤电缆井内的光电缆可采用电缆托架分层固定，两端电缆宜分开。

⑥电缆间可采用电缆盘架分层固定。

⑦楼层间电缆应分段固定在爬架上，固定间距不大于 1.5 m。

14.1.34 室外电气电缆接地技术要求

①室外电缆钢带、铝护套以及内屏蔽护套应分段单独接地，按设计文件要求，远离信号楼端接地。

②副管每根电缆的钢带、铝护套连接后分别用多股铜芯绝缘软线接至盒内接地端子；每根电缆的线组屏蔽层用扁平铜网环连后接至盒内接地端子；多股铜芯绝缘软线和屏蔽网线截面积不小于 1.5 mm^2。

③箱盒内接地端子应采用多股铜芯软线就近与综合接地端子连接，连接线截面积不小于 50 mm²。

④接地电阻应不大于 1 Ω。

14.1.35 箱盒内电缆成端技术要求

①电缆引入箱盒成端处电缆外护套和引入孔应进行密封处理。

②电缆芯线不得损伤。

③胶室底部的电缆芯线应分开，并灌筑冷封胶保护。

④箱盒冷封胶灌筑应饱满、密实，胶体无溢出。

14.1.36 箱盒内电缆配线技术要求

①芯线端头应预留 2 ~ 3 次做头余留量，并不应盘圈。

②箱盒内数字电缆不应闭合。

③备用芯线的长度应能够符合最远端子配线的长度要求，

④采用柱形端子时，顺时针绕制的芯线端部线环应用托片或线爪防护；多根配线间、配线与螺母间应垫垫圈。

⑤采用弹簧接线端子时，端子配线应一孔一线，并插接牢固。

⑥线把绑扎应均匀顺畅，配线不应与箱盒边缘接触。

⑦电缆两端应有电缆去向标牌。

14.1.37 电缆配线贯通后设备未连接前的每根芯线对地、线间绝缘电阻率要求

电缆配线贯通后设备未连接前的每根芯线对地、线间绝缘电阻率不应小于 20 MΩ·km。

14.1.38 分支接地引接线敷设及与综合接地系统连接技术要求

①室外信号设备集中处宜设置分支接地引接线，引接线截面积不应小于 50 mm²。

②分支接地引接线应与电缆隔离敷设。

③分支接地引接线与预留的综合接地端子（距接触网支柱基础不小于 15 m）连接应采用栓接方式。

④设备与分支接地引接线连接、分支接地引接线与贯通地线连接，相邻 C

型压接环间距为 45 ~ 50 mm，压接完成后应用热缩管进行防护，热缩管长出压接环不应小于 50 mm。

14.1.39 现场综合站房防雷与接地设计问题

①相关规定：《铁路防雷及接地工程技术规范》（TB 10180—2016）中 3.5.2 规定 "设备的接地引入线、接地干线或等电位连接带不应与防雷引下线直接共用，并避免从防雷引下线所在的建筑物结构柱引入"，《建筑物电子信息系统的防雷技术规范》（GB 50343—2012）中的 5.2.7 要求 "机房设备接地线不应从接闪器、铁塔、防雷引下线直接引入"。

②现场已经施工或即将施工的综合站房防雷与接地设计施工图主要存在下列问题：

Ⅰ．外墙下电阻测试盒无法检测环形接地装置接地电阻值，因为室外环形地网与建筑物地网在地下已多处连接（焊接）。

Ⅱ．未明确用建筑物防雷用专用引下线接地，若设有专用引下线，但专用引下线不能连接到结构物内的钢筋上；若利用结构物柱内钢筋（或钢柱）作防雷引下线，室内各层金属物体和设备机柜就不能直接连接到建筑物结构钢筋上。

Ⅲ．室内各层等电位镀锌扁钢直接接到结构钢筋上，且底层设置了总等电位接地端子板 MEB，又用 2 根 4 mmX40 mm 镀锌扁钢接到建筑物钢筋上。

Ⅳ．总等电位接地端子板 MEB 再用 2 根 4 mmX40 mm 镀锌扁钢接到室外环形地往上。

Ⅴ．室内电气设备及金属管线又用绝缘导线也接到总等电位接地端子板 MEB 上，逻辑混乱。

14.1.40 设于路基地段的通信基站各接地网连接与基站共用接地系统接入线路侧综合接地网

①通信基站设于路基地段时，四个地网（电力的箱变地网、通信机房地网、机房室外环形地网、通信铁塔地网）通过环形地网连接成共用接地系统，电阻值不大于 4Ω。

②若通信基站离线路距离大于 20 m 时，能够独立完成防雷与接地防护工作，可以不接入线路侧贯通地线。

③若通信基站离安装位置离线路距离小于 20 m，或要求基站接地系统接入贯通地线，那么基站共用接地系统接地电阻应不大于 1 Ω。

④若通信基站离线路距离大于 20 m，且要求接入线路综合接地系统，那么基站接地系统接地电阻应满足不大于 1 Ω 要求。

14.2 电力及牵引供电与房建及站前工程接口

14.2.1 变（配）电所避雷针（线）的接地装置的安装技术质量要求

①避雷针（线）与引下线之间连接应采用焊接，避雷针（线）与引下线之间连接采用焊接时，其焊接质量采用搭接焊，其搭接长度必须符合下列规定：

Ⅰ．扁钢为其宽度的 2 倍（且至少 3 个棱边焊接）；

Ⅱ．圆钢为其直径的 6 倍；

Ⅲ．圆钢与扁钢连接时，其长度为圆钢直径的 6 倍。

②避雷针节与节之间的连接应牢固，当采用电焊连接时，焊缝不得有裂缝、气孔及假焊等缺陷，节间应附焊不少于两根加强钢筋，加强钢筋的直径不得小于下节避雷针主筋的直径；当采用螺栓连接时，紧固件应齐全，紧固应牢固，节间应加焊接地钢筋，跨接钢筋的直径不得小于下节避雷针主筋的直径。

③避雷针（线）的引下线、接地装置及接地装置使用的紧固件均应使用镀锌制品，当采用没有镀锌的地脚螺栓时，应采用防腐措施。

④建筑物上的防雷设施采用多根引下线时，宜在各引下线距地面 0.3 ~ 1.8 m 处设置断接卡，断接卡应加保护措施。

⑤装有避雷针的金属筒体，其厚度不小于 4 mm 时，可作避雷针的引下线。筒体底部应有两处与接地体对称连接。

⑥独立避雷针及其接地装置与道路或建筑物的出入口等的距离应大于 3 m，当小于 3 m 时，应采取均压措施，或铺设砾石或沥青路面。

⑦独立避雷针（线）应设置独立的集中接地装置。当有困难时，该接地装置可与接地网连接，但避雷针与主接地网的地下连接点至 35 kV 及以下设备与主接地网的地下连接点，沿地中接地体的长度不得小于 15 m。

⑧独立避雷针的接地装置与配电装置的接地体的地中距离不应小于 3 m。

⑨配电装置的构架或屋顶上的避雷针应与接地网连接，并应在其附近装设集中接地装置。

⑩建筑物上的避雷针或防雷金属网应和建筑物顶部的其他金属物体连接成一个整体。

⑪避雷针及装有避雷针、线的构架上的照明电源线，应采用直埋于土壤中

的金属保护管进行防护，电缆的金属管必须接地，且地中埋设长度不得小于 10 m（与配电装置的接地网相连）。

构架上避雷针（线）落雷时，危及人身和设备安全，但将电缆的金属保护层或穿金属管的导线在地中埋置长度大于 10 m 时，可将雷击时的高电位衰减到不危险的程度。

⑫引入变电所的避雷线线档内不应有接头。

⑬避雷针及其接地装置，应采取自下而上的施工程序。首先安装集中接地装置，后安装引下线，最后安装接闪器。

14.2.2 变（配）电所内接地网的敷设技术质量要求

①接地体顶面埋设深度应符合设计规定。当无规定时，不宜小于 0.6 m。角钢及钢管接地体应垂直配置。除接地体外，接地体引出线的垂直部分和接地装置焊接部位应做防腐处理；在作防腐处理前，表面必须除锈并去掉焊接处残留焊渣。

②垂直接地体的间距不宜小于其长度的 2 倍。水平接地体的间距应符合设计规定。当无设计规定时，不宜小于 5 m。

③接地线应防止发生机械损伤和化学腐蚀。在与公路、铁路或管道等交叉及其他可能使接地线遭受损伤处，均应用管子或角钢等加以保护；有化学腐蚀的部位还应采取防腐措施；所有设备接地线其露出地面部分均有防腐措施。

④接地干线至少应在不同的两点与接地网相连接，每一设备的工作接地和保护接地应单独与接地干线或接地网可靠连接。自然接地体至少应在不同的两点与接地干线或接地网相连接。

⑤每个电气装置的接地应以单独的接地线与接地干线相连接，不得在一个接地线中串接几个需要接地的电气装置。主变压器外壳、避雷针应两点接地。

⑥室内电缆夹层及所内电缆支架接地线采用 50×5 m 镀锌扁钢；电缆沟接地扁钢在 20 kV 侧与地网设四处连接点，严禁在 27.5 kV 侧与主地网相连；室内、室外电缆沟内电缆支架接地线应构成整体。室外架构、室外设备、端子箱外壳、集中接地箱外壳采用 50×5 m 扁钢作接地引下线与接地网相连，但不得连至电缆支架的接地扁钢上。

⑦接地体敷设完后的土沟其回填土内不应夹有石块和建筑垃圾等，外取的土壤不得有较强的腐蚀性，在回填土时应分层夯实。

⑧接至电气设备上的接地线应用螺栓连接，其接触面应按母线施工规定作表

面处理。

⑨接地体（线）的连接应采用搭接焊，并满足下列要求：

Ⅰ.搭接长度：扁钢为宽度的 2 倍，且至少焊接三个棱边；圆钢为直径的 6 倍且应为两侧施焊；圆钢与扁钢连接为圆钢直径的 6 倍；

Ⅱ.扁钢与钢管时，应紧贴钢管外侧 3/4 钢管表面上下两侧施焊，在扁钢与角钢焊接时应在一面上下施焊，而另一直角面用角钢焊接主体角钢上使附加角钢另一面与主体角钢先焊面成一个平面，然后与扁钢上下边施焊。

Ⅲ.焊接处必须牢固，不得有假焊；焊接接头应有防锈蚀措施。

14.2.3 变（配）电所内电力明敷接地线的安装技术及质量要求

①接地线应水平或垂直敷设，不应有高低起伏及弯曲，不应妨碍设备的拆卸与检修，并便于检查。

②支持件的间距：在水平直线部分宜为 0.5 ～ 1.5 m；垂直部分宜为 1.5 ～ 3 m；转弯部分宜为 0.3 ～ 0.5 m。

③接地线沿墙壁水平敷设时，离地面高度宜为 250 ～ 300 mm。

④明敷接地线表面应涂黑漆，如涂其他颜色，则在连接处及分支处应涂以各宽为 15 mm 的两条黑带，其间距为 150 mm。在接地线引向建筑物的入口处，应以黑色接地记号标出。

⑤在进行检修时需临时接地的位置，均应引入接地干线，并应设有连接临时接地线使用的接线板和螺栓，此处应刷白色漆后标以黑色接地记号。

14.2.4 10/0.4 kV 电力变电所中设备基础、电缆引入口及沟槽管洞间技术要求

10/0.4 kV 变电所内没置电缆沟及设备基础，电缆沟内设置电缆支架，设备基础采用混凝土浇筑，沿基础的顶部预埋 10 号槽钢，槽钢应高出二次浇灌层 5 mm，基础的表面采用防水材料做防渗处理；电缆沟至室外电缆井预埋电缆保护管，电缆保护管与室外电缆井需做防渗水处理。

14.2.5 牵引供电系统接地设计原则

为满足牵引供电系统设备接地的需要，满足以下原则：

① PW 线或 NF 线与轨道的连接必须通过扼流变压器或空心线圈中性点连接。贯通地线与轨道电路横向连接线的连接点、PW 线或 NF 线的引下线与扼流

变压器或空心线圈中性点连接点宜在同一里程。

②牵引变电所应采用不少于两路独立的架空回流线或回流绝缘电缆（线）经扼流变压器中性点与钢轨相连接，将回流线引入牵引变电所。

③牵引网中的防雷接地装置在贯通地线上的接入点与其他设备在贯通地线的接入不应共用同一接地端子，应满足不小于 15 m 距离要求。

④牵引变电所围墙内外的管道、附属设备的金属外皮应与变电所地网相连，再就近接入综合接地系统。

14.2.6 10/0.4KV 变电所室内接地体安装技术要求

① 10/0.4 kV 变电所室内设置一面等电位联结箱，等电位联结箱与室内环形接地干线相连，接地干线距地面 0.3 m，接地干线采用 40×4 mm 镀锌扁钢。

②土建墙体砌筑安装等电位箱，将地网预留接地端子与等电位箱汇集排可靠连接，并在墙体预埋箱体进出线的保护管。

14.2.7 电力设施（装置）接地接入综合接地系统

距贯通地线两侧 20 m 范围以内电力设施的接地应就近接入综合接地系统，主要包括以下内容：

①电力架空线及其支柱上的断路器、负荷开关、电容器等设备的接地装置。

②电力变压器的接地装置。

③电力电缆中间接头、终端头等。

14.2.8 电力及牵引供电等强电设备接地连接线的安装安全要求

①电力及电力牵引供电等强电设备、设施的接地连接线不得进入通信、信号、信息等弱电槽内。

②如接入综合接地系统的设备或设施有特殊规定，应根据相关设备或设施要求选用接地连接线。

14.2.9 高铁路基和桥梁地段接触网支柱预留基础与 H 形钢柱基础技术要求

①路基地段接触网基础有三种：接触网 H 型钢柱基础、接触网钢管硬横跨基础及接触网下锚拉线基础。

②基础形式为钻孔灌筑桩加承台基础。

③以 H 形棉性基型为例，基础型号、位置符合接触网平面布置图的要求。有砟区段基础中心至线路中心 3250 m，无砟区段基础中心至线路中心 3150 m（站场除外）。

④ H 形钢支柱基础一般预留 6 根 M39 锚栓，材质为 Q345（16Mn）或 35 号优质碳素钢；每根锚栓配 3 个螺母、2 个垫圈，螺母、垫圈的机械性能与锚栓配套；锚栓采用其他材质时，其机械性能不应低于 Q345 钢，螺母、垫圈的机械性能等级应与之配套。

（5）锚栓、螺母、垫圈及预埋钢板均应做防腐处理。

14.2.10 车站内接触网预留钢管硬横跨基础技术要求

①硬横跨柱基础，一般采用钢管支柱基础，每个钢管硬横跨基础应预留 8 根 M42 锚栓，材质为 Q345（16Mn）或 35 号优质碳素钢；每根锚栓配 3 个螺母、2 个垫圈，螺母、垫圈的机械性能与锚栓配套。锚栓采用其他材质时，机械性能不应低于 Q345 钢，螺母、垫圈的机械性能等级应与之配套。

②锚栓、螺母、垫圈及预埋钢板的防腐要求同 H 形钢柱基础。

14.2.11 接触网支柱基础预埋件防腐性能技术要求

1. 桥梁段

基础面以下 150 mm 范围内的锚栓及其外露部分均应采用多元合金共渗＋达可乐技术＋封闭层处理，预埋钢板 1（上部钢板）采用多元合金共渗＋封闭层处理。

2. 路基区段

一般采用热浸镀锌防腐时，基础面以下 150 mm范围内的锚栓及其外露部分、螺母、垫圈、预埋钢板均应进行防腐，锚栓、螺母及垫圈的锌层附着量不低于 350 g/m²，即任何局部锌层厚度不低于 50 μm；预埋钢板的锌层附着量不低于 610 g/m²，即任何局部锌层厚度不低于 86 μm。当采用其他防腐技术时，其防腐性能不应低于上述热浸镀锌的防腐性能。

3. 拉线基础

在接触网下锚处预留拉线基础，每个拉线基础应预留 4 根 M24 锚栓，村质为 Q345（16Mn）或 35 号优质碳素钢；每根锚栓配 2 个螺母，1 个垫圈，螺母、垫圈的机械性能与锚栓配套。锚栓采用其他材质时，其机械性能不应低于 Q345 钢，螺母、垫圈的机械性能等级应与之配套。锚栓、螺母、垫圈及预埋钢板的防腐要求同 H 型钢柱基础。预留接触网基础时，应避免与电缆沟槽、排水沟、声屏障等冲突，冲突时应联系设计处理。

14.2.12 防爆及火灾危险场所设备的接地技术及质量要求

①在爆炸危险环境的电气设备的金属外壳、金属构架、金属配线管及其配件，电值保护管，电缆的金属护套等非常规带电的裸露金属部分，均应接地或接零。

②在爆炸危险环境的电气设备应采用专用接地线，该专用接地线若与相线敷设在同一保护管内时，应具有与相线相等的绝缘。金属管线、电缆的金属外护层等应作辅助接地线。

③在爆炸危险环境中接地干线宜在不同方向与接地体相连，连接处不少于两处。

④在爆炸危险环境中接地干线通过与其他环境共用的隔墙或楼板时，应采用钢管保护，并应用阻堵料堵塞严密。

⑤电气设备及灯具的专用接地线或接零保护线，应单独与接地干线（网）相连，电气线路中的工作零线不得作为保护接地线用。

⑥在爆炸危险环境内的电气设备与接地线的连接，宜采用多股软绞线，其铜线最小截面积不得小于 4 mm²，易受机械损伤的部位应装设保护管。

⑦铠装电缆引入电气设备时，其接地或接零芯线应与设备内接地螺栓连接，钢带及金属外壳应与设备外接地螺栓连接。

⑧爆炸危险环境内接地或接零用的螺栓应有防松装置，接地线紧固前其接地端子及上述紧固件，均应涂电力复合脂。

⑨当爆炸危险区内的非金属构架上平行安装的金属管道相互之间的净距离小于 10 mm 时，宜每隔 20 m 用金属线跨接，金属管道相互交叉的净距离小于 10 mm 时，应用金属线跨接。

⑩引入爆炸危险环境的金属管道、配线的钢管、电缆的铠装及金属外壳，均应在危险区域的进口处接地。

14.2.13《铁路防雷及接地工程技术规范》（TB 10180—2016）第 4.1.6 和第 4.1.7 条款解读

①第 4.1.6 和第 4.1.7 条"综合接地系统接地端子处的接地电阻不大于 1Ω"（即铁路线上 5 m 范围内的有接地装置的设备和金属构件）；检验方法：

沿线设备、设施、接地装置未与贯通地线等电位连接前测量检查；测量方法应符合《铁路综合接地系统测量方法》（TB/T 3233）。

②第 3.1.7 共用接地装置的接地电阻值必须按接入设备中要求的最小值确定。

③第 4.1.7 沿线建筑物（站房及四电用房）构筑物（铁塔）独立接地装置的接地电胆值宜先符合自身接地电阻要求后，再与综合接地系统进行等电位连接（20 m 范围内的建筑物和构筑物有独立接地装置，接入点故障不影响建筑物和构筑物自己独立接地保护工作）。

④《高速铁路电力牵引供电工程施工质量验收标准》（TB 10758—2018）中第 5.2.1 条：独立接地极接地方式及接地电阻应符合设计文件要求，且独立接地极的接地电阻值应符合规定。

接触网设备及其临近物接地装置接地电阻值要求：开关、避雷器、架空地线 10 Ω；零散接触网支柱 30 Ω；距接触网带电体 5 m 以内的金属结构 30 Ω；避雷线、兼起防雷功能的回流线或保护线 10 Ω。

此条要求适用于无综合接地系统的独立接地极方式的接触网基础的电阻要求，不适用高速铁路综合接地系统接触网基础接地，因为：

Ⅰ.桥上和隧道内的接触网基础已预先与各自的接地装置焊接在一起，且接地电阻要求小于 1 Ω；只有区间及站内路基段接触网基础为独立接地极，且站内线间接触网基础也用扁钢预先连成了整体。

Ⅱ.距接触网带电体 5 m 以内的金属结构（物）主要为桥梁、隧道、轨道板、声屏障、站台、雨棚、接触网基础及支柱、轨旁设备等，其中只有轨旁设备（道岔、信号机、轨道电路、应答器等）无自身接地装置，须引接到综合接地系统的（平台）贯通地线上，以谋求等电位接地连接保护。按国标或《铁路防雷及接地工程技术规范》（TB 10180—2016）中第 3.1.7 条要求，执行最小的接入电阻不大于 1 Ω。同时上述距接触网带电体 5 m 以内的金属结构（物）中只有路基段接触网基础是独立的接地极，且是路基段综合接地系统的垂直接地极，即不平衡电流泄放极，电阻越小泄放效果越好。接触网基础接入综合接地系统原则上按系统最小值要求 1 Ω 接入。所以表 5.22.1 的规定"距接触网带电体 5 m 以内的金属结构接地电阻不大于 30 Ω"不适合高铁的综合接地系统接地电阻接入要求。

Ⅲ.电力牵引供电工程施工质量验收标准及安全质量技术规程中均无高铁接触网基础接入综合接地系统中的电阻值具体要求，全为"符合设计文件要求"。

第15章 四电接口工程检查验收

15.1 综合接地单位工程、分部工程、分项工程、检验批划分

综合接地按桥梁、隧道、路基、无砟、站房工程划分单位工程，分部、分项、检验批划分见表15-1。

表15-1 综合接地分部、分项工程及检验批划分表

分部工程		分项工程		检验批	
类别	名称	类别	名称	检验批	代表部位
01 路基工程	相关工程及设施	综合接地	01 贯通地线敷设、接续及分支引接	连续长度不大于1000 m	
			02 接触网支柱基础接地装置	每个施工段	
			03 接地端子安装	每个施工段	
			04 电气设备、声屏障、金属隔离栅栏等电位连接	每隔200 m	声屏障
02 桥梁工程	桥梁附属设施	综合接地	01 贯通地线敷设、接续	每个施工段	
			02 桥墩接地装置	每个墩位	桩基础（接地钢筋）
					承台（接地钢筋）
					墩身（接地钢筋及接地端子），回填地面线以下20 cm处1个、墩台顶2个
			03 梁体接地装置	每跨梁体	梁体、接触网支柱基础（接地钢筋及接地端子），其中通信信号槽端子2个、梁体底部接地端子2个、接触网支柱基础端子1个
			04 桥面系接地装置	每跨梁体	防护墙、遮板竖墙的接地钢筋及接地端子，其中防护墙2个、遮板竖墙2个、
			05 电气设备、声屏障、金属隔离栅栏等电位连接	每隔200 m	声屏障等

分部工程		分项工程		检验批	
类别	名称	类别	名称	检验批	代表部位
03 隧道 工程	附属 设施	综合 接地	01 贯通地线敷设、接续	连续长度不大于 1000 m	
			02 初期支护接地装置	每个台车位（浇筑段）	有钢架（接地锚杆、钢筋网、钢架），接引钢筋焊接
					无钢架（接地锚杆、专用接地钢筋），接引钢筋焊接
			03 二次衬砌接地装置	每个台车位（浇筑段）	有钢架（衬砌接地钢筋网焊接、预埋槽道及接地网焊接、综合洞室接地钢筋网焊接、衬砌、综合洞室接地端子设置），其中洞室端子 2 个、衬砌洞口就每隔 500 m 设置 2 个
					无钢架（专用接地钢筋、槽道三肢格栅钢筋及面层钢筋网焊接、综合洞室接地钢筋网焊接、衬砌、综合洞室接地端子设置），其中洞室端子 2 个、衬砌洞口就每隔 500 m 设置 2 个
			04 电缆沟槽接地装置	每个施工段	接地钢筋网焊接、接地端子，其中通信信号槽沟底每 50 m 设置 2 个、侧墙外部每 100 m 设置 2 个，接地钢筋每 100 m 断开一次
			05 预埋管线	每处	预埋过轨管线
05 轨道 工程	附属 设施	综合 接地	01 无砟轨道板接地装置	每个浇筑体	接地钢筋网焊接、接地端子，其中端子 100 m 设置 2 个
			02 无砟轨道等电位连接	每隔 100 m	道床板与接触网支柱、桥梁防护墙、隧道电缆槽侧墙
06 站场 工程	附属 设施	综合 接地	01 站台墙接地装置	每个施工段	接地钢筋、接地端子、伸缩缝断开
			02 贯通地线敷设、接续及分支引	每个施工段	贯通地线、接地端子、接地电阻、站台量测横向连接
			03 接触网支柱基础接地装置	每处	接地钢筋、接地端子、接地扁钢、等电位连接
			04 线间热镀锌扁钢敷设及连接	每个施工段	贯通地线、等电位连接
			05 轨旁设备设施等电位连接	每个施工段	信号机、道岔、轨道箱盒、融雪装置、电缆盒、应答器及监控设备等等电位连接
			06 20 m 内构筑物接地装置等电位连接	每个施工段	房屋地网、雨棚、天桥、铁塔、护栏等等电位连接

综合接地检验批质量验收记录样表，见表 15-2。

表 15-2　综合接地检验批验收表格

新建 XX 至 XX 铁路 XX 段
综合接地检验批质量验收记录

[桥梁附属设施]

单位工程名称	XXX 双线特大桥			
分部工程名称	桥梁附属设施			
分项工程名称	桥墩接地装置		验收部位	5# 桥墩桩基
施工单位	中铁 XX 局集团有限公司		项目负责人	XXX
施工质量验收标准名称及编号	《铁路防雷及接地工程技术规范》（TB 10180—2016 ）			

		施工质量验收标准的规定	施工单位检查评定记录	监理单位验收记录
主控项目	1	接地端子型号、规格、技术要求	/	
	2	接地钢筋位置、间距、截面积	桩基钢筋 Φ**，符合设计文件要求	
	3	电气完整性测量	/	
	4	接地钢筋焊接	单面焊接长度 ***（不小于100）mm，双面焊接长度 ***（不小于55）mm，焊缝饱满，符合规范及设计文件要求	
	5	接地体施工质量	符合设计文件要求	
	6	接地端子安装质量	/	
一般项目	1	接地端子外观质量	/	
	2	接地用钢筋标识		
施工作业责任人员登记				
施工单位检查结果		专职质量检查员： 　　　　年　　月　　日		
监理单位验收结论		监理工程师： 　　　　年　　月　　日		

新建 XX 至 XX 铁路 XX 段
综合接地检验批质量验收记录

[桥梁附属设施]

单位工程名称	XXX 双线特大桥		
分部工程名称	桥梁附属设施		
分项工程名称	桥墩接地装置	验收部位	5# 桥墩承台
施工单位	中铁 XX 局集团有限公司	项目负责人	XXX
施工质量验收标准名称及编号	《铁路防雷及接地工程技术规范》（TB 10180—2016 ）		
施工质量验收标准的规定		施工单位检查评定记录	监理单位验收记录
主控项目	1　接地端子型号、规格、技术要求	/	
	2　接地钢筋位置、间距、截面积	每根接地钢筋中选择 1 根通长钢筋，在承台中通过连接钢筋环接，符合规范及设计文件要求	
	3　电气完整性测量	/	
	4　接地钢筋焊接	单面焊接长度 *** 不小于 100 mm，双面焊接长度 *** 不小于 55 mm，焊缝饱满，符合规范及设计文件要求	
	5　接地体施工质量	符合设计文件要求	
	6　接地端子安装质量	/	
一般项目	1　接地端子外观质量	/	
	2　接地用钢筋标识	接地钢筋涂刷黄色进行标识	
施工作业责任人员登记			
施工单位检查结果	专职质量检查员： 年　　月　　日		
监理单位验收结论	监理工程师： 年　　月　　日		

新建 XX 至 XX 铁路 XX 段

综合接地检验批质量验收记录

[桥梁附属设施]

单位工程名称	XXX 双线特大桥			
分部工程名称	桥梁附属设施			
分项工程名称	桥墩接地装置		验收部位	5# 桥墩墩身
施工单位	中铁 XX 局集团有限公司		项目负责人	XXX
施工质量验收标准名称及编号	《铁路防雷及接地工程技术规范》（TB 10180—2016）			
施工质量验收标准的规定			施工单位检查评定记录	监理单位验收记录
主控项目	1	接地端子型号、规格、技术要求	材质单编号：***，试验报告编号：***，符合设计要求	
	2	接地钢筋位置、间距、截面积	利用 2 根 ** 结构钢筋或 2 根 Φ16 圆钢作为接地体，其间距、位置符合设计文件要求	
	3	电气完整性测量	/	
	4	接地钢筋焊接	单面焊接长度 ** mm，双面焊接长度 ** mm，焊缝饱满，符合规范及设计文件要求	
	5	接地体施工质量	符合设计文件要求	
	6	接地端子安装质量	采用桥隧型接地端子 3 个，表面与混凝土面齐平，符合设计文件要求	
一般项目	1	接地端子外观质量	金属面无杂质，孔内螺栓无损伤，孔塞完整，符合规范及设计文件要求	
	2	接地用钢筋标识	接地钢筋涂刷黄色色进行标识	
施工作业责任人员登记				
施工单位检查结果		专职质量检查员： 年　　月　　日		
监理单位验收结论		监理工程师： 年　　月　　日		

新建 XX 至 XX 铁路 XX 段

综合接地检验批质量验收记录

[桥梁附属设施]

单位工程名称	XX 大桥		
分部工程名称	桥梁附属设施		
分项工程名称	梁体接地装置	验收部位	1# ～ 2# 现浇梁梁体
施工单位	中铁 XX 局集团有限公司	项目负责人	XXX
施工质量验收标准名称及编号	《铁路防雷及接地工程技术规范》（TB 10180—2016）		
施工质量验收标准的规定		施工单位检查评定记录	监理单位验收记录
主控项目	1	接地端子型号、规格、技术要求	材质单编号：***，试验报告编号：***，符合设计要求	
	2	接地钢筋位置、间距、截面积	采用 ** 结构钢筋或 Φ16 圆钢通过 L 形钢筋焊接后作为接地体，在梁底、防撞墙、接触网支柱基础、通信信号槽位置、声屏障基础处引出，其间距、位置、数量符合设计文件要求	
	3	电气完整性测量	直流电阻测量值 *** mΩ，符合《铁路综合接地系统测量方法》TB/T 3233 规定	
	4	接地钢筋焊接	单面焊接长度 ** mm/ 双面焊接长度 ** mm，焊缝饱满，符合规范及设计文件要求	
	5	接地端子安装质量	梁底采用桥隧型接地端子，表面与混凝土面齐平	
一般项目	1	接地端子外观质量	金属面无杂质,孔内螺栓无损伤,孔塞完整,符合规范及设计文件要求	
	2	接地用钢筋标识	接地钢筋涂刷黄色进行标识	
施工作业责任人员登记			
施工单位检查结果		专职质量检查员： 　　　年　　月　　日	
监理单位验收结论		监理工程师： 　　　年　　月　　日	

续表

新建 XX 至 XX 铁路 XX 段

综合接地检验批质量验收记录

[桥梁附属设施]

单位工程名称	XX 大桥		
分部工程名称	桥梁附属设施		
分项工程名称	桥面系接地装置	验收部位	1# ~ 2# 现浇梁桥面系
施工单位	中铁 XX 局集团有限公司	项目负责人	XXX
施工质量验收标准名称及编号	《铁路防雷及接地工程技术规范》（TB 10180—2016）		

		施工质量验收标准的规定	施工单位检查评定记录	监理单位验收记录
主控项目	1	接地端子型号、规格、技术要求	材质单编号：***，试验报告编号：***，符合设计要求	
	2	接地钢筋位置、间距、截面积	采用 ** 结构钢筋或 Φ16 圆钢通过 L 形钢筋焊接后作为接地体，在梁底、防撞墙、接触网支柱基础、通信信号槽位置、声屏障基础处引出，其间距、位置、数量符合设计文件要求	
	3	电气完整性测量	直流电阻测量值 *** mΩ，符合《铁路综合接地系统测量方法》TB/T 3233 规定	
	4	接地钢筋焊接	单面焊接长度 ** mm，双面焊接长度 ** mm，焊缝饱满，符合规范及设计文件要求	
	5	接地端子安装质量	防撞墙、通信信号槽内、接触装支柱基础、声屏障基础采用桥隧型接地端子，其表面与混凝土面齐平	
一般项目	1	接地端子外观质量	金属面无杂质，孔内螺栓无损伤，孔塞完整，符合规范及设计文件要求	
	2	接地用钢筋标识	/	
施工作业责任人员登记				
施工单位检查结果		专职质量检查员： 年　　月　　日		
监理单位验收结论		监理工程师： 年　　月　　日		

新建 XX 至 XX 铁路 XX 段

综合接地检验批质量验收记录

［隧道附属设施］

单位工程名称		XX 隧道进口		
分部工程名称		附属设施		
分项工程名称		初期支护接地装置	验收部位	D1K469+455 ～ K469+467 段初支
施工单位		中铁 XX 局集团有限公司	项目负责人	XXX
施工质量验收标准名称及编号		《铁路防雷及接地工程技术规范》（TB 10180—2016）		
施工质量验收标准的规定			施工单位检查评定记录	监理单位验收记录
主控项目	1	接地端子型号、规格、技术要求	/	
	2	接地钢筋位置、间距、截面积	采用锚杆及钢架作为接地体，在隧底仰拱处采用 Φ16 圆钢引出至填充面，其位置符合设计文件要求	
	3	电气完整性测量	接地电阻测量值 *** Ω，符合设计文件要求	
	4	接地钢筋焊接	单面焊接长度 ** mm，双面焊接长度 ** mm，焊缝饱满，符合规范及设计文件要求	
	5	接地体单位设置	符合设计文件要求	
	6	接地端子的安装	/	
一般项目	1	接地端子外观质量	/	
	2	接地用钢筋标识	涂刷黄色进行标识	
施工作业责任人员登记				
施工单位检查结果		专职质量检查员： 年　　月　　日		
监理单位验收结论		监理工程师： 年　　月　　日		

续表

新建 XX 至 XX 铁路 XX 段

综合接地检验批质量验收记录

[隧道附属设施]

单位工程名称	XX 隧道进口		
分部工程名称	附属设施		
分项工程名称	二次衬砌接地装置	验收部位	D1K469+455 ~ D1K469+467 段二衬
施工单位	中铁 XX 局集团有限公司	项目负责人	XXX
施工质量验收标准名称及编号	《铁路防雷及接地工程技术规范》（TB 10180—2016）		
施工质量验收标准的规定			施工单位检查评定记录	监理单位验收记录

		施工质量验收标准的规定	施工单位检查评定记录	监理单位验收记录
主控项目	1	接地端子型号、规格、技术要求	"/" 或 "材质单编号：***，试验报告编号：***，符合设计要求"（用于接触网防闪落设置在拱腰处的接地端子，隧道每 500 m 设置 1 处）	
	2	接地钢筋位置、间距、截面积	接地钢筋采用设置在仰拱矮边墙处标识的 Φ** 结构钢筋，并采用 L 形钢筋与纵向钢筋焊接，共计 ** 处，形成综合接地体，其间距、位置符合设计文件要求	
	3	电气完整性测量	接地电阻测量值 *** Ω，符合设计文件要求，待后续连接贯通地线后进行电气完整性测试	
	4	接地钢筋焊接	单面焊接长度 ** mm，双面焊接长度 ** mm，焊缝饱满，符合规范及设计文件要求	
	5	接地体单位设置	预埋槽道型号、位置符合设计文件要求	
	6	接地端子的安装	"/" 或 "采用桥隧型接地端子，表面与混凝土面齐平，并在旁边喷涂接地标识"（用于接触网防闪落设置在拱腰处的接地端子，隧道每 500 m 设置 1 处）	
一般项目	1	接地端子外观质量	金属面无杂质，孔内螺栓无损伤，孔塞完整，符合规范及设计文件要求	
	2	接地用钢筋标识	涂刷黄色进行标识	
施工作业责任人员登记				
施工单位检查结果			专职质量检查员： 年　　月　　日	
监理单位验收结论			监理工程师： 年　　月　　日	

新建 XX 至 XX 铁路 XX 段

综合接地检验批质量验收记录

[隧道附属设施]

单位工程名称	XX 隧道进口		
分部工程名称	附属设施		
分项工程名称	电缆沟槽接地装置	验收部位	D1K469+455 ～ D1K469+555 段电缆沟槽
施工单位	中铁 XX 局集团有限公司	项目负责人	XXX
施工质量验收标准名称及编号	《铁路防雷及接地工程技术规范》（TB 10180—2016 ）		

		施工质量验收标准的规定	施工单位检查评定记录	监理单位验收记录
主控项目	1	接地端子型号、规格、技术要求	材质单编号：***，试验报告编号：***，符合设计要求	
	2	接地钢筋位置、间距、截面积	采用 Φ16 圆钢代替结构钢筋，每 100 m 断开 1 次，其位置、间距符合设计文件要求	
	3	电气完整性测量	接地电阻测量值 *** Ω，符合设计文件要求，待后续连接贯通地线后进行电气完整性测试	
	4	接地钢筋焊接	单面焊接长度 ** mm，双面焊接长度 ** mm，焊缝饱满，符合规范及设计文件要求	
	5	接地体单位设置	/	
	6	接地端子的安装	采用桥隧型接地端子，数量、间距合格，表面与混凝土面齐平，并在旁边喷涂接地标识	
一般项目	1	接地端子外观质量	金属面无杂质，孔内螺栓无损伤，孔塞完整，符合规范及设计文件要求	
	2	接地用钢筋标识	涂刷黄色进行标识	

施工作业责任人员登记		
施工单位检查结果		专职质量检查员： 年　　月　　日
监理单位验收结论	程师：	监理工 年　　月　　日

15.2 接地装置、接地极电阻检测及土壤电阻率检测

《铁路综合接地系统测量方法》（TB／T 3233）中要求：

①电阻测试方法 A，建筑物接地装置电照测试布点、布线如图 15-1。

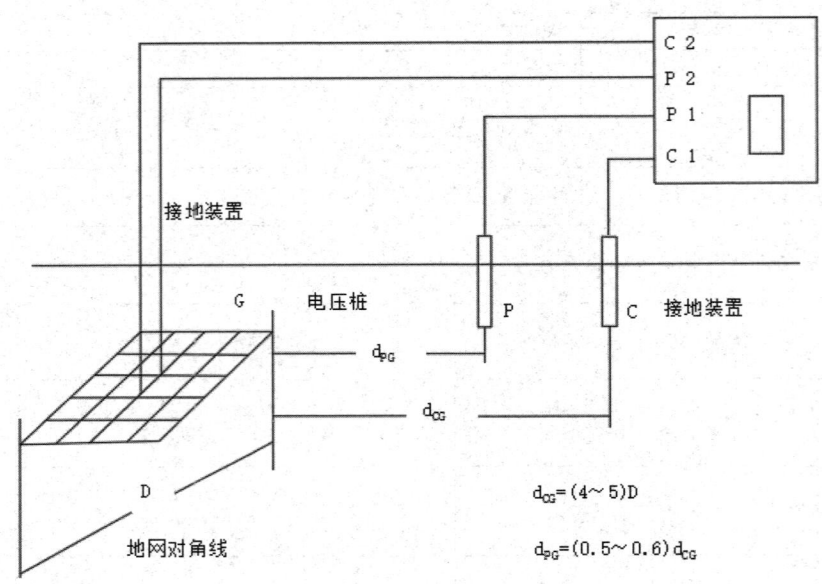

图 15-1 建筑物接地装置电阻测试

Ⅰ. d_{CG} 设置应布置得尽量（如 40 m），dCG 应为被测接地装置最大对角线（D）长度的 4 ~ 5 倍，即 dCG ＝（4 ~ 5）D。

Ⅱ. 测量时，电压极 P 应在被测量接地装置 G 与电流极 C 连线方向（0.5 ~ 0.6）dCG 附近移动三次，每次移动距离为 dCG 的 5% 左右，当三次测量的结果误差在 5% 以内时，即为接地体的接地电阻值。

Ⅲ. 测量时应使电流线（C）和电压线（P）保持尽量远的距离，以减小互感耦合对测量结果的影响。

Ⅳ. 布线方向垂直于铁路线路方向。

说明：三次测量时，P 点向 G 点每次移动 2m（移 2 次），三组测得的数据变化不超过 5% 时，三组数据的平均值就是该被测物的接地电阻值。

②电阻测试方法 B：接地极电阻测试，如图 15-2。

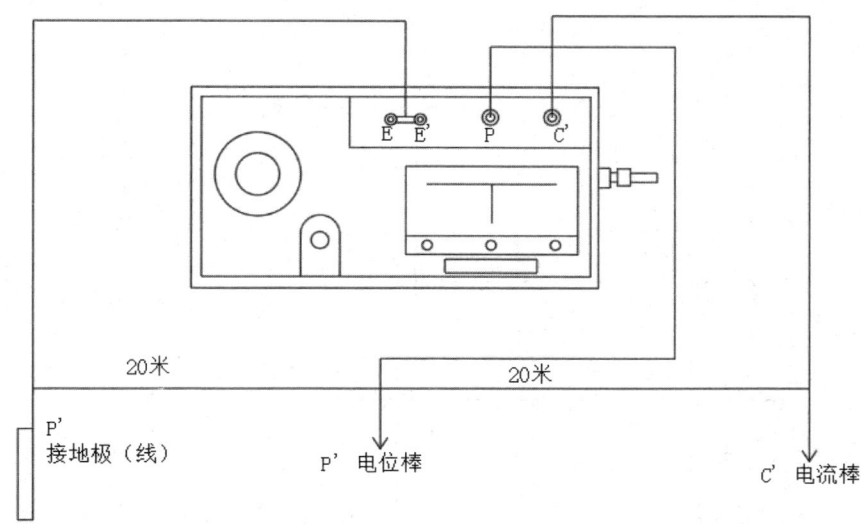

图 15-2 接地极电阻测试

Ⅰ.沿被测接地极 E'使电位探测棒 P'和电流探测棒 C'依直线彼此相距 20m，且电位探测棒 P'插于接地极 E'和电流探测棒 C'之间。

Ⅱ.用导线将 E'、P'和 C'连于仪表相应的端钮。

Ⅲ.将仪表放置水平位置，检查检流计是否指在中心线上，否则可用调零器将其调整指于中心线。

Ⅳ.将"倍率标度"置于最大倍数，慢慢转动发电机摇把，同时旋动"测量标度盘"，使检流计指针指于中心线。

Ⅴ.当检流计的指针接近平衡时，加快发电机摇把的转速，使其达到每分钟 150 转以上，调整"测量标度盘"使检流计指针指于中心线上。

Ⅵ.如"测量标度盘"的读数小于 1 时，应将"倍率标度"置于较小标度倍数，再重新调整"测量标度盘"以得到正确读数。

Ⅶ.用"测量标度盘"的读数乘以"倍率标度"盘的倍数，即为所测的接地电阻值。

15.3 土壤电阻率布线和测量

土壤电阻率测量可用四极等间距法测量，也可用四极非等距法测量。

①四极等间距法测量布点、原理接线如图 15-3。

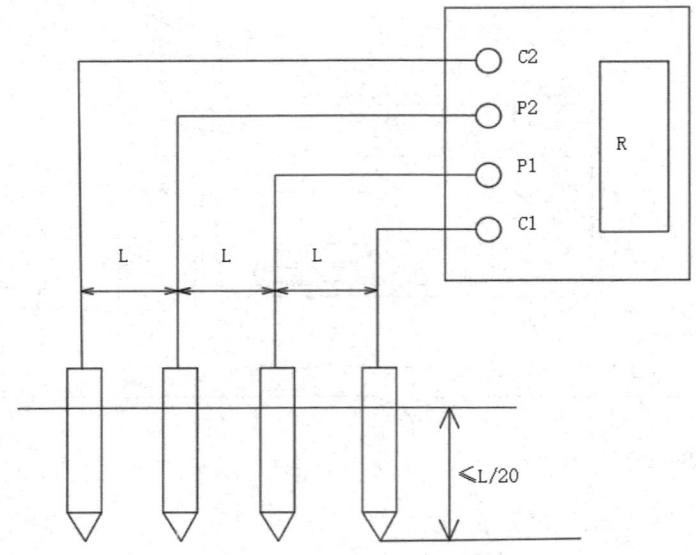

图 15-3 四极等距法测量土壤电阻率的原理接线图

Ⅰ.在被测区沿直线埋入地下 4 根棒，彼此相距 L，棒的埋入深度 h ≤ L/20。

Ⅱ.打开 C2 和 P2 的连接片，用四根导线连接到相应探测棒上，测量方法与接地电阻值的测量方法相同。

Ⅲ.所测电阻率为 $\rho = 2\pi LR$；可近似认为是被埋入棒之间区域内的平均土壤电阻率。

式中 R—接地电阻表决数（Ω），L—探棒与探棒间距高，ρ—该地区的土壤电阻率。

Ⅳ.电极宜用直径不小于 15 mm 的圆钢或 25 mm × 25 mm × 4 mm 的角钢，其长度不应小于 40 cm，测量电极应紧密插入土壤中 20 cm 以上；测量引线应为带绝缘护套导线，中间接头应保持电气连续性及对地绝缘；测量引线截面应在 1.5 mm² 及以上，并保证与测量电极和测量仪表间的可靠连接。

②四极非等距法测量土壤电阻率的布点、原理接线如图 15-4。

Ⅰ.式中 L 为电流极和电压极间距，单位为米（m），b 为电压极间距，单位为米（m）。

Ⅱ.当电极间距相当大时，四极等间距法中内侧两个电压极之间的电位差迅速下降，通常仪器测不出或测不准如此低的电压差，此时可采用图 15-4 所示四极非等距电极布置，电压极布置在相应的电流极附近，可升高所测的电位差值。

接地阻抗测试仪通过测得流过外侧两个电流极的试验电流和内侧两个电极间的电位差，得到接地电阻 R（Ω）。如果电极的埋设深度与其距离 a 和 b 相比较很小时，四极非等距法土壤视在电阻率 ρ（Ω·m），通过以下公式计算：

$$\rho = \pi L (L+b) R / b$$

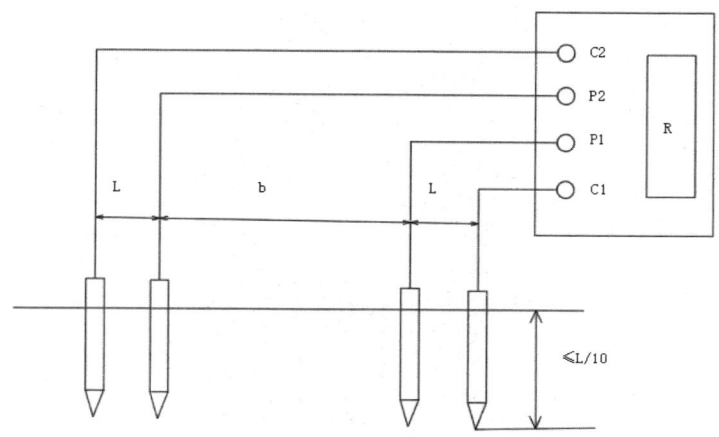

图 15-4 四极非等距法测量土壤电阻率的原理接线图

15.4 导体电阻测试

①导体电阻的测量布线及接线方式如示意图 15-5。

②将仪表 C2P2 短接，然后将被测电阻分别接 C1P1 和 C2P2 间。

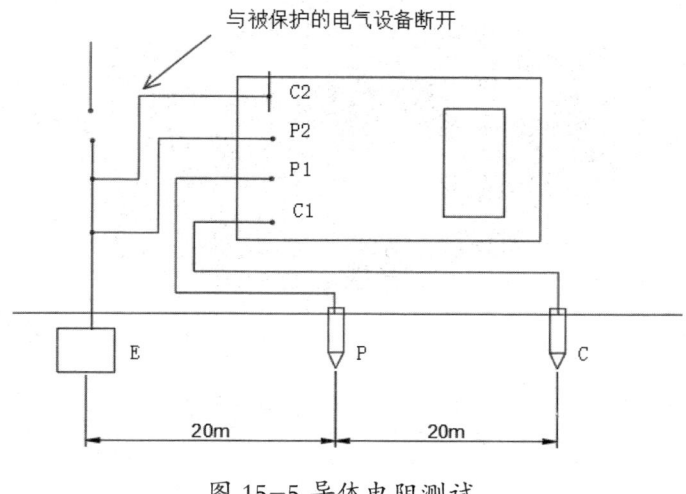

图 15-5 导体电阻测试

③常用电阻检测仪型号：电阻检测仪器仪表型号较多，按规范通常采用如ZC29B—1 系列，如图 15-6。

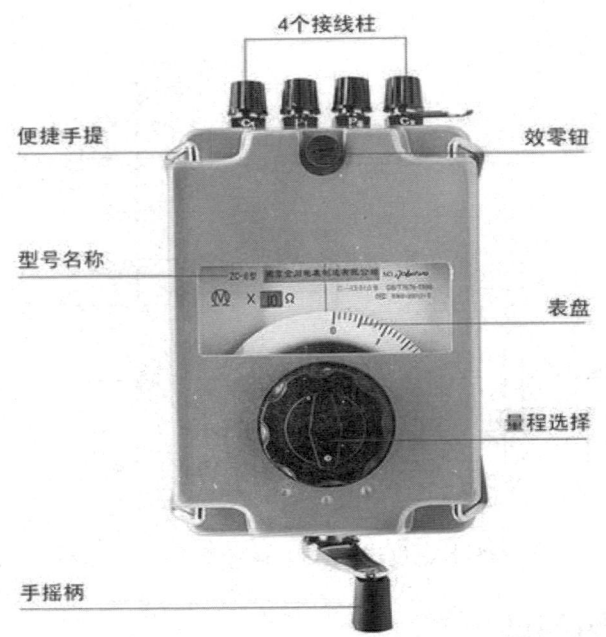

图 15-6　接地电阻测试仪

15.5 站前工程接地设备、设施检查测试方法及流程

15.5.1 桥梁（桩基、承台、墩身、墩顶、梁体及桥面系）相关接地设备检查流程和测试方法

①目视及尺子检查桩基钢筋笼接地钢筋、承台接地钢筋网和墩身接地钢筋布设位置及焊接质量（标准：所有接地钢筋之间的连接均需采用 Φ16 mm 钢筋，L 形焊接，焊接长度单面施焊长度不小于 100 mm，双面焊长度不小于 55 mm，焊缝厚度不小于 4.0 mm；钢筋与扁钢之间的连接时，搭接长度不小于 100 mm，且双面施焊；热镀锌扁钢之间的连接，错开焊接搭接长度不小于 100 m，或扁钢之间加过渡金属板焊接，搭接长度不小于 100 mm 且三面施焊。交叉焊、个型焊均需加 L 筋焊接）；用万用表测试焊接点电气连通性，电阻不大于 50 mΩ。

②承台以上、地面以下（运营时地面）20 cm 墩身（左侧）处接地端子焊接及防护质量检查；拆模时标出接地端子位置，并测试此墩接地装置接地电阻值，不大于 1Ω；做好记录并对墩下接地端子进行防护。

③目视及尺子检查墩身接地钢筋及墩顶接地端子布设位置及连接质量；用万用表检测接地钢筋、接地端子的电气连通性。不宜用电阻测试仪在墩顶测试桥墩接地电阻值。

Ⅰ.梁体：

ⅰ.双线简支箱梁（梁场或现场》：检查四纵一横二竖接地钢筋连接质量；检查小里程侧八个接地端子莲接质量；接触网基础接地装置及与防护墙下纵向接地钢标的连接质量。基础上接地端子预留位置；用万用表检测接地钢筋、接地端子的电气连通性。

ⅱ.现浇双线连续箱梁：检查主筋 0# 块小里程侧四纵一横两竖及八个接地端子布设位置及连接质量；与相邻桥墩四纵接地钢筋的（物理）电气断开质量；检查 "左连右简" 或 "左简右连" 桥缴的连续梁终端不需布设横向和竖向连接地钢筋，底部也不需布设接地端子；用万用表检测接地钢筋、接地端子的电气连通性。

ⅲ.单线（有砟或无砟）箱梁：检查二纵一横二竖接地钢筋及小里程侧五个接地端子的连接质量；用万用表检测接地钢筋、接地端子的电气连通性。

ⅳ.高架站台站台箱梁：检查梁体接地钢筋与金属雨棚柱电气连接点焊接质量；检查临线站台侧预留接地端子与接地钢筋连接质量；检查接地标识及接地装

置的电气连通性。

Ⅱ.梁体与桥墩的接地连接：钢绞线规格型号，钢绞线与梁底端子及墩顶端子连接质量；测试三者的电气连通性，此时上下线桥墩已连接为一个整体，为整孔梁的接地装置。

Ⅲ.桥梁接地装置与电缆槽下贯通地线连接前（小里程端），测试整孔梁接地装置的接地电阻值，上下行检测点的电阻值均小于 1 Ω 后，做记录，暂不与贯通地线连接。

④电阻测试方法：用一根直径不小于 4 mm 的铜芯绝缘导线引入桥下地面按接地电阻测试方法进行测试。

⑤整个桥梁墩身与梁体连接测试完成达标后，再把每孔梁与贯通地线（梁体表面防水星与通信信号电缆槽下底表面之间）进行统一连接、直观检查每处连接质量，不再进行此桥梁电阻测试，桥梁接地装置已连接成一个整体。

15.5.2 隧道相关接地装置检查流程及电通性检测项目和要求

①接地装置检查流程：初期支护、二次衬砌（包括接触网预埋槽道）接地钢筋布设及连接，仰拱填充层接地钢筋布设及连接，综合洞室、电缆槽接地钢筋及端子布设连接，贯通地线布设、连楼及防护等符合规范或设计要求。

②相关接地装置目视检查及电通性检测。

Ⅰ.目视检查初期支护布设的接地装置（钢拱架或专用钢筋、锚杆）焊接质量；用万用表检测其电气连通性。

Ⅱ.目视检查（Ⅲ、Ⅳ、Ⅴ级围岩）二次衬砌内纵、横向接地钢筋布设及焊接质量，预留接地钢筋布设位置及质量；预埋接触网槽道布设及电气连接质量；各功能洞室接地钢筋、接地端子布设及连焊接质量；用万用表检测其电气连通性；接地钢筋及接地端子标识。

Ⅲ.目视检查初期支护接地装置与二次衬砌内接地装置的互联布设方式及其连接质量；500 m 间隔拱顶 6 m 处的两侧预埋接地端子；检查横洞、斜井与正洞交接处预埋接地端子连焊接质量；用万用表检测其电气连通性；检查接地钢筋及接地端子标识。

Ⅳ.Ⅰ、Ⅱ、Ⅲ级围岩及全封闭隧道：目视检查无钢拱架、锚杆或无初期支护设置时，二次衬砌槽道骨架及仰拱填充层内增加人工接地体的钢筋布设及连（焊）接质量；500 m 一处拱顶 6 m 两侧预埋接地端子；用万用表检测其电气连通性；接地钢筋及接地端子标识。

Ⅴ．目视检查二次衬砌（或仰拱填充层）内接地装置（钢筋）与两侧电缆槽临线边墙纵向接地钢筋连（焊）接位置及焊接质量；通信信号电缆槽底部、临线路外墙预留接地端子位置及连接质量；用万用表检测其电气连通性；接地端子标识。

15.5.3 隧道内接地装置的接地电阻检测方法

隧道内每一个结构单元（一个台车位，12 m）接地装置接地电阻检测方法：

1. R1 接地电阻测试

按图 15-7 电阻测试布设要求，在洞口外布设电位点 P'和电流点 C'，使得 PP'间距不小于 20 m，P'C'间距不小于 20 m，EP'C'在一条直线上，ER2 不大 5 m；按规范测试要求测出隧道洞口内第一单元（第一台车位，12 m）接地装置电阻值 R1。把每个单元 12 m （一个台车位）接地装置看成电气一个点。

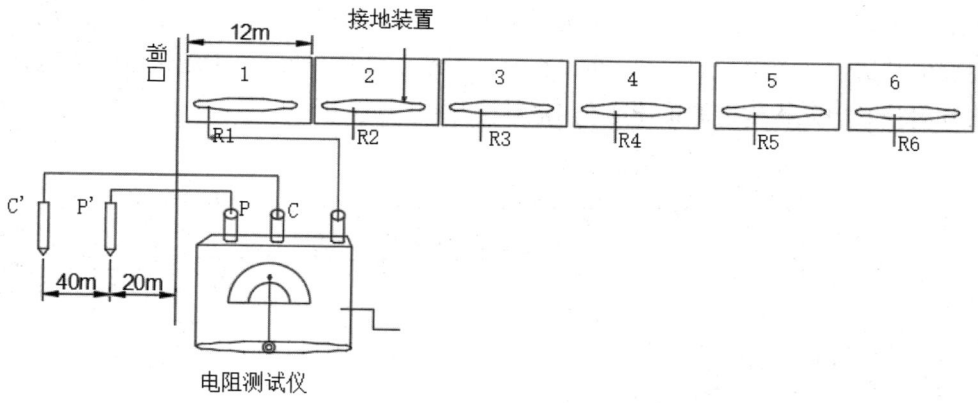

图 15-7 隧道接地电阻测试 R1

2. R2 接地电阻测试

按图 15-8 要求及设点布线方式，测得 R2 阻值。

布线要求：PP'长度为 12 m +8 m（即为 1 台车位长和洞外 8 m），P'布设在洞口外地面土壤内（- 0.5 m），C'布设在洞口外不小于 28 m 处。按接地极电阻测试方法测出第 2 单元接地装置的电阻值 R2。

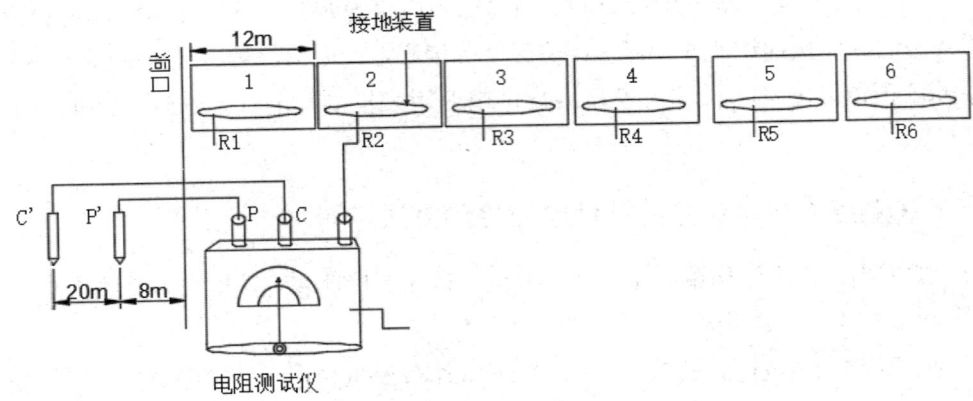

图 15-8　隧道接地电阻测试 R2

3. R3 接地电阻测试

按图 15-9 要求及设点布线方式，测得 R3 阻值。

布线要求：PP'长度为 12 m+12 m（即为 1、2 台车位长），P'布设在临洞口地面土壤内（-0.5 m），不能接到 1 单元接地钢筋上，因为 1 单元 12 m 范围内接地装置为一个电气点；C'布设在洞外不小于 20 m 处。按接地极电阻测试方法测出第 3 单元接地装置的电阻值 R3。

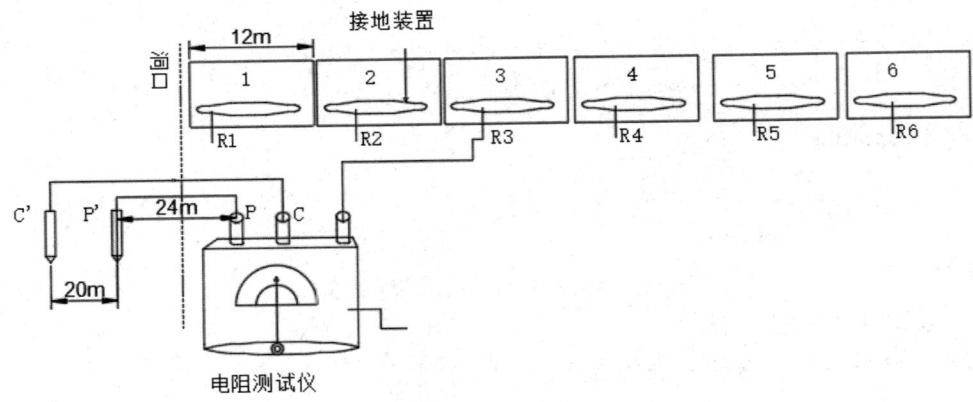

图 15-9　隧道接地电阻测试 R3

4. 第四单元 R4 测试

按图 15-10 要求及设点布线方式检测 R4 接地电阻。

布线要求：PP'长度大于 12 m+12 m（即跳过 3、2 台车位），P'接到 1 单元接地装置上，若 P'接到 2 单元接地装置上，PP'实际间距只有 12 m，2 单元 12 m 范围内接地装置为一个电气点，不符合测试要求；C'布设在洞口外 20 m 的地面土内（0.5 m）。按接地极电阻测试方法测出第 4 单元接地装置的电阻值

R4。这样 PP' 长度不小于 36 m，CC' 长度不小于 56 m。

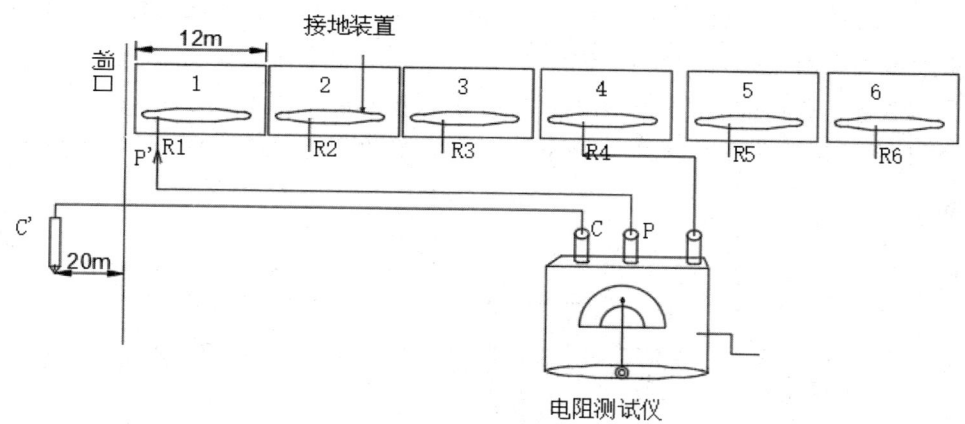

图 15-10　隧道接地电阻测试 R4

5. 第五单元 R5 接地电阻测试

设点布线方式如图 15-11。

布线要求：PP' 长度大于 12 m+12 m（即跳过 4、3 台车位），P'接到 2 单元接地装置上，若 P'接到 3 单元接地装置上，PP'实际间距只有 12 m，3 单元 12 m 范围内接地装置为一个电气点，不符合测试要求；C'布设在洞口外 8 m 的地面土内（0.5 m）。

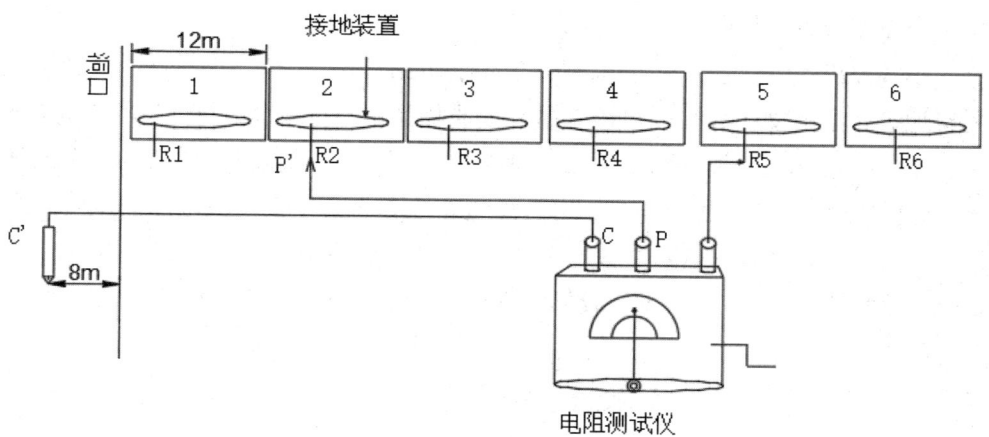

图 15-11　隧道接地电阻测试 R5

6. 第六单元 R6 接地电阻测试

设点布线方式如图 15-12。

布线要求：PP' 长度大于 12 m+12 m（即跳过 5、4 台车位），P'接到 3 单元接地装置上，若 PP' 接到 4 单元接地装置上， PP' 实际间距只有 12 m，4 单元 12 m 范围内接地装置为一个电气点，不符合测试要求；C' 布设在洞口外临洞口的地面土内（0.5 m），C' 不能接到 1 单元接地装置上，因为 1 单元接地装置为一个电气点。按接地极电阻测试方法测出第 6 单元接地装置的电阻值 R6。这样 P' 长度不小于 36m（24～36 m），C'P' 长度为 24 m， CC' 长度不小于 60 m。

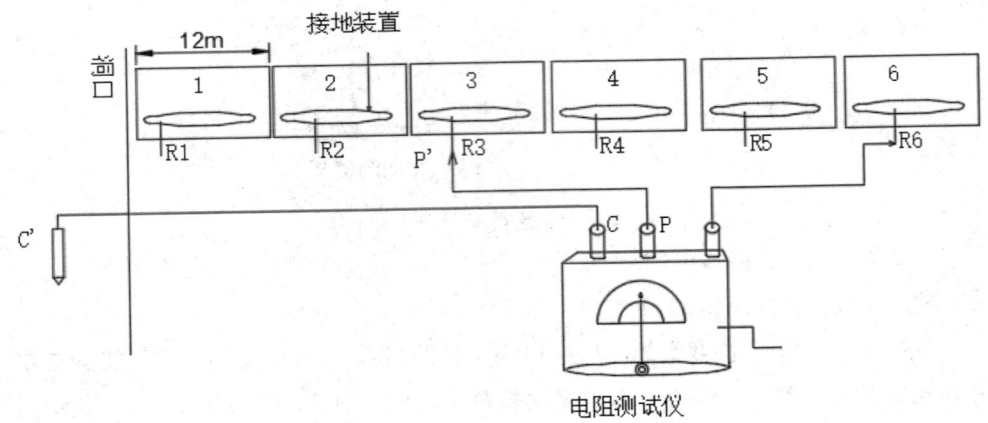

图 15-12　隧道接地电阻测试 R6

7. 第七单元 R7 接地电阻测试

设点布线方式如图 15-13。

布线要求：PP' 长度大于 12 m+12 m（即跳过 6、5 台车位），P' 接到 4 单元接地装置上；C' 布设在洞口内 1 单元接地装置上，即跳过 3、2 单元 24 m（不小于 20 m）， C' 不能接到 2 单元接地装置上，因为 2 单元接地装置为一个电气点，C' P' 间距实际为 12 m，不符合测试布点要求。按接地极电阻测试方法测出第 7 单元接地装置的电阻值 R7。这样 PP' 线长度不小于 36 m（24～36 m），C'P' 间距为 24～36 m， CC' 线长度不小于 72 m（60～72 m）。

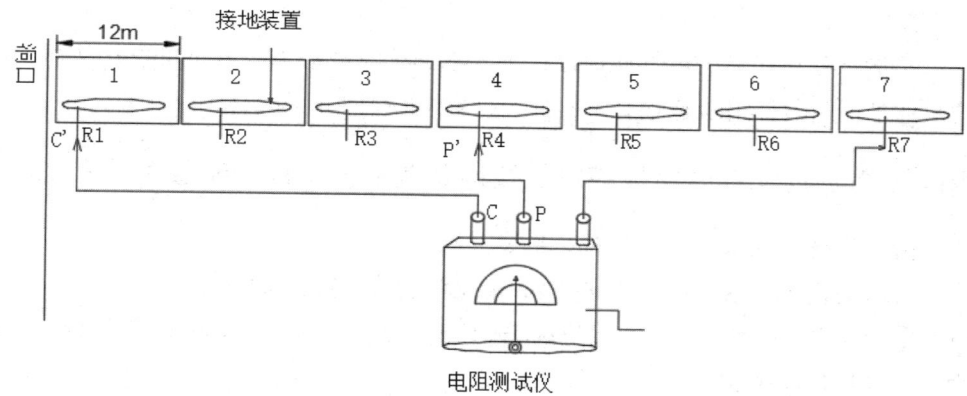

图 15-13 隧道接地电阻测试 R7

8. 洞内大于 7 个单元（台车位）的任一隧道接地装置

均按 R7 接地阻值测试布点方式进行检测。

9. 双线隧道

只按上述要求测试一侧即可。记录每一处接地装置接地测试电阻值，满足不大于 1Ω 要求，否则，需进行重新整治，直到验收达标。

10. 电阻测试导线配置要求

不小于 Φ4 mm 绝缘软铜线。

（铜的电阻率为 1.7×10^{-8}，以长度 50 m 为例，R2=0.28Ω，R4=0.071 Ω，R6=0.032 Ω，R10=0.011Ω）

15.5.4 路基无砟轨道板等电位接地装置检查流程及电通性检测要求

路基无砟轨道板（外观目视、量具及仪表检查）

①路基上无砟轨道板不大于 100 m 接地单元划分及分布情况。

②每个单元内三纵一横接地钢筋布设及焊接质量；不大于 100 m 接地装置单元中心点处接地端子布设位置及焊接质量。

③每个单元内轨道板接地钢筋与其他接地钢筋之间的电气隔离（兆欧表遥测）。每根纵横向钢筋间用绝缘卡断开保持电气绝缘。

④相邻单元（不大于 100 m）分界处纵向接地钢筋间电气断点处理质量，位置标识。

⑤不大于 100 m 接地装置单元中心点处接地端于对应的贯通地线连接点，若对应不上接触网基础的接地端子，需在电力电缆槽侧壁加装路基型接地端子，并标识防护。

⑥ T 形连接及防护。

⑦测试各连接点的电气连通性，不要求测试轨道板接地钢筋间的电阻值，只与贯通地线进行等电位连接。

15.5.5 隧道内无砟轨道板等电位接地装置检查流程及电通性检测要求

隧道无砟轨道板（外观目视、量具及仪表检查）

①隧道内无砟轨道板不大于 10 m 接地单元划分及分布情况。

②每个单元三纵一横接地钢筋布设及焊接质量；不大于 100 m 接地装置单元中心点处接地端子布设位置及焊接质量。

③轨道板内接地钢筋与其他结构钢筋之间的电气隔离。轨道板钢筋及底座板钢筋之间用绝缘卡断开电气连通性。

④（每个单元）不大于 100 m 处相邻纵向接地钢筋间电气断点，位置标识。

⑤不大于 100 m 接地装置单元中心点处接地端子对应的电缆槽外侧连接端子，若对应不上电缆槽临线路侧的接地端子，需在电缆槽外侧加装路基型对应连接端子，并标识防护。

⑥ T 形连接及防护。

⑦测试各连接点的电气连通性，不要求测试轨道板接地钢筋间的电阻值，只与贯通地线进行等电位连接。

15.5.6 桥梁上无砟轨道等电位接地装置检查流程及电通性检测要求

桥梁无砟轨道板（外观目视、量具及仪表检查）

①桥梁上无砟轨道板不大于 100 m 接地单元划分及分布情况。

②每个单元板（6.5 m）内三纵一横接地钢筋布设及焊接质量；每板外侧两端接地端子布设位置及焊接质量。

③轨道板内接地钢筋与其他结构钢筋之间的电气隔离处理质量。

④单元板间电气连接，相邻等电位连接单元（每块板电气连接后不大于 100 m）间电气断开点，位置标识。

⑤不大于 100 m 等电位接地单元中心点 T 形连接点处接地端子（双接线）对应的防护墙外侧连接端子无预埋时，需在防护墙内侧加装桥隧型对应连接端子（桥梁施工时应深化设计加装，为后续轨道板等电位 T 形连接时预埋），并标识防护。

⑥等电位 T 形连接及防护。

⑦测试各连接点的电气连通性，（不要求测试轨道板接地钢筋单元电阻值，只与贯通地线进行单点等电位连接）。

15.5.7 站场内无砟轨道板等电位接地装置检查流程及电通性检测要求

站场无砟轨道板（外观目视、量具及仪表检查）

①站内路基上无砟轨道板不大于 100 m 接地单元划分及分布情况。

②每个单元内三纵一横接地钢筋布设及焊接质量；不大于 100 m 接地装置单元中心点处接地端子布设位置及焊接质量。

③每个等电位连接单元内轨道板接地钢筋与其他结构钢筋之间的电气隔离（兆欧表摇测）。

④站场内纵向及横向相邻等电位连接单元（不大于 100 m）分界处纵向接地钢筋间电气断点处理质量，位置标识。

⑤不大于 100 m 等电位接地单中心点处接地端子对应的贯通地线连接点，若对应不上接触网基础的接地端子，须在电力电缆槽侧壁加装路基型接地端子，并标识防护。

⑥T 形连接及防护（每个等电位连接单元不能多点连接）。

⑦测试各连接点的电气连通性，不要求测试轨道板接地钢筋间的电阻值，只与贯通地线进行等电位连接。

15.5.8 站台及雨棚接地装置检查及测试

站台及雨棚接地装置检查验收流程及测试项目

①按《铁路综合接地系统》（通号 [2018] 9301）通图要求施做站台接地装置时，首先对每个不大于 100 m 接地单元做一次接地电阻测试（按 TB/T 3233 要求），电阻值宜不大于 1Ω，并做记录。

②其次，对站台雨棚柱接地装置（通过地下 1m 的纵向镀锌扁钢把雨棚柱接地极连接在一起）进行接地电阻检测，阻值宜不大于 1Ω，并做记录。

③第三步，通过站台两端横向连接线（截面不小于 200 mm^2 镀锌扁钢或直径不小于 Φ16 mm 的镀锌钢筋）把站台接地系统与雨棚柱接地系统连接在一起，连接点按工艺规范处理。

④第四步，把站台电梯接地装置、人行步梯及天桥等结构物接地装置接入雨棚柱或站台接地系统中。

⑤最后，根据综合接地系统验收及交接流程统一接入综合贯通地线上。

⑥站台接地装置的连接若采用本优化设计的站台接地装置连接方式，即站台施工伸缩缝处纵向接地钢筋截断后不在站台面或站台临线路外墙连接，而是把每相邻两个施工缝间的站台接地装置直接连接到站台雨棚柱下（−1 m）纵向接地钢筋上。这样就把站台接地装置和雨棚系统接地装置连接成了一体，验收检测时，只需测试站台雨棚接地系统电阻值符合要求后接入综合贯通地线上；其他连接顺序及要求同前述的第四步、第五步。

15.5.9 四电机房防雷与接地系统检查与测试

通信楼、信号楼、设备电力机房（配电所）及综合站房

1. 直击雷防护设施检查、检测项目

①避雷带（网）、接闪器（避雷针）、防雷引下线、接地装置（接地网）布设形式及焊接质量，防腐处理及固定防护。

②屋外地面环形地网希设位置、深度、连接、防腐处理工艺质量。

③机房地网电阻测试，阻值不大于 $1\ \Omega$。

④环形地网接地电阻测试，阻值不大于 $1\ \Omega$。

⑤环形地网在测试盒处与房屋地网进行连接，连接方式和工艺符合技术要求。

2. 室内感应雷防护检查、检测项目

①光电线缆引入处金属护套截断后接地处理。

②站内综合分线柜及移频综合分线柜芯线防雷、内屏蔽防雷接地处理。

③电源防雷箱及电源屏一次侧引入侧防雷接地处理。

④室内机柜、金属线槽、台架等电位接地处理。

⑤房内电气设备安全防护接地处理（接入法拉第笼或汇集一个端子板引入环形地网）

⑥各不同功能的接地端子板引入环形地网的接地电阻测试值不大于 $1\ \Omega$。

15.6 通信试验与检测

高速铁路通信系统施工中的主要工序为光缆线路、GSM-R 铁塔安装，传输子系统、数据网子系统、GSM-R 子系统是构成高速铁路通信系统的核心子系统，因此，在系统试验和集成试验（一般由第三方完成）前，系统集成商应重点针对上述部分开展试验，其试验流程及方法简介如下。

15.6.1 光缆敷设安装试验

1. 试验流程

光缆敷设安装试验流程：试验准备→光缆单盘指标测试→光缆接续指标测试→光缆中继段指标测试

2. 试验方法

单盘指标测试：根据出厂记录对照检查光缆程式、绝缘介质、加强芯、外护层、色谱标志等机械物理特性，开盘检验光缆端面，确定 A、B 端，采用 OTDR 测试单盘光缆的长度及固有衰减等指标是否符合设计、合同要求，做好测试记录。

光缆接续的同时采用 OTDR 实时监测接续损耗。

中继段测试：先用光纤多用表对号，两端法兰盘上的纤序应一一对应，发现错序时需查找原因并纠正；测试中继段光纤 A → B、B → A 两个方向的线路衰减常数及中继段光纤长度，并打印出每根光纤 A → B、B → A 两个方向的后向散射信号曲线图，同时编号存盘，提供电子文档；用 OTDR 测试光缆中继段光纤在 S、R 点间的最大离散反射系数，用回波损耗测试仪测试光纤回波损耗。

15.6.2 铁塔安装试验

1. 试验流程

铁塔安装试验流程：试验准备→基础深度、高程及塔靴位置检测→铁塔基础原材料检查→基础混凝土强度检测→铁塔高度、垂直偏差检测→铁塔防雷接地电阻检测

2. 试验方法

基坑开挖完成后，进行铁塔基础深度、高程等指标检测。钢材、水泥等原材料运达现场后进行质量检查。基础混凝土浇筑时做试块送检，进行强度等级检测试验，必要时可采用回弹法对混凝土强度等级进行确认。待铁塔安装完成后用经纬仪对高度、垂直度进行检测、测量，用接地电阻测试仪测量铁塔防雷接地电阻。

15.6.3 传输系统部分试验

1. 试验流程

传输系统部分试验流程：试验准备→光通道测试→系统设置→传输性能测试

→系统功能试验→网管功能试验。

2.试验方法

①光通道测试：检查核对系统光接口所接光纤序号。用光功率计、回波损耗测试仪等仪表进行 R 点接收光功率、S 点回波损耗测试。

②系统设置：通过网管设备检查，所有网元均能接入网管系统，并通过网管设备，按设计文件要求，设置各网元的高阶和低阶通道、各种业务道路、各种保护方式等参数。用 SDH/PDH 分析仪对已设置的高阶和低阶通道进行端对端连通性测试。

③传输性能测试：用 SDH/PDH 分析仪对系统传输性能进行测试，包括 2 MB/s 通道误码性能 2 MB/s 通道输出抖动、2 MB/s 通道漂移特性、SDH 网络接口、PDH 网络接口最大允许输出抖动指标测试。

④系统功能试验：用 SDH/PDH 分析仪等仪表对复用段保护功能、通道等保护功能，告警功能，误码性能和开销字节，交叉连接功能，定时基准源倒换功能，业务电话功能进行试验。

⑤网管系统功能试验：将网管系统接入，对其性能管理、故障管理、配置管理、安全管理功能和保护功能进行试验。

15.6.4 数据网系统部分试验

1.试验流程

数据网系统部分试验流程：

试验准备→中继通道测试→接口连接→系统调试→网络指标测试→网管功能试验。

2.试验方法

①中继通道测试：用误码测试仪等仪表对中继通道进行误码特性测试。

②接口连接：数据通信设备的接口类型包括：E1 接口、V.35 接口、 V.24 接口、FE 接口、GE 接口等。连接前应根据设备情况，按设计要求分清接口类型，然后进行正确连接。不同接口间的转换连接要配以正确的转换电缆或 DCE 设备。有转接时要特别注意时钟同步问题。

③系统调试：在数据网设备正常工作并做好参数配置的基础上，若传输通道调通且接口正确，即可自动寻找和识别路由与网管系统连通。此时利用本地终端便可登录到网管，调用网管提供的管理和诊断功能检查本机状态及与相邻节点连接的状态，同时检查有无硬性故障，若有故障，则可迅速定位是线路的问题还是

设备的问题。如果是设备问题，即可判断是本端设备问题还是对端设备问题，以便及时排除，保证网络正常工作。

④网络指标测试，利用网管系统提供的测试试验功能或专用数据，网络分析仪对数据设备和网络的各项性能与功能指标进行逐项检验测试。

⑤网管功能试验，对其配置管理功能，故障管理功能，性能管理功能、安全管理功能、日志管理功能等进行逐项试验。

15.6.5 GSM-R 系统部分试验

（1）试验流程

GSM-R 系统部分试验流程：试验准备→天馈线系统测试→议备性能和功能试验→系统调试。

（2）试验方法

1）天馈线系统测试：用天馈线测试仪对天馈线系统衰减及端口驻波比进行测试，系统衰减包括发信馈线衰减及收信馈线衰减。

2）设备性能和功能试验。

①固定终端设备检测：主要进行调度终端、车站终端及各类电话分机设备功能试验。

②移动终端设备检测：用无线综合测试仪检测其发射功率、接收参考灵敏度、频率配置、频偏、声频输出功率、信纳比、失真，移动数据终端设备的传输误码率等技术指标。

③光纤直放站检测：用光功率计、可调光衰耗器、传输分析仪检测设备的光路参数，包括入纤光功率、光接收灵敏度；用无线综合测试仪、射频信号源检查测试光纤直放站的射频参数，包括下行输入电平、上行输入电平；用无线综合测试仪、射频信号源、天馈线测试仪检查测试光纤直放站的传输参数，包括传输信噪比、接收端 AGC（自动增益控制）范围。

④基站信道机检测：用无线综合测试仪检测发射设备的发射功率、发射频偏、相位误差、杂散辐射功率电平等指标；检测接收设备接收灵敏度、同频干扰保护比、邻频干扰保护比、杂散辐射功率电平等指标。

⑤基站控制器检测：主要试验包括对信道机初始化，分配与再分配，软件下载，监控与观测功能，自我保护功能，基站系统配置数据存储及无线资源管理功能，移动台越区切换管理功能，信道机及移动台发射功率控制功能，短消息业务管理功能。

⑥基站系统检测：主要试验包括自动检测及故障诊断功能，查阅、设置、更改各设备基本参数功能，查阅、控制各设备运行状态功能，查阅各设备告警状态，并输出告警的功能；用场强测试仪测试无线覆盖区内覆盖率。

（3）系统调试

①系统场强测试和优化：参照设计的覆盖场强指标，测试系统范围内接收信号电平的分布情况，以便正确地确定基站的无线覆盖范围；测试环境噪声的大小和同频干扰的范围，以便为确定覆盖区边缘的最小保护场强和最小的频率复用距离提供依据。

调整各基站信道机的发射功率，对设计中各基站覆盖边缘及系统覆盖区域内各地点的上网情况进行优化。

②系统性能检验：用计时仪、自动拨打测试仪、电子地图和路测工具等测试仪表进行 GSM-R 网络服务质量测试，包括端到端连接建立时间、呼损率、透明 TCH/F2.4 的比特错误率、传输干扰率、掉话率、连接重建时间、越区切换处理时间、越区切换中断时间。

用自动拨打测试仪进行电路呼损测试，包括无线信道呼损、MSC 至 BSC 中继呼损、MSC 至 MSC 中继呼损、MSC 至固网关口局中继呼损指标。

用计时、自动拨打测试仪、电子地图和路测工具等测试仪表进行 GPRS 数据业务系统性能测试，包括 GPRS 附着（Attach）成功率、平均附着时间、PDP 激活成功率、平均激活时间、GPRS 时延指标，平均误码率、上行或下行平均吞吐量等技术指标。

③系统功能试验：试验 GSM-R 无线通信系统所有铁路应用业务功能，包括调度通信功能、车次号校核及列车停稳信息传送功能、调度命令的功能、列尾装置信息传送功能、调车信号和监控系统传输功能、机车同步控制传输功能。

15.7 信号试验与检测

15.7.1 联锁子系统仿真试验

联锁仿真试验的主要依据是联锁图表及有关技术标准，主要包括：

①核对设计文件和设备供应商提供的接口采集、驱动表内容相一致。

②运行联锁设备运行程序，核对联锁设备的采集、驱动单元与相对应的采集对象、执行器件的状态相一致。

③联锁设备所显示站场图形与施工设计中的站场平面图相一致。

④各单机应处于正常工作状态，不应出现脱机或倒机现象，主机和备机转换试验正常。

⑤具备自诊断、现场操作与信号设备动作记忆、查询、再现、打印等功能。

⑥控制显示分级具备信息采集、站场显示、报警音响处理等功能。

⑦进路排列时信号机的开放、关闭及取消。

⑧进路排列时道岔的锁闭、解锁及开通状态。

⑨轨道区段的占用与空闲。

⑩进路的开通、解锁及取消。

⑪敌对进路的照查关系。

⑫站（场）间联系及与其他接口的联系。

15.7.2　CTCS 列控子系统仿真试验

15.7.2.1 轨道电路

1. ZPW–2000 轨道电路调整

①按设计图纸核对移频柜内各发送、接收的载频和选型端子连接线应正确。

②测量并核对 24 V 工作电源极性正确。

③发送器工作正常时，对应衰耗盘"发送工作灯"点亮，测量发送器功出电压正常。

④接收器工作正常时，对应衰耗盘"接收工作灯"点亮；测衰耗盘本轨道区段轨入电压，调整接收电平，使接收器限入"轨出"电压不小于 240 mV，轨道继电器电压应不小于 20 V，并可靠工作；轨道区段空闲时衰耗盘"GJ"亮绿灯，轨道区段占用时"GJ"亮红灯。

⑤试验发送、接收并机，关闭主机或并机电源，轨道继电器不应落下。

⑥任一发送、接收故障时，移频报警应正确。

⑦在轨道电路任一处轨面用标准分路线进行分路时（电气绝缘节区域死区段除外），进行电压和电流测试。

⑧接收器的限入残压不应大于 140 mV，轨道继电器残压不应大于 5 V，并可靠落下。

⑨机车信号短路电流应符合表 15–3 规定。

表 15-3 机车信号短路由流

频率（Hz）	1700	2000	2300	2600
机车信号短路电流（A）	≥ 0.5	≥ 0.5	≥ 0.5	≥ 0.45

2. "3V 化" 25 Hz 相敏轨道电路调试

①确认 "3V 化" 25 Hz 相敏轨道电路送、受电段的设备、电阻、扼流变压器等，符合设计要求。

②调整状态下，室外轨面电压不应小于 3 V；室内轨道继电器线圈电压不应小于 15 V，相位正确，继电器可靠吸起。

③用 0.06 Ω 标准分路线在轨面上分路时，轨道继电器线圈电压不应大于 7.4 V，继电器可靠落下。

15.7.2.2 列控中心（TCC）设备调试

1. 设备启动检查

①在手动切换状态时，先启动的一系，自动进入主控状态；后启动的一系自动进入备用状态。

②在自动切换状态时，同时启动两系，两系均能正常工作，且状态为一个主控系一个备用系。

③表示系统的工作状态指示灯正确。

2. 同步状态下设备切换检查

①双系切换时，列控中心能正常工作。

②关闭主控系，列控中心应自动切换到备用系。

③关闭备用系，主控设备仍能正常使用，不受影响。

3. 列控中心电源冗余检查

送电后两模块正常工作，电压应调整一致；关闭其中任意一个电源模块，另一个模块能正常工作。

4. 列控中心开关量驱动、采集对位

轨道继电器的状态采集正确；站内轨道方向切换继电器状态的驱动、采集正确；区间方向继电器状态的驱动、采集正确。

5. 应答器调试

确认应答器组内顺序、间距、安装位置与设计相符；使用报文读写器对应答器输入相关报文；使用报文读写器读出应答器存储的报文，核对报文内容与设计文件的一致性。

6. 无线闭塞中心（RBC）设备调试

机柜送电后，主、备用系统正常启动，硬件指示灯显示正常。当主系统故障时，能够自动切换到备用系统；当备用系统故障时，不影响主系统正常工作。

15.7.3 CTC 调度集中子系统仿真试验

①机柜送电后，主、备用系统正帮启动，硬件指示灯显示正常。

②当主系统故障后，能够自动切换到备用系统，当备用系统障时不影响主系统正常工作。

③调度中心行车调度、助理调度、车站维护操作终端能够正确显示系统工作状态。

④信号集中监测子系统仿真试验。

Ⅰ. 信号集中监测设备使用前应检查供电电源正常，无短路和断路现象、核对采集线与设计图相符。

Ⅱ. 设备面板指示灯正常。

Ⅲ. 测量外接传感器工作电压正常。

Ⅳ. 操作上位机能够正常工作。

15.7.4 系统联调

1. 系统联调联试的基本内容

信号设备状态检测是系统功能试验前对信号轨旁设施进行的动态检测，采用电务检查车，综合检测列车或装载有信号检测系统的运香动车组，目前的检测内容包括应答器、轨道电路、补偿电容等。

①应答器。主要测试内容包括应答器实际里程位置、应答器用户报文内容。根据应答器高精度实测里程位置及应答器报文，分析判断应答器之间的链接关系、覆盖范围是否正确，根据静态基础数据库，判断应答器报文描述线路坡度、轨道电路区段、过分相，等级转换等信息与实际数据是否一致等。

②轨道电路。主要测试内容包括轨道电路调谐区位置，轨道电路主信号传输电压、载频、低频及码序分配，轨道电路邻线路、邻区段干扰，轨道电路工频干扰等信息，并以闭塞分区为单位对轨道电路的传输性能进行分析与评价。

③补偿电容。主要测试内容包括补偿电容位置、步长以及是否丢失等信息在内的补偿电容运用状态。信号设备状态检测是联调联试前对信号基础设施工作状态进行确认的有效手段。随着车载信号检测系统功能的不断完善，检测的内容还

可以继续扩展，如牵引回流、不平衡电流等。

2. CTCS-3 级列控系统功能测试

① CTCS-3 级列控系统功能测试内容包括注册与启动、注销、行车许可、临时限速、自动过分相、RBC 切换、级间转换、降级运行、灾害防护、进出动车段、调车、重联与摘解、特殊进路和人工解锁进路等运营场景。

②跨线 CTCS-3 列控系统兼容性测试。

③ CTCS-3 级列控系统后备模式功能测试。主要测试内容包括正线拉通，控车模式及模式转换，正线发车、停车、通过，侧线发车、停车、通过，临时限速，引导接发车，反向运行，冒进防护，自动过分相，应答器信息丢失，故障模拟，灾害防护，大号码道岔等场景测试。

④跨线 CTCS-2 级列控系统兼容性测试。

3. CTCS-2 级列控系统功能测试

主要测试内容包括正线拉通，控车模式及模式转换，正线发车、停车、通过，侧线发车、停车、通过，临时限速，引导接发车，反向运行，冒进防护，自动过分相，应答器信息丢失，故障模拟，灾害防护，大号码道岔和等级转换等场景。

4. 车站联锁系统相关功能测试

主要测试内容包括计算机联锁系统与地面列控中心（TC）、闭塞设备的接口和信息交换功能、计算机联锁系统与 CTC 车站终端设备的接口，计算机联锁系统与 RBC 接口（仅针对 CTCS-3 级列控系统），联锁系统特殊设计测试等。

5. CTC 系统测试

①功能测试。主要内容包括列车运行监视、车次追踪、计划编制基础数据管理、列年运行计划编制、计划管理、调度命令管理、集中控制、车站控制、数据回放和统计分析等。

②接口关系测试。主要测试 CTC 与联锁系统、列控中心设备、PBC、临时限速服务器等的接口关系以及 CTC 与相邻 CTC、TDCS 系统的接口关系。

③故障模拟测试。测试故障的影响范围以及集成商提供的应对该故障的备有手段的有效性和合理性。包括与受控系统通信故障测试，CTC 设备故障测试，CTC 系统通信故障测试，错误操作故障测试等。

6. 测试方法

1）信号设备状态检测。采用装备有信号设备动态检测系统的电务试验车和综合检测列车，通过车载设备实现对信号的解析，进行信号设备状态动态检测。

2）列控系统功能测试。

①列控系统功能测试应根据列控系统等级、功能特征与运营需求，结合高速铁路站场与线路情况，选取相应的测试案例，编制测试序列。

②通过 CTC 中心控制或车站控制模式，按照测试序列和测试案例要求准备试验进路，包括正常接发车进路与通过进路、引导接发车进路、调车进路以及进路建立、进路解锁与进路取消等。

③通过 CTC 中心统一下达、更新与取消临时限速，临时限速的设置以及轨道故障占用、道岔表示故障、应答器故障等地面条件的设置应符合测试案例的要求。

④测试序列应覆盖与动车组运行相关的所有基本进路。

⑤根据需要，可进行列控系统性能方面的专项测试或运行试验。

⑥通过车载 ATP 的反应、DMI 显示判断列控系统功能测试结果，并可结合车载司法记录单元、RBC 设备监测记录单元、GSMR 网核心机房监测记录设备、信号集中监测系统等，对列控系统功能测试过程中的实时监测数据进行分析。

⑦列控系统功能测试过程中应保持被测试系统软件版本和列控工程数据的相对一致性，并做好记录。

3）联锁系统相关功能测试结合列控系统功能测试，在进路建立、取消、解锁、站内临时限速、信号关闭、站内轨道电路区段故障占用等条件下，对联锁关系相关功能及接口进行测试。

4）CTC 系统功能测试主要在 CTC 中心进行，结合列控系统功能测试，由 CTC 中心排列进路、下达临时限速等，对 CTC 系统控制模式转换、列车运行监视、车次追踪、临时限速下达等功能和接口关系进行测试。并结合信号集中监测设备的监测数据对动态测试结果进行分析。

15.8 电力供电及牵引供电试验与检测

15.8.1 电力供电及牵引供电变配所试验

牵引供电系统变电部分包含牵引变电所、分区所、开闭所和 AT 所，都要进行各种设备的单体试验，其中牵引变电所的设备最多。设备单体试验的主要内容为变压器（AT 变压器、所用变压器）试验、220 kV 六氟化硫气体绝缘断路器、55 kV 和 27.5 kV 真空断路器试验、互感器试验、隔离开关、负荷开关及高压熔断器试验、避雷器试验和接地装置试验。

15.8.1.1 变压器（AT 变压器、所用变压器）试验

①绝缘电阻及吸收比测试。试验标准是与出厂值比较常温下吸收比不小于 1.3（35 kV、4000 kVA 及以上时测量）。试验方法是用绝缘电阻表耐压前后测试。

②绕组连同套管的直流电阻测试。试验标准是与同温下设备出厂值比较不大于 2%。试验方法是用速测欧姆计测试。

③绕组接线组别及极性检查。试验标准是与设备铭牌一致。试验方法使用自动变比测试仪测试。

④变压比测量。试验标准是与铭牌比无明显差别，在额定分接头位置时为 ± 0.5%。试验方法是使用自动变比测试仪测试。

⑤变压器绕组变形试验。试验标准是与设备出厂原始数据比较。试验方法是采用低电压短路阻抗法试验。

⑥工频耐压试验。试验标准是根据不同变压器的电压等级，按照《电气装置安装工程电气设备交接试验标准》（GB50150–2016）表 7.0.13–1 中的电压标准执行。试验方法是使用交流试验变压器试验。

⑦额定电压下冲击合闸试验。试验标准是：进行 5 次，每次间隔 5 min，无异常现象，中性点必须接地；干式变压器可进行 3 次。试验方法是低压侧空载，高压侧合闸。

⑧相位检查。试验标准是与电网相位一致。试验方法是用相序表检查。

15.8.1.2 20 kV 六氟化硫气体绝缘断路器试验

①绝缘电阻测量。试验标准是与设备的出厂值比较。试验方法是用绝缘电阻表测试。

②每相导电回路电阻测量。试验标准是应符合产品技术条件的规定。试验方法是用接触电阻测试仪加入 10 A 电流测试。

③断路器分、合闸时间，分、合闸速度，主、辅触头分、合闸的同期性及配合时间测量。试验标准是应符合产品技术条件的规定。试验方法是用高压开关测试仪进行测试。

④断路器合闸电阻的电阻值测量。试验标准是应符合产品技术条件的规定。试验方法是用直流电阻测试仪测量。

⑤断路器操动机构的试验。试验标准是符合厂家技术要求。试验方法是电气操作。

⑥断路器合闸、分闸线圈最低动作电压试验。试验标准是直流操作电压在（85% ～ 110%）Un 范围内时，断路器应可靠合闸，直流操作电压大于 65%Un 时，断路器应可靠分闸，小于 30%Un 时，不应分闸，同时符合厂家技术要求。试验方法是使用继电保护测试仪进行测试。

⑦断路器内六氟化硫气体的含水量测量。试验标准是测量断路器内 SF6 的气体含水量（20℃的体积分数）应符合下列规定：

Ⅰ. 与灭弧室相通的气室，应小于 150 μL/L。

Ⅱ. 不与灭弧室相通的气室，应小于 250 μL/L。

Ⅲ. SF6 气体含水量的测定应在断路器充气 48 h 后进行。

试验方法是用微水仪或者露点仪测量。

⑧密封性试验。试验方法是：

Ⅰ. 采用灵敏度不低于 1X10-6（体积比）的检漏仪对断路器各密封部位、管道接头等处进行检测时，检漏仪不应报警。

Ⅱ. 泄漏值的测量应在断路器充气 24h 后进行。

试验标准是用检漏仪测试。

15.8.1.3 55 kV 和 27.5 kV 真空断路器试验

①绝缘电阻测量。试验标准是参照制造厂技术要求。试验方法是耐压前后用兆欧表测试。

②交流耐压试验。试验标准是按照《电气装置安装工程电气设备交接试验标准》（GB50150—2016）的表 10.0.5 的规定或按出厂试验电压值 80% 进行。试验方法是用交流试验变压器测试。

③每相导电回路电阻测量。试验标准是满足厂家技术要求。试验方法是使用接触电阻测试仪加人 100 A 电流测试。

④测量断路器主触头分、合闸时间，分、合闸同期性，测量合闸时触头的弹跳时间。试验标准是符合厂家技术要求。试验方法是用高压开关测试仪进行测试。

⑤测量分、合闸线圈及合闸接触器线圈的绝缘电阻和直流电阻。试验标准是符合厂家技术要求。试验方法是用 50 V 兆欧姆表和直流电阻测试仪测量。

⑥断路器操动机构的试验。试验标准是符合厂家技术要求。试验方法是电气操作。

15.8.1.4 互感器试验

变电所互感器分为电压互感器和电流互感器，其试验项目及方法如下：

①测量绕组的绝缘电阻。试验标准是绝缘电阻不宜低于 1000 MΩ。试验方法是耐压前后用 2500 V 兆欧表测量。

②电压等级 35 kV 及以上互感器的介质损耗角正切值 tan δ。试验标准是 tan δ 不应大于国家标准《电气装置安装工程 电气设备交接试验标准 GB 50150—2016》表 9.0.3 中数据。试验方法是用介损测试仪测试，其中互感器的绕组 tan δ 测量电压应在 10 kV，末屏 tan δ 测量电压为 2 kV。

③局部放电测量。试验标准是测量电压及视在放电量应满足《电气装置安装工程电气设备交接试验标准》（GB 50150—2016）表 9.0.4 中数据的规定。试验方法是用局部放电测试仪测试，且应与交流耐压同时进行。

④交流耐压试验。试验标准是：

Ⅰ. 按出厂试验电压的 80% 进行。

Ⅱ. 电磁式电压互感器（包括电容式电压互感器的电磁单元）在遇到铁心磁密较高的情况下，按国家标准《电气装置安装工程电气设备交接试验标准》（GB 50150—2016）规定进行感应耐压试验。

试验方法用交流试验变压器或者倍频感应耐压试验仪测试。

⑤绝缘介质性能试验。试验标准是对绝缘性能有怀疑的互感器，检测其绝缘介质性能。试验方法是化学分析。

⑥绕组直流电阻测量。试验标准是：

Ⅰ. 电压互感器：一次绕组直流电阻测量值，与换算到同一温度下的出厂值比较，相差不宜大于 10%；二次绕组直流电阻测量值，与换算到同一温度下的出厂值比较，相差不宜大于 15%。

Ⅱ. 电流互感器：同型号、同规格、同批次电流互感器一、二次绕组的直流电阻和平均值的差异不宜大于 10%。试验方法是用直流电阻测试仪测量。

⑦检查接线组别和扱性。试验标准是必须符合设计要求，并应与铭牌和标志相符。方法是用互感器校验仪或变比电桥。

⑧互感器误差测量。试验标准是与制造厂铭牌值相符。试验方法是用互感器校验仪或变比电桥。

⑨测量电流互感器的励磁特性曲线。试验标准是测量后核对是否符合产品要求，核对方法见国家标准《电气装置安装工程电气设备交接试验标准》（GB

50150–2016）附录 E。试验方法是用电流表、电压表法测量。

⑩测量电磁式电压互感器的励磁特性。试验标准是对于额定电压测量点（100%），励磁电流不宜大于其出厂试验报告和型式试验报告的测量值的 30%，同批次同型号、间规格电压互感器此点的励磁电流不宜相差 30%。试验方法是用电流表、电压表法测量。

⑪电容式电压互感器（CVT）的检测。试验标准是：

Ⅰ. CVT 电容分压器电容量和介质损耗角 $\tan\delta$ 的测量结果：用容量与出厂值比较其变化量超过 5% 或 10% 时要引起注意，$\tan\delta$ 不应大于 0.5%；条作许可时测量单节电容器在 10 kV 至额定电压范围内，电容量的变化量大于 1% 时判为不合格。

Ⅱ. 交流耐压试验参照电磁式电压互感器施加电压按出厂试验的 80% 执行。试验方法是用 CVT 介损测试仪和交流试验变压器。

⑫密封性能检查。试验标准是：

Ⅰ. 油浸式互感器外表应无可见油渍现象。

Ⅱ. SF6 气体绝缘互感器定性检漏无泄漏点。试验方法是观察或用检漏仪测试。

⑬测量铁心夹紧螺栓的绝缘电阻。试验标准是试验时间 1 min，应无闪络及击穿现象。试验方法是用 2500 V 兆欧表测量。

15.8.1.5 隔离开关、负荷开关及高压熔断器试验

①绝缘电阻测量。试验标准是按照《电气装置安装工程电气设备交接试验标准》（GB 50150—2016）的表 10.0.2 的规定进行。试验方法是耐压前后用兆欧表测试。

②测量高压限流熔丝管熔丝的直流电阻。试验标准是与同型号产品相比不应有明显差别。试验方法是用直流电阻测试仪测量。

③测量负荷开关导电回路的电阻。试验标准是满足厂家技术要求。试验方法是使用回路电阻测试仪 100 A 电流挡测试。

④交流耐压试验。试验标准是试验电压应符合国标《电气装置安装工程电气设备交接试验标准》（GB 50150–2016）表 10.0.5 的规定。试验方法是用交流试验变压器测试。

⑤检查操动机构线圈的最低动作电压。试验标准是符合厂家技术要求。试验方法是用继电保护测试仪检查。

⑥操动机构的试验。试验标准是试验电压应符合国标《电气装置安装工程电气设备交接试验标准》（GB 50150-2016）的规定。试验方法是电气操作。

15.8.1.6 避雷器试验

避雷器试验主要项目是绝缘电阻、直流参考电压和 0.75 倍直流参考电压下的泄漏电流、检查放电计数器动作情况及监视电流表指示。

①测量金属氧化物避雷器及基座绝缘电阻。试验标准是：

Ⅰ.35 kV 以上电压；用 5000 V 兆欧表，绝缘电阻不小于 2500 MΩ。

Ⅱ.35kV 及以下电压；用 2500 V 兆欧表，绝缘电阻不小于 1000 MΩ。

Ⅲ.基座绝缘电阻不低于 5 MΩ。

试验方法是用兆欧表测试。

②测量金属氧化物避雷器直流参考电压和 0.75 倍直流参考中压下的泄漏电流试验标准是：

Ⅰ.金属氧化物避雷器对应于直流参考电流下的直流参考电压，实测值与制造厂规定值比较，变化不应大于 ±5%。

Ⅱ.0.75 倍直流参考电压下的泄漏电流值不应大于 50μA，或符合产品技术条件的规定。试验方法是用直流高压发生器测量。

③检查放电计数器动作情况及监视电流表指示。试验标准是检查放电计数器的动作应可靠，避雷器监视电流表指示应良好。试验方法是用雷击棒检测。

15.8.1.7 接地装置试验

接地装置符合设计要求，是变电所安全运行的保障，其试验工作责任重大。接地装置试验包括接地网电气完整性测试和接地阻抗测量。接地网电气完整性测试可以用接地网电气完整性测试仪测量，接地阻抗测量的测量方法较多，这里介绍两种常用的大地网接地阻抗测量方法。

1. 直线法

电流线和电位线同方向（同路径）放设称为三极法中的直线法。大型接地装置一般不宜采用直线法测试，如果条件所限而必须采用时，注意使电流线和电位线保持尽量远的距离，以减小互感耦合对测试结果的影响。

2. 夹角法

只要条件允许，大型接地装置接地阻抗的测试一般都采用电流—电位线实角布置的方式。

①电气设备的绝缘性能试验宜在良好天气，被试物与环境温度不低于+5℃，空气相对湿度不高于 80% 的条件下进行。

②工频交流耐压试验持续时间，无特殊说明时均为 1 min。

③绝缘电阻值为采用兆欧表摇测 60 s 时的绝缘电阻值。

④主要电气设备的绝缘特性试验，其试验有效期宜为 6 个月。

⑤电气设备的绝缘性能，当只有个别项目达不到有关标准规定时，则根据全面试验结果进行综合判断，经综合判断认为可以投入运行时，可以投入运行。

⑥国外进口电气设备或标准无明确规定的电气设备，其试验标准按合同中的技术规定及厂家制造标准执行。

15.8.1.8 保护及整组试验

AT 供电方式的牵引供电系统变电部分包含牵引变电所、分区所、开闭所和 AT 所，都要进行保护和整组试验，其中牵引变电所工作量和难度最大，其试验工作也最重要，这里只介绍牵引变电所的保护和整组试验。

牵引变电所的保护和整组试验的主要内容如下：

（1）自动投切功能试验

包含进线自动投切和主变自动投切功能试验。

变电所的进线自动投切和主变自动投切功能由主变测控装置来实现，其主要功能如下：

1）测量功能。

①高压侧三相电压。

②高压侧三相电流。

③低压侧 α 、β 相电压。

④低压侧 α 、β 相电流。

⑤地回流。

⑥轨回流。

⑦系统频率。

2）控制功能

①备用电源 / 主变自投功能。

②高、低压侧断路器和电动隔离开关控制功能。

3）状态量采集功能。

①相关断路器、隔离开关位置信号。

②监视断路器、主变工作状态的信号。

③自投动作信号。

④装置工作状态信号。

试验时，首先利用继电保护测试仪检查主变测控装置的各种数据采集精度是否符合要求；然后实际操作各个开关及断路器，检查各种状态量采集是否正常；最后利用继电保护测试仪模拟实际故障发生情况，检查各种自动投切功能是否满足设计要求。

（2）并补保护测控装置试验

一套并联保护测控装置完成一相并补支路的保护、测量与控制功能。

1）保护配置。配置九种保护，分别为：

①电流速断保护。

②过电流保护。

③过电压保护。

④低电压保护。

⑤差电流保护。

⑥差电压保护。

⑦谐波阻抗保护。

⑧电抗器保护。

⑨非电量保护。

2）测量功能。

①母线电压。

②并联电容补偿支路总电流。

3）控制功能。断路器控制。

4）状态量采集。

①断路器、隔离开关位置信号。

②断路器控制回路断线信号。

③各种保护动作信号。

④装置工作状态信号。

试验时，首先是利用继电保护测试仪对并补保护测控装置的各种保护进行试验，其试验方法是按照保护的基本原理进行模拟试验，检查保护功能和数据精度是否符合相关要求。

然后实际操作各个开关及断路器，检查各种状态量采集是否正常。

最后利用继电保护测试仪模拟实际故障发生情况，检查并补保护测控装置各种保护是否满足设计要求，各种回路是否正确。

（3）动力变压器保护测控装置试验

1）保护配置。配置六种保护，分别为：

①电流速断保护。

②过电流保护。

③失电压保护。

④反时限过负荷保护。

⑤瓦斯保护。

⑥温度保护。

2）测量功能。

①母线电压。

②变压器进线电流。

3）控制功能。断路器控制。

4）状态量采集。

①断路器位置信号。

②断路器控制回路断线信号。

③各种保护动作信号。

④装置工作状态信号。

试验时，首先利用继电保护测试仪对动力变压器保护测控装置的电流速断保护、过电流保护、失电压保护和反时限过负荷保护进行试验，其试验方法是按照保护的基本原理进行模拟试验，检查保护功能和数据精度是否符合相关要求；分别模拟瓦斯保护和温度保护动作，检查保护功能是否正常。

然后实际操作各个开关及断路器，检查各种状态量采集是否正常。

最后利用继电保护测试仪模拟实际故障发生情况，检查动力变压器保护测控装置各种保护是否满足设计要求，各种回路是否正确，在变压器瓦斯继电器处和温度继电器处模拟瓦斯和温度保护动作，检查保护动作情况是否符合要求。（有的变压器不设温度保护，有的除了有温度保护，还设有压力保护，试验时应根据设计要求进行相应试验）。

（4）AT 变压器保护装置试验

AT 变压器保护装置和动力变压器保护测控装置类似，其试验方法也类似。

15.8.2 接触网试验与检测

（1）试验与检测的主要内容

接触网检测分静态检测和动态检测两个阶段。系统集成商应建立完善的接触网检测体系，并配备先进的检测工具和仪器。

专业试验与检测技术：

①静态检测：静态检测主要是在工程安装阶段对接触网结构参数（导线高度、拉出值、限界、包络线检查等）进行测量，一般采用多功能激光接触网测量仪等仪器进行无接触静态检测。

②动态检测：动态检测主要是在工程完工后进行对接触网安全检测，分低速动态检测和高速动态检测低速动态检测采用接触网冷滑装置或接触网弓网接触力测量装置；高速动态检测采用接触图像分析测量系统，主要测量弓网接触力、定位器抬升（检测车测量、地面测量），受电弓运大速度、离线率（电弧），视频记录等。

主要参考文献

［01］蒋先国，高速铁路四电系统集成 [M]，成都：西南交通大学出版社，2010.04

［02］周荣主编，客运专线铁路站前工程预留站后四电接口施工作业参考手册 [M]，北京：中国铁道出版社，2013.01

［03］李国斌主编，高速铁路四电及相关专业接口参考手册 [M]，北京：中国铁道出版社，2016.03

［04］卿三惠，高速铁路施工技术"四电"工程分册 [M]，北京：中国铁道出版社，2018.08

［05］赵丽平，高速铁路及其四电系统集成 [M]，四川：西南交通大学出版社，2018.08

［06］潘功书，邵嘉声，吕锡纲，高速铁路四电系统集成实践与探索 [M]，北京：中国铁道出版社，2014.01

［07］高仕斌，轨道交通电气工程概论 [M]，北京：科学出版社，2013.08

［08］李志亮，高速铁路"四电"系统集成接口管理探讨［J］，价值工程，2015（28）

［09］张磊，铁路专线四电系统集成的安全性探讨［J］，山西建筑，2015（20）

［10］李宝山，刘志伟，集成管理 – 高科技时代的管理创新 [M]，北京：中国人民大学出版社，1998.01

［11］郭进，铁路信号基础设备［M］，成都：西南交通大学出版社，2008.08

［12］樊东，关于高速铁路技术体系的工程技术分析门［J］，科协论坛（下半月），2011（09）

［13］武国梁，客运专线"四电"集成施工设计阶段牵引供电与相关专业接口浅析［J］，中国西部科技，2011（23）

［14］王峰，高速铁路工程系统接口技术研究［D］，中国铁道科学研究

院，2013.06

［15］李海滨，高速铁路四电工程土建预留接口检查关键环节研究［J］，铁路通信信号工程技术，2012（06）

［16］刘瑞，高速铁路项目施工技术管理应用性探讨［J］，科技与企业，2012（22）

［17］吴太平，浅议高速铁路四电集成与接口［J］，铁道勘测与设计，2012（05）

［18］孙登攀，高铁四电集成系统接口管理常见问题分析［J］，山西科技，2012（02）

［19］祝晓红，高速铁路"四电"系统集成接口管理探讨［J］，现代城市轨道交通，2017（01）

［20］王海龙，客运专线通信信号系统集成接口管理研究［J］，铁路通信信号工程技术，2011（04）

［21］张汉波，郑西客运专线的四电系统集成与创新技术［J］，铁道建筑技术，2010（07）

［22］张磊，铁路专线四电系统集成的安全性探讨［J］，山西建筑，2015（20）

［23］张秀广，京津城际铁路信号系统集成［J］，铁路通信信号工程技术，2008（05）

［24］中国科协学会服务中心主编，中国铁道学会编著，中国高铁–速度背后的科技力量［M］，北京：中国科学技术出版社，2020.04

［25］王明慧主编，高速铁路质量安全事故案例［M］，成都：西南交通大学出版社，2014.01

［26］广西沿海铁路股份有限公司，高铁事故案例汇编，

［27］林瑜筠，铁路信号新技术概论，北京：中国铁道出版社，2005.03

［28］朱慧忠，GSM–R通信技术与应用，北京：中国铁道出版社，2005.06

［29］李群湛，高等高铁电气化工程，成都：西南交通大学出版社，2006.05

［30］高速铁路通信工程施工质量验收标准，TB10755–2010，中国铁道出版社，2010.09

［31］高速铁路信号工程施工质量验收标准，TB10756–2010，中国铁道出版社，2010.09

〔32〕高速铁路电力工程施工质量验收标准，TB10757–2010，中国铁道出版社，2010.09

〔33〕高速铁路电力牵引供电工程施工质量验收标准，TB10758–2010，中国铁道出版社，2010.09

〔34〕高速铁路通信工程施工技术规程，Q/CR9606–2015，中国铁道出版社，2015.05

〔35〕高速铁路信号工程施工技术规程，Q/CR9607–2015，中国铁道出版社，2015.05

〔36〕高速铁路电力工程施工技术规程，Q/CR9608–2015，中国铁道出版社，2015.05

〔37〕高速铁路电力牵引供电工程施工技术规程，Q/CR9609–2015，中国铁道出版社，2015.05

〔38〕铁路综合接地系统，通号（2016）9301，中国铁路总公司，2016.10

〔39〕张馨，王小丹，一种用于隧道检查井的防淤网兜，实用新型专利号ZL201721718708.6，授权时间2018.09.04

〔40〕张馨，王小丹等，一种巨型松散岩堆隧道进口堆载反压加固结构，发明专利ZL201710595018.4，授权时间2020.01.24

〔41〕张馨，曹文权，周俊威，张湘平，刘家顺，一种隧道供电用移动式变电站及长大隧道内高压送电方法，发明专利ZL202110771304.8，授权时间2022.06.17

〔42〕张馨，陈历珊，张湘平，一种支承垫石定型模板，实用新型专利ZL202120210692.8，授权时间2021.12.10

〔43〕张馨，刘飞香，李波，杨西，盛永东，一种陡坡土岩隧道口暗挖桥隧及边坡平行施工法，发明专利号ZL201911327017.7，授权时间2021.07.02

〔44〕张馨，赵志涛，一种隧底仰拱防底臌施工方法，发明专利号ZL201910891052.5，授权时间2021.03.30

〔45〕齐慧，中国高铁领跑世界，经济日报，2022.09.21

后记：书成未尽写尾声

2022 年 6 月 20 日，郑万高铁建成正式开通运营。中央电视台、人民日报和河南、湖北、重庆日报与电视台以及地方市县媒体争相报道，省、市和县级党政主管领导分别在各自的省、市、县车站隆重举行开通仪式。郑万高铁全长 1068 km，设计时速 350 公里每小时，起于郑州，经过湖北、重庆，终点到达万州，是我国八纵八横高铁网中京昆通道的重要组成部分。全程桥隧比达 90% 以上，地质条件十分复杂。高铁通车后，从北京、郑州到重庆最快仅需 6 小时 46 分、4 小时 23 分。

郑万高铁站前工程共 27 个标段，其中河南段 8 个标、重庆段 9 个标、湖北段 10 个标。我作为湖北段 6 标施工单位指挥长，在业主和各参建单位帮助下，组织中铁十八局集团四个子公司五个分部，克服鄂西软弱围岩地质条件与交通运输环境极差、征地拆迁与施工难度大、材料持续涨价和供应困难等难题，在施工中取得了如下业绩：

一是在武汉铁路局襄阳工务段提前介入督导两年中，克缺措施最到位、整改质量合规、销号进度最快，两次在 6 标段组织开展了全线现场观摩会，推介好做法，得到整个介入工作专班的一致认可，并且是站前各标段唯一一家全部销号完毕的单位。

二是静态验收问题在站前所有标段中数量最少，销号最快。

三是动态验收中，无砟轨道精调质量最好，稳居第一（从开始一步到位，没有三级、二级、一级扣分），区段轨道整体质量状态综合指标 TQI ≤ 1.1，得到验收指挥部、襄阳工务段、武九公司上下的一致认可。

四是在国铁集团组织的安全评估提前介入、初步验收、安全评估检查中，问题最少（其中安全评估提前介入检查问题只有 5 条，初步验收现场发现问题只有 2 条，安全评估现场问题数为 0），性质最轻，销号最快。尤其是最难验收通过的 11 个弃碴场防护、复垦、绿化和植树造林，一天内将现场实测、图纸复核和内业资料一次性验收通过，并获得国铁集团表扬。

因此，我写出《七律·郑万高铁建成通车有感》：

盘古开天薄鄂西，几番辟地碎岩泥。

襄中汉水伤人事，峡侧兴山挡雨梯。

积肿前头消旧怨，承情后段破新迷。

追来一路头筹实，白发频添不悔鳌。

在高兴的同时，我就认真回忆、思考验收指挥部、武汉铁路局各站段、质量监督站、武九公司等单位在介入、检查和验收过程中，各标段在建设过程中的不足。尤其是在四电接口工程方面，普遍未引起各有关单位的高度重视，总认为是附属工程，各专业设计出来的图纸接口重叠、相邻、交错，施工单位、设备供货单位也未联合各专业技术人员共同审核图纸，导致施工各专业数量多施工或者少施工，有的甚至重复返工，浪费施工成本，不仅极不美观，而且加大经济亏损。

因此，为了吸取经验教训，我决定组织集团公司机电专家席居法、项目剩余拔尖技术人员（集团公司学术带头人）赵志涛撰写《高铁四电接口工程施工关键技术》。

本书是以铁路通信、信号、电力、雷电防护等专业接口为对象，在施工关键技术方面，对其每个科技知识要点、施工要点、检查验收要点进行认真研究，简明扼要地进行梳理，以通俗易懂的语言撰写，意图对施工现场起到立竿见影的指导作用。减少和避免四电接口工程在施工过程中各自为战出现遗漏需要补缺、多做浪费成本、少做务必新增、做错必须返工等，都造成增加成本，延误工期。为了提高高铁施工整体内在质量，四电接口工程必须各专业高度重视，统一设计，统一审核图纸，对作业层统一技术交底，统一组织施工，才能确保外表美观，保证铁路本质安全，尤其是高铁运营中的旅客生命财产安全，避免四电安全事故的发生。

本书共分为15章，其中第01章高铁建设概论，第02章四电系统集成，第03章四电接口工程，由席居法撰写；第04章路基工程四电接口，第05章桥梁工程四电接口，第06章隧道工程四电接口，第07章轨道工程四电接口，第08章通信工程接口，第09章信号工程接口，第10章电力工程接口，由赵志涛撰写；第11章牵引供电工程接口，第12章信息工程接口，第13章灾害监测工程接口，第14章防雷电与接地工程，第15章四电接口工程检查验收，由张馨撰写。全书插图均由赵志涛绘制。最后由张馨统稿，又组织了三次修改和校对，形成了当前的模样。

我们将此书奉献给读者，同时请求各位读者和专家在阅读和使用过程中，指出问题和不足，以求不断提高我国四电工程接口设计和施工水平。

2023 年 2 月 28 日于湖北保康县